はじめてでも必ず編める！

かわいい かぎ針編み小物

西東社

ぱっと引ける!

編み目記号と編み方一覧

くさり編み

1

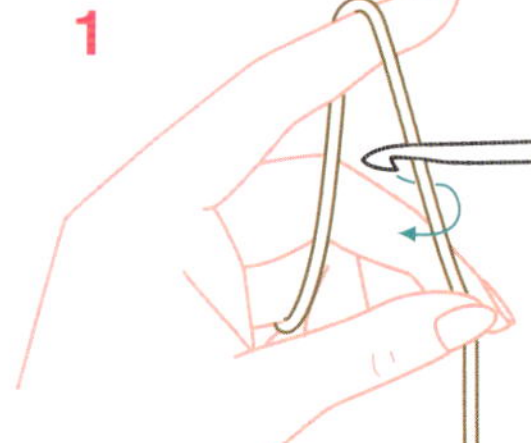

2

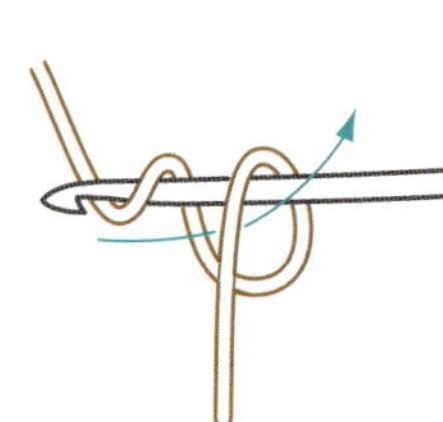

3

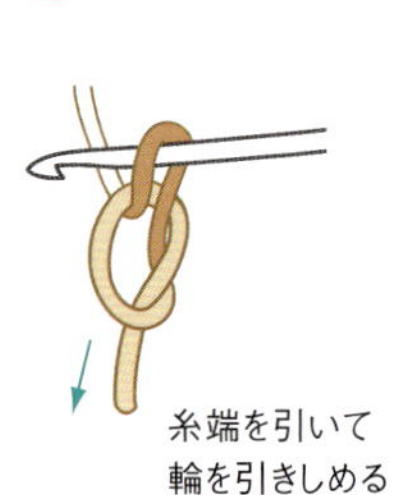

4

5

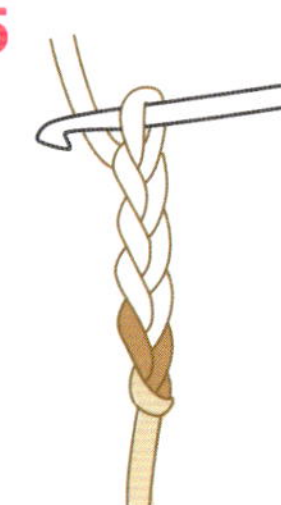

こま編み

1

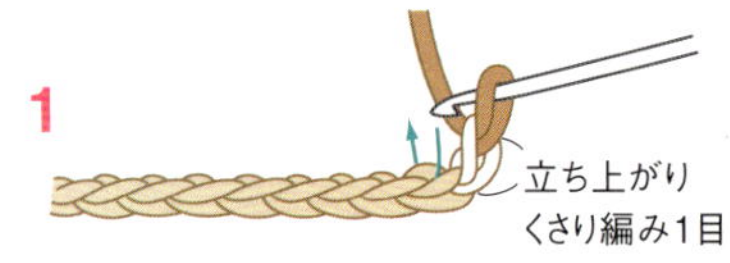

くさり編み1目で立ち上がり、
作り目の1目めをすくう

2

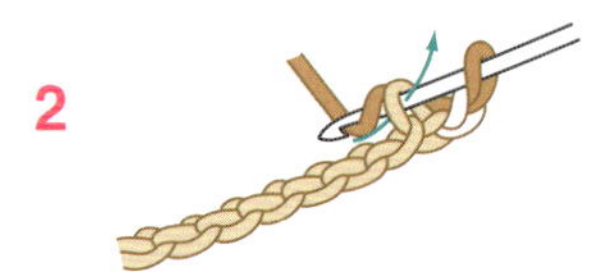

針に糸をかけ、矢印の
ように引き出す

3

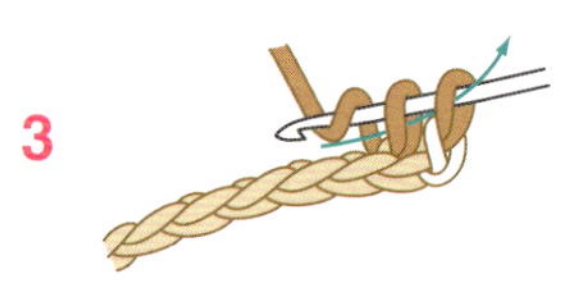

針に糸をかけ、針にかかって
いるループを一度に引き抜く

4

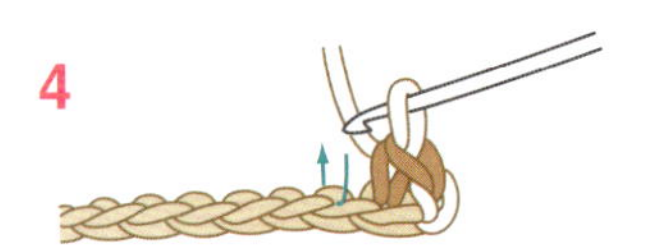

1目でき上がり。立ち上がりの
くさり編みは1目に数えない

5

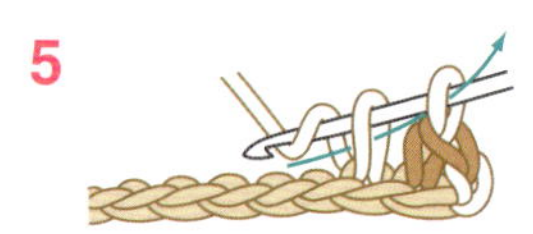

1~3 をくり返す

6

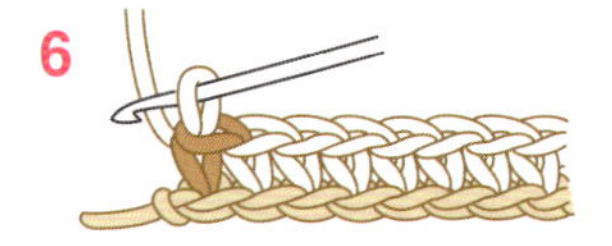

中長編み

1

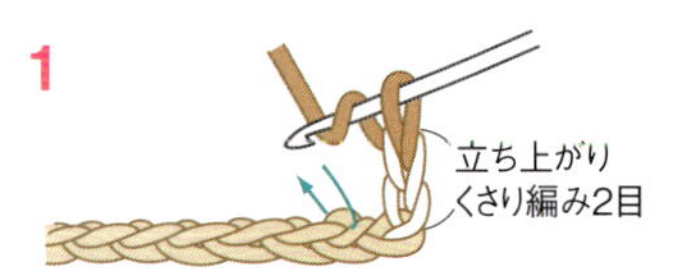

くさり編み2目で立ち上がる。
針に糸をかけ、作り目の2目めをすくう

2

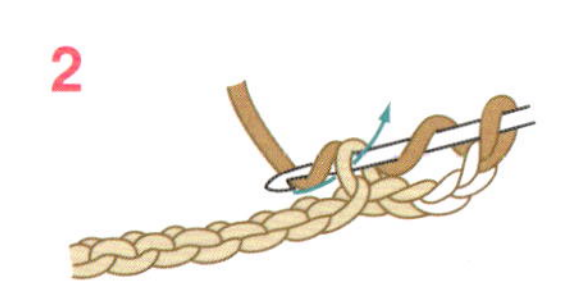

針に糸をかけ、矢印のように
くさり2目分の高さまで引き出す

3

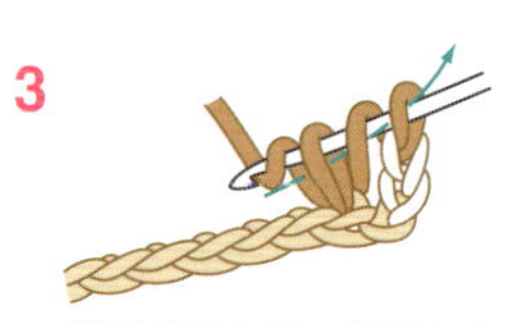

針に糸をかけ、針にかかって
いるループを一度に引き抜く

4

1目でき上がり。立ち上がり
のくさり編みを1目に数える

5

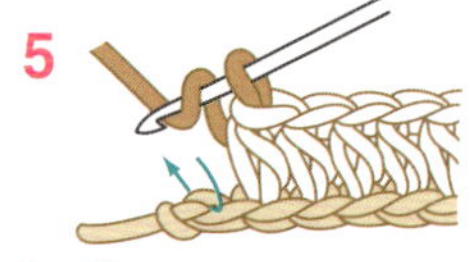

1~3 をくり返す

6

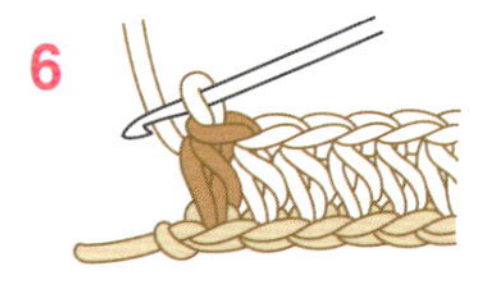

長編み

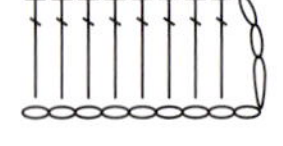

1

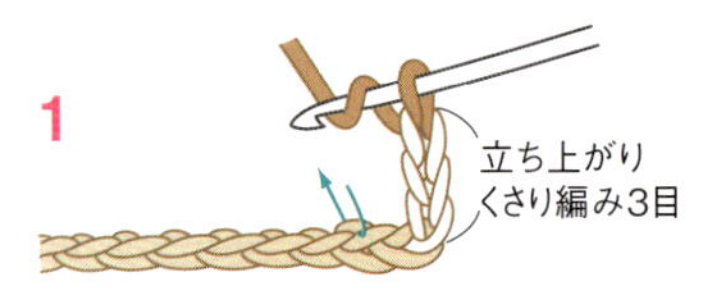

くさり編み3目で立ち上がる。針に
糸をかけ、作り目の2目めをすくう

2

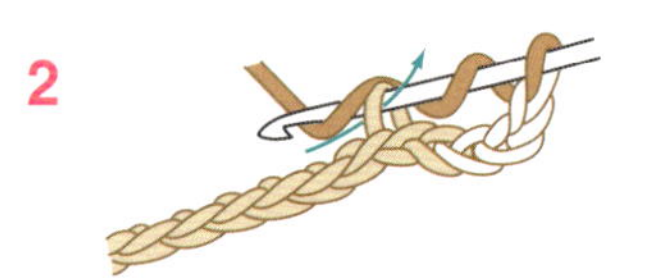

針に糸をかけ、矢印のように1段の
高さの半分くらいまで引き出す

3

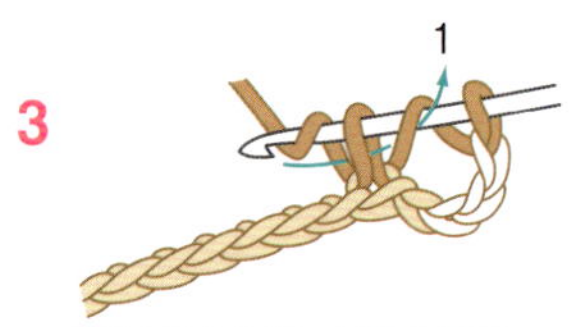

針に糸をかけ、1段の高さ
まで引き出す

4

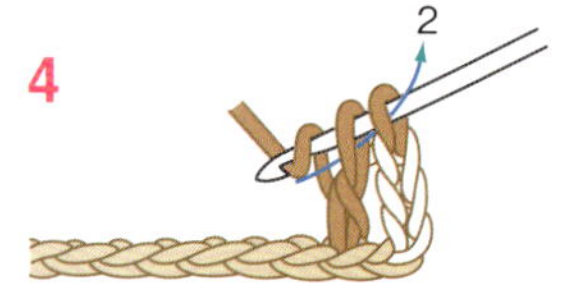

針に糸をかけ、針にかかって
いるループを一度に引き抜く

5

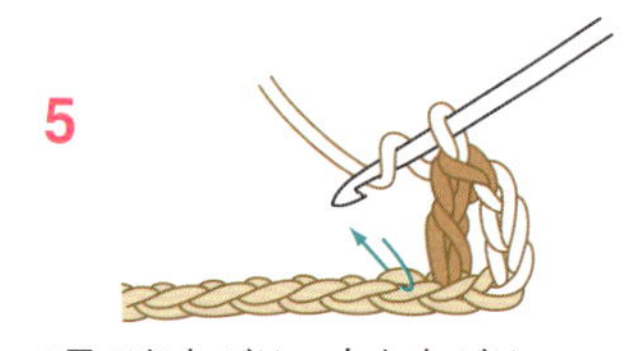

1目でき上がり。立ち上がり
のくさり編みを1目に数える

6

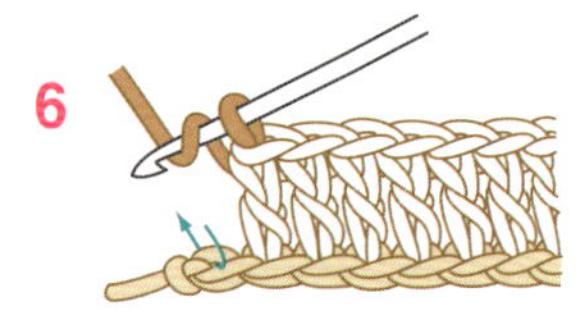

1~4 をくり返す

長々編み

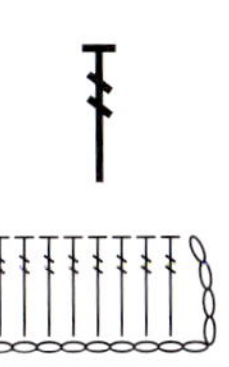

1

立ち上がり
くさり編み4目

くさり編み4目で立ち上がる。針に糸を2回かけ、作り目の2目めをすくう

2

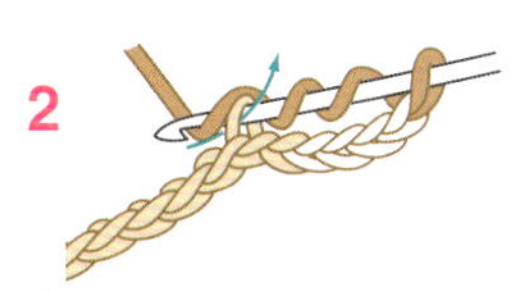

針に糸をかけ、矢印のように1段の高さの⅓くらいまで引き出す

3

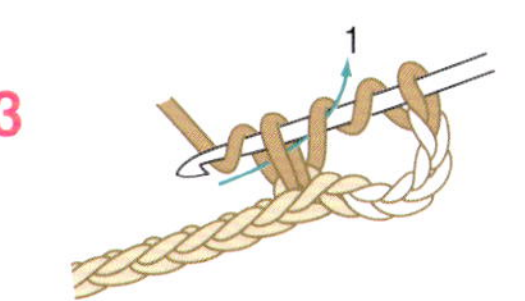

針に糸をかけ、2つのループを引き抜く

4

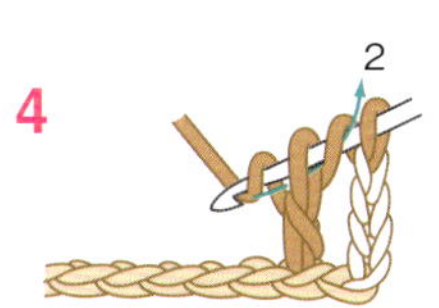

針に糸をかけ、2つのループを引き抜く

5

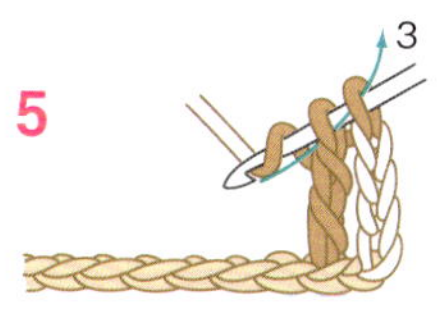

針に糸をかけて残りの2つのループを引き抜く

6

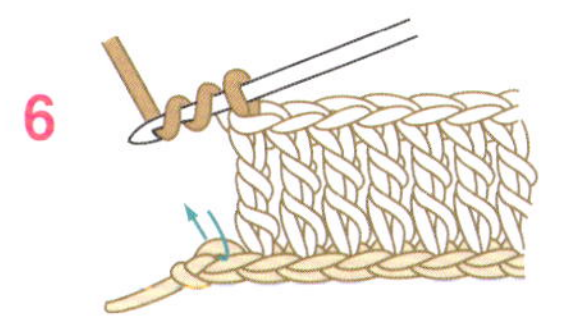

1～5をくり返す。立ち上がりのくさり編みを1目に数える

引き抜き編み

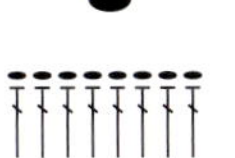

1

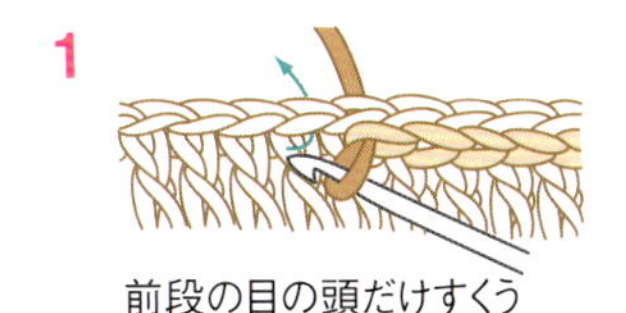

前段の目の頭だけすくう

2

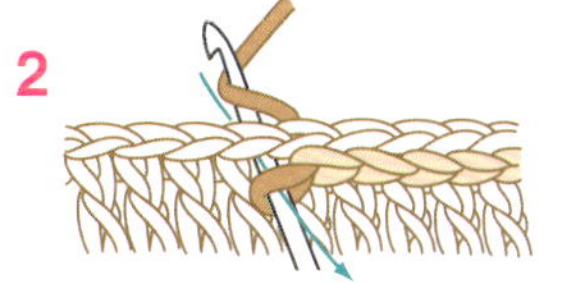

針に糸をかけ、一度に引き抜く

3

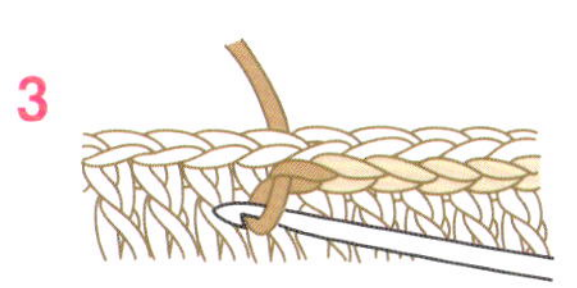

1、2 をくり返し、編み目がつれない程度にゆるめに編む

こま編み 2目編み入れる

1

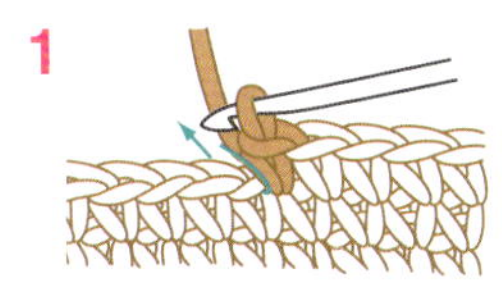

こま編みを1目編み、同じ目にもう一度編む

2

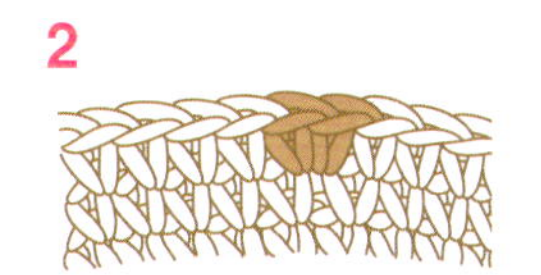

1目増える

こま編み 3目編み入れる

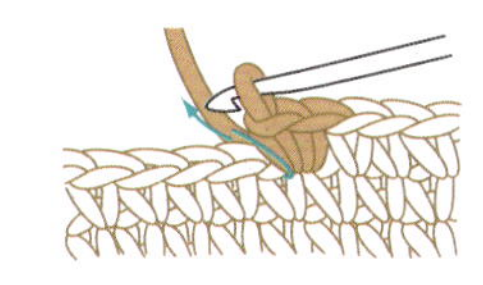

「こま編み2目編み入れる」の要領で同じ目に3目こま編みを編む

長編み 2目編み入れる

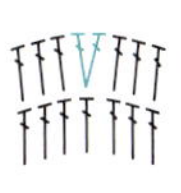

1

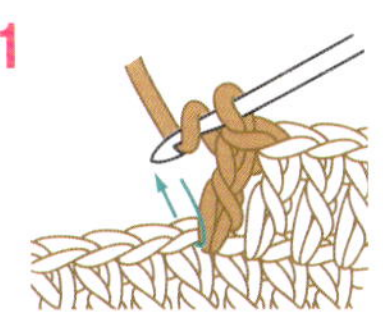

長編みを1目編み、同じ目にもう一度針を入れる

2

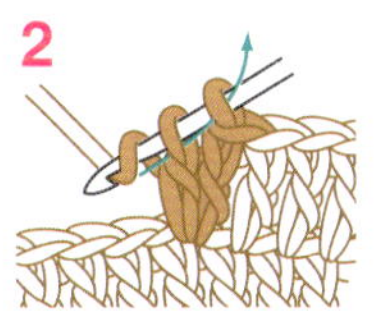

目の高さをそろえて長編みを編む

3

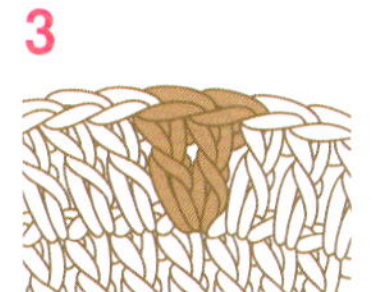

1目増える

中長編み 2目編み入れる

中長編みを1目編み、同じ目にもう一度針を入れて中長編みを編む

長々編み 2目編み入れる

長々編みを1目編み、同じ目にもう一度針を入れて長々編みを編む

長編み 3目編み入れる

「長編み2目編み入れる」の要領で2目を3目に変えて編む

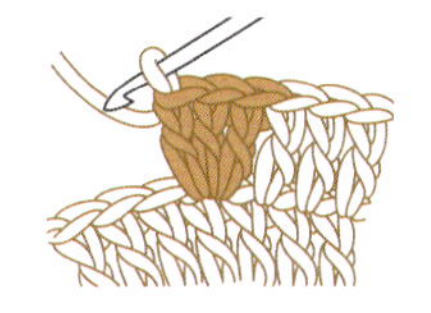

※目数が増えても、同じ要領で編む

こま編みのすじ編み

1

前段の目の向こう側をすくい、こま編みを編む

2

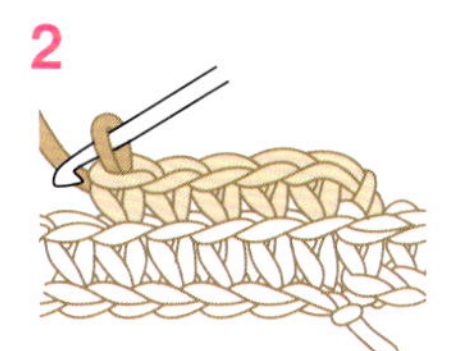

すじが立つように編む

うね編み

1

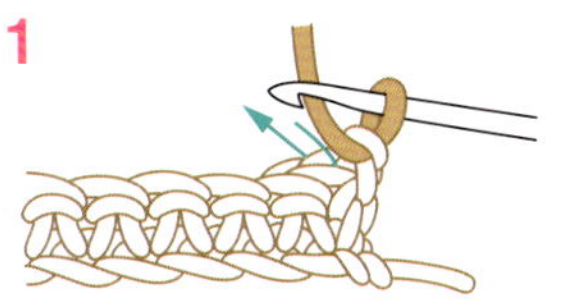

前段の頭のくさり目の向こう側の糸だけをすくう

2

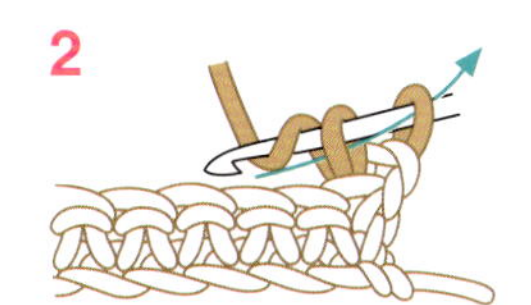

こま編みを編む

3

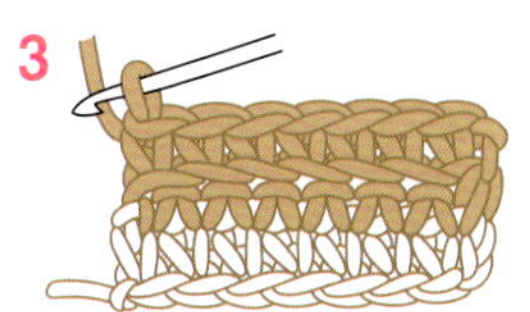

毎段向きを変えて往復編みで編む。2段で一つのうねができる

こま編み2目一度

1
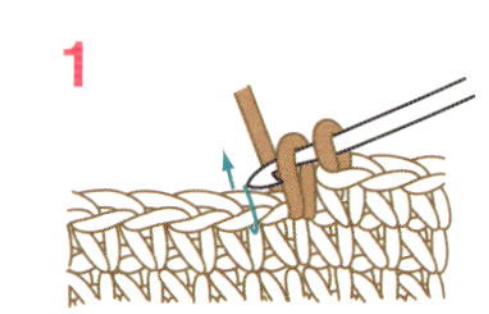
1目めの糸を引き出し、
続けて次の目から
糸を引き出す

2
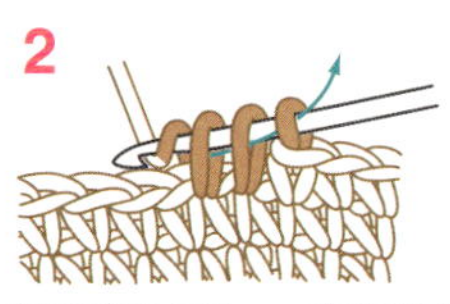
針に糸をかけ、一度に引き抜く

3
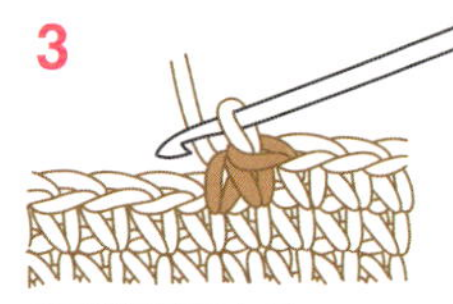
2目が1目になる

長編み2目一度

1
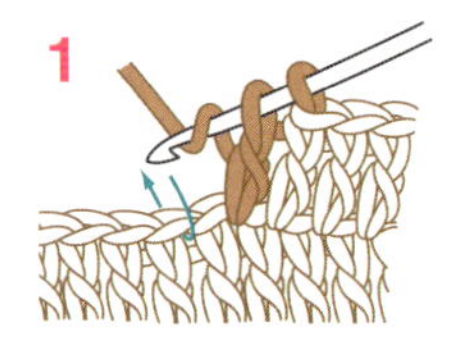
長編みの途中まで編み、
次の目に針を入れて
糸を引き出す

2
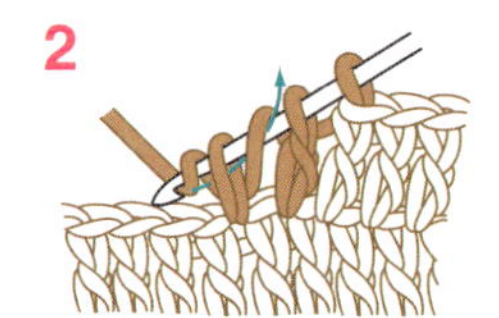
長編みの途中まで編む
（未完成の長編み）

3
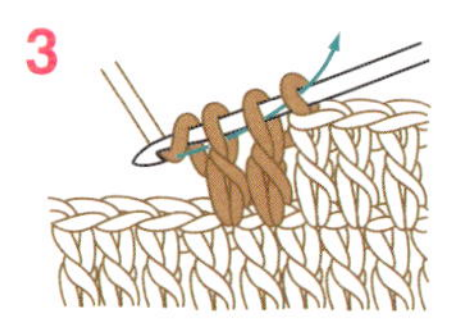
2目の高さをそろえ、
一度に引き抜く

4
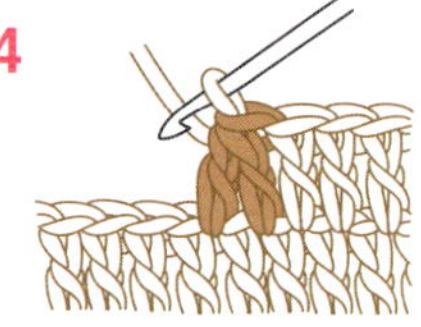
2目が1目になる
※目数が増えても、
同じ要領で編む

中長編み3目の玉編み

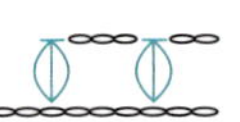

1

針に糸をかけ、矢印のように
針を入れ、糸を引き出す
（未完成の中長編み）

2
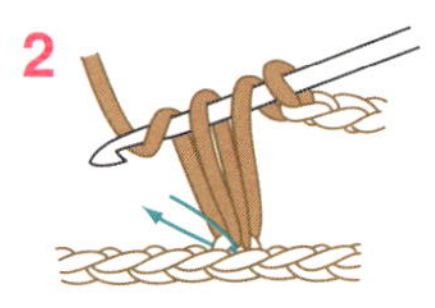
同じ目に未完成の
中長編みを編む

3
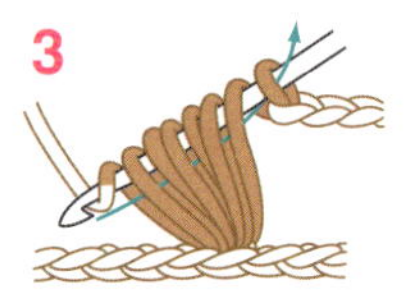
同じ目に未完成の中長編みを
もう1目編み、3目の高さをそろえ、
一度に引き抜く

4
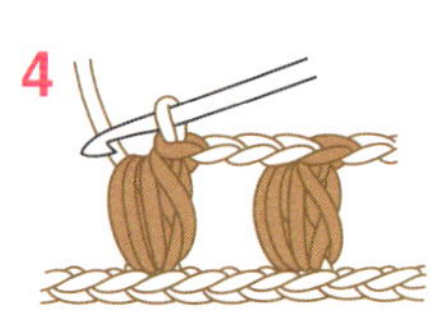
※目数が増えても、
同じ要領で編む

長編み2目の玉編み

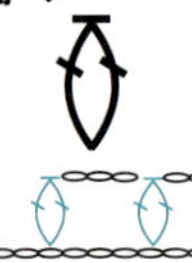

1
長編みの途中まで編む
（未完成の長編み）

2
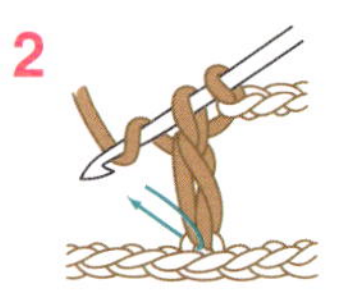
同じ目に未完成の
長編みを編む

3
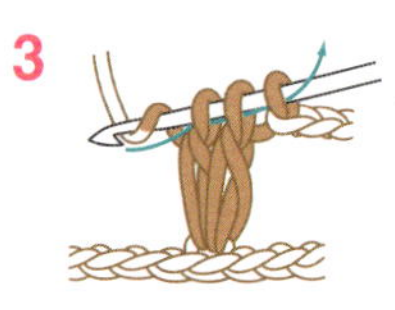
2目の高さをそろえ、
一度に引き抜く

4
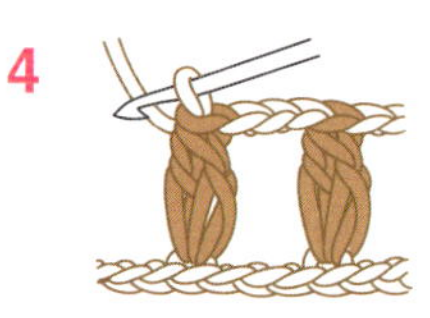

長編み3目の玉編み

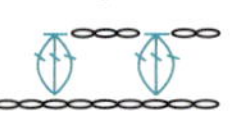

1
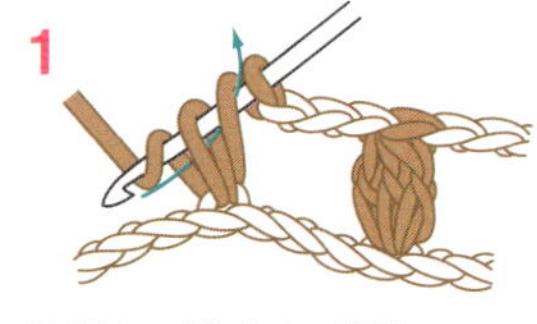
長編みの途中まで編む
（未完成の長編み）

2
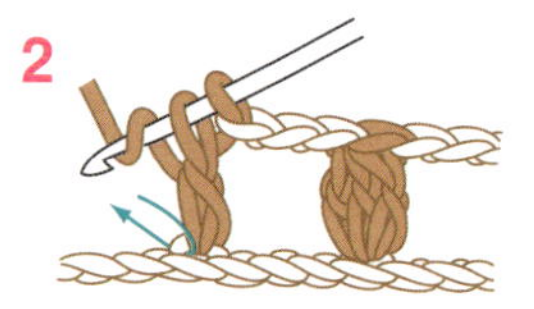
同じ目に
未完成の長編みを編む

3
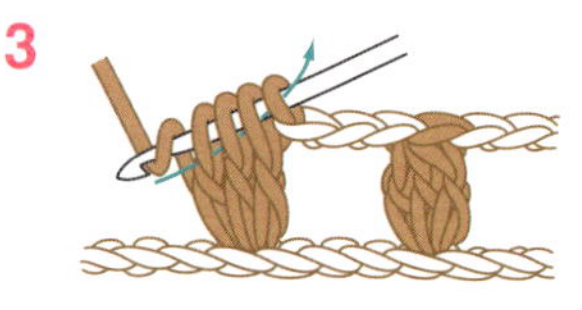
同じ目に未完成の長編みをもう1目編み、
3目の高さをそろえ、一度に引き抜く

くさり編み3目のピコット
（くさり編みに編みつける場合）

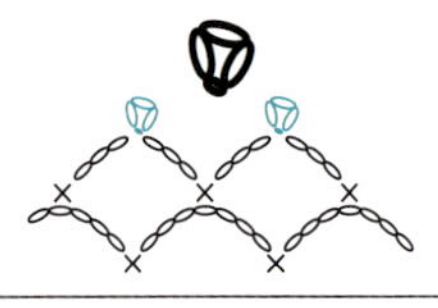

1
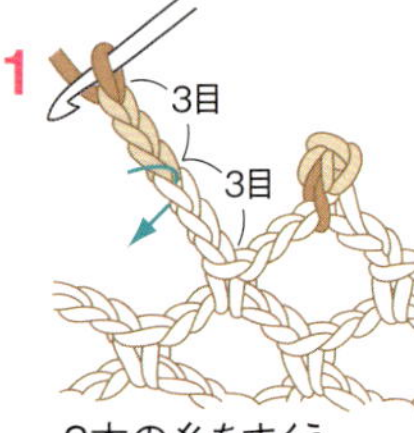

2本の糸をすくう

2
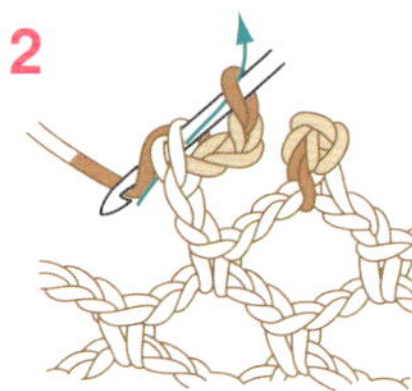
一度に引き抜く

3
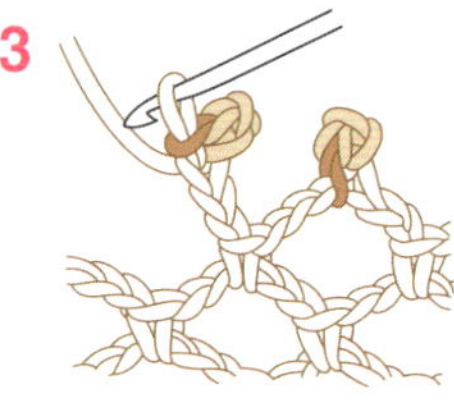
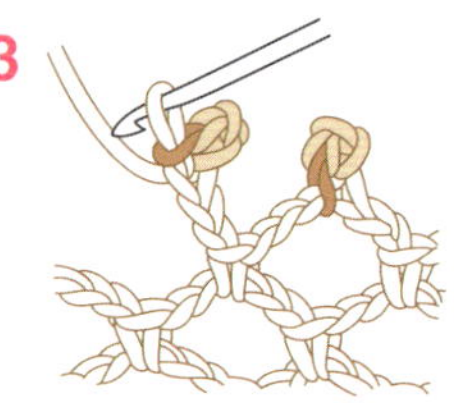

4
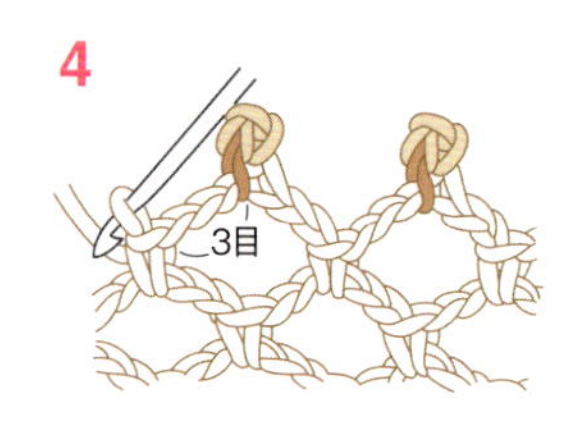

くさり編み3目のピコット
（長編みに編みつける場合）

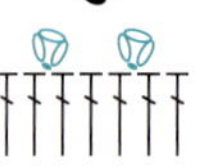

1
くさり編み3目を編み、
長編みの頭半目と
足の糸1本をすくう

2
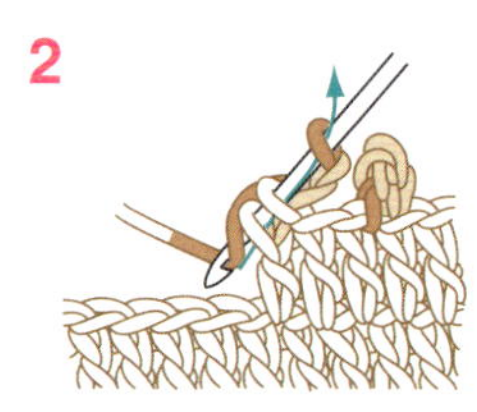
針に糸をかけ、
きつめに
一度に引き抜く

3
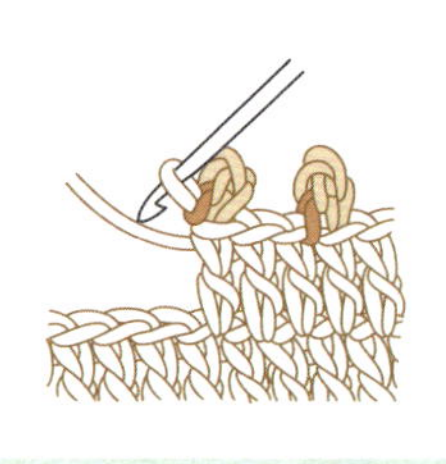

長編み表引き上げ編み

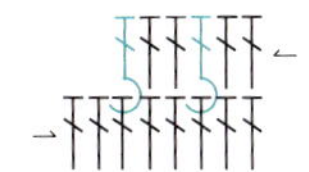

1

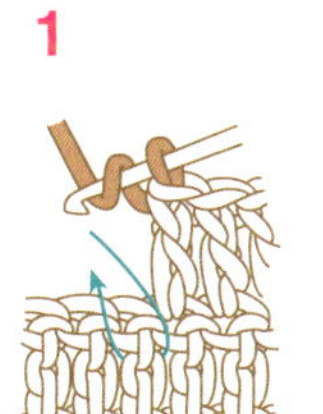

針に糸をかけ、前段の足を矢印のように表側からすくう

2　3

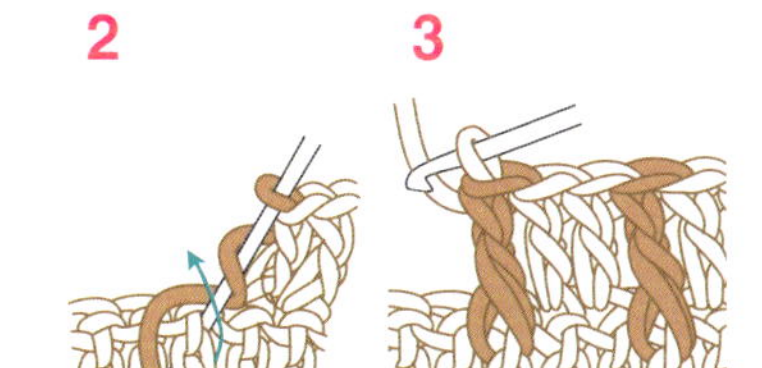

針に糸をかけ、前段の目や隣の目がつれないように長編みを編む

長編み裏引き上げ編み

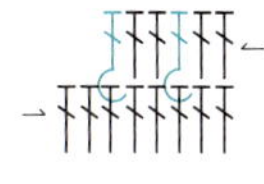

1

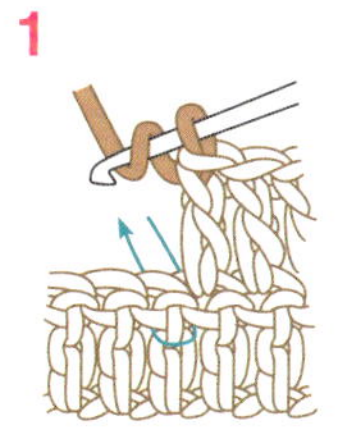

針に糸をかけ、前段の足を矢印のように裏側からすくう

2

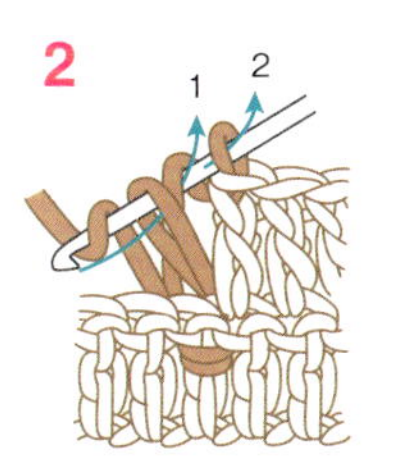

糸を長めに引き出し、長編みと同じ要領で編む

糸端を輪にする作り目（2回巻き）

1

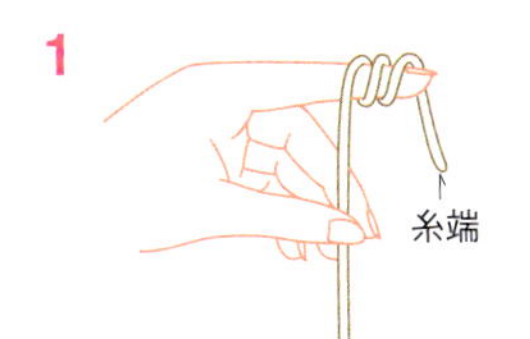

指に糸を2回巻きつけ、二重の輪を作る

2

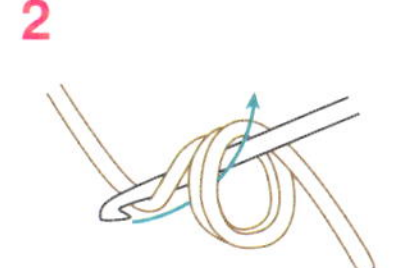

輪を指からはずし、矢印のように糸を引き出す

3

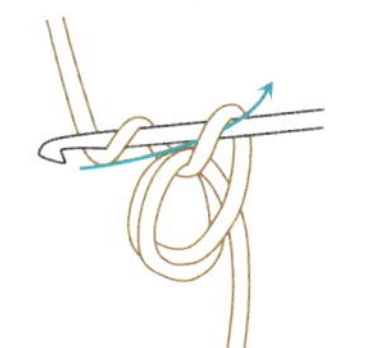

立ち上がりのくさり目を編む

4

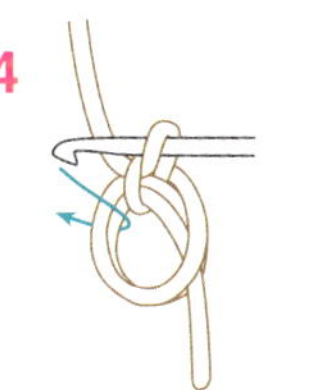

輪をすくって必要目数を編む

5

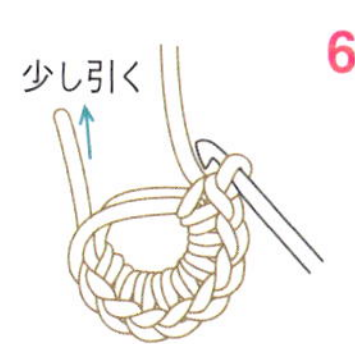

糸端を少し引っ張る

6

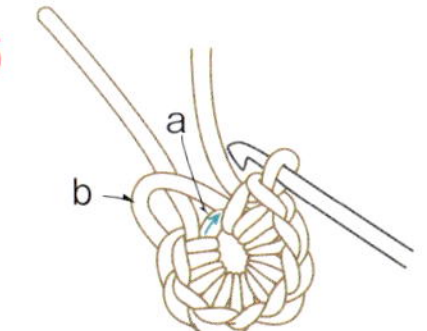

動いた糸（a）を矢印の方向に引く

7

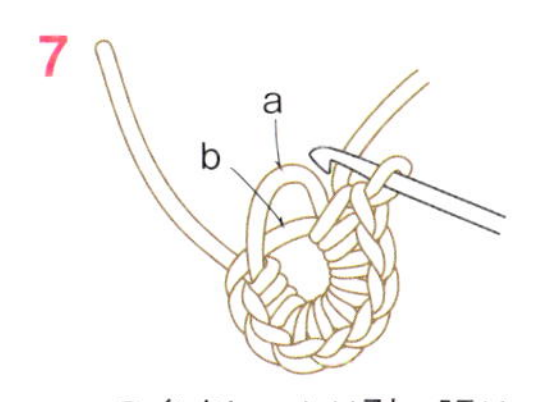

a の糸をしっかり引っ張り、b の糸を引きしめる

8

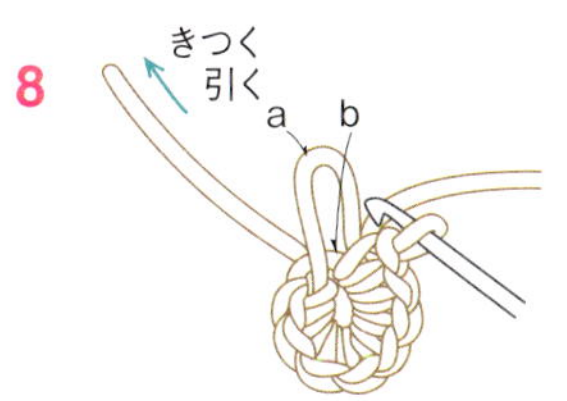

糸端を引いてaの糸を引きしめる

9

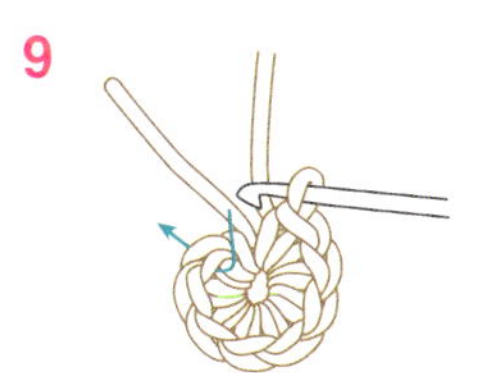

最初の目の頭をすくう

10

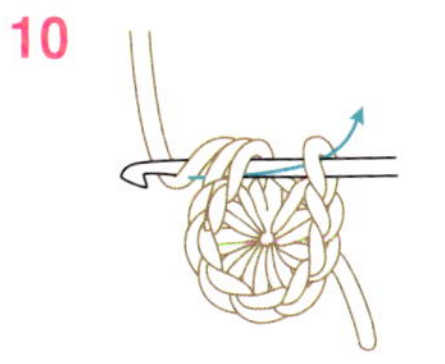

きつめに引き抜く

11

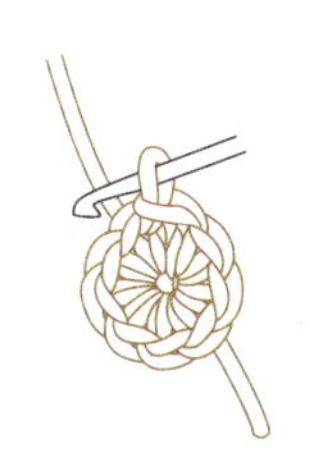

くさり編みを輪にする作り目

1

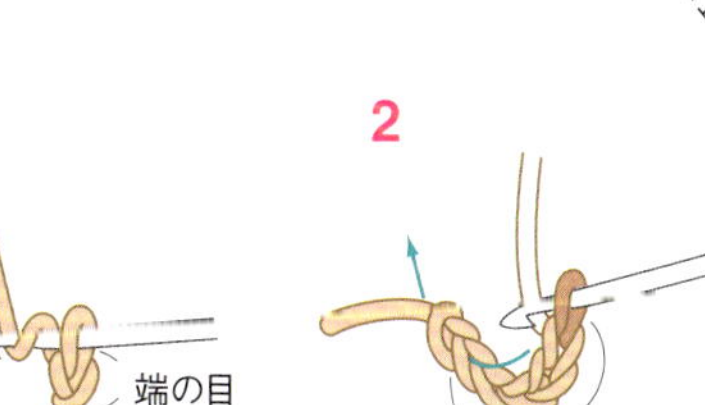

くさり編みを編む

2

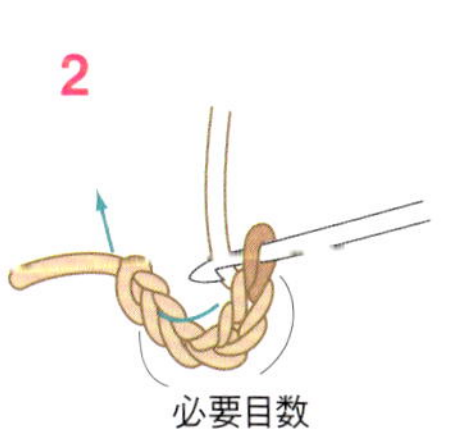

必要目数のくさりを編む

3

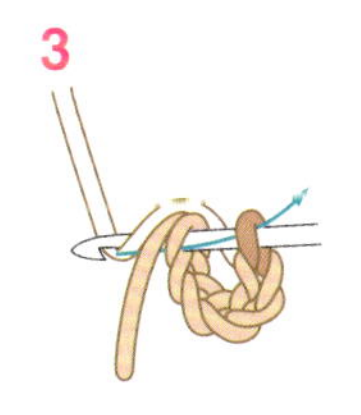

1目めに引き抜く

4

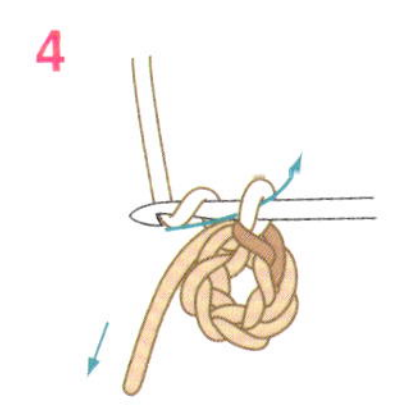

立ち上がりのくさりを編む

5

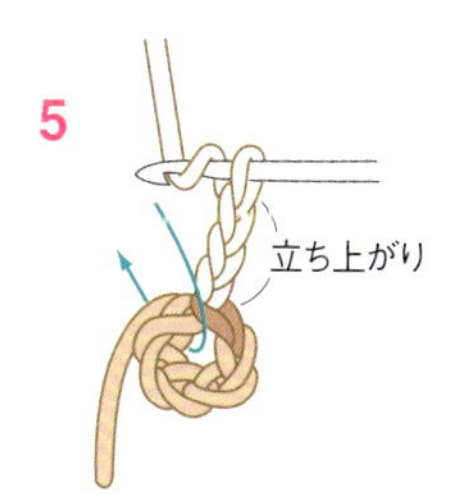

続けて1段めを編む。端の糸も一緒にすくって編む

6

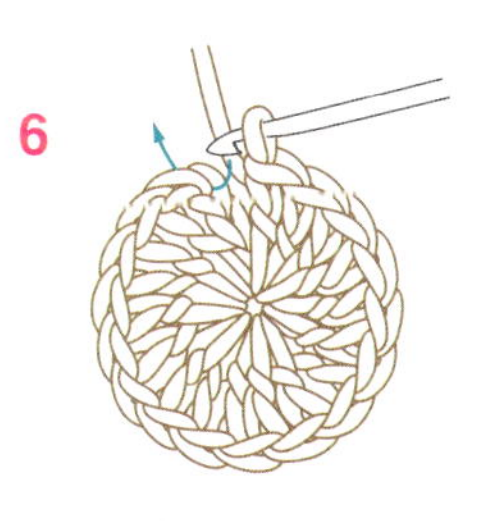

必要な目数が編めたら、1目め（ここでは立ち上がりの3目め）に引き抜き、輪にする

全目の巻きかがり

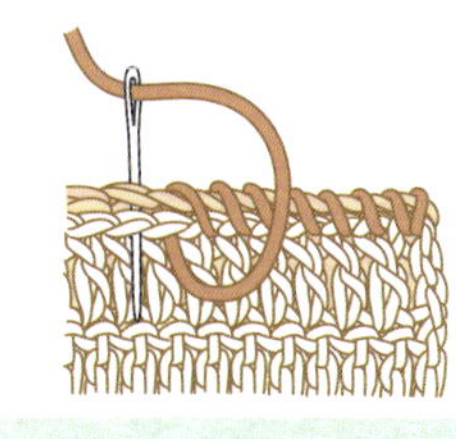

編み地を外表に合わせ、1目ずつ編み目の頭全部をすくって引きしめる

半目の巻きかがり

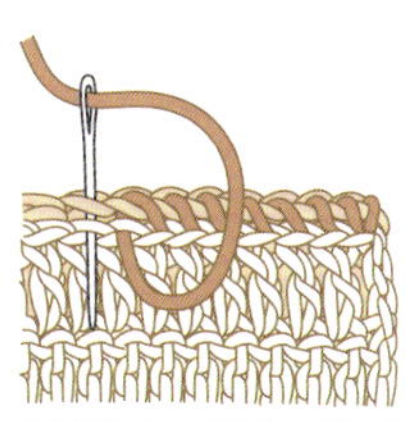

編み地を外表に合わせ、内側の半目ずつをすくって引きしめる

contents

Part 3 おしゃれアイテム

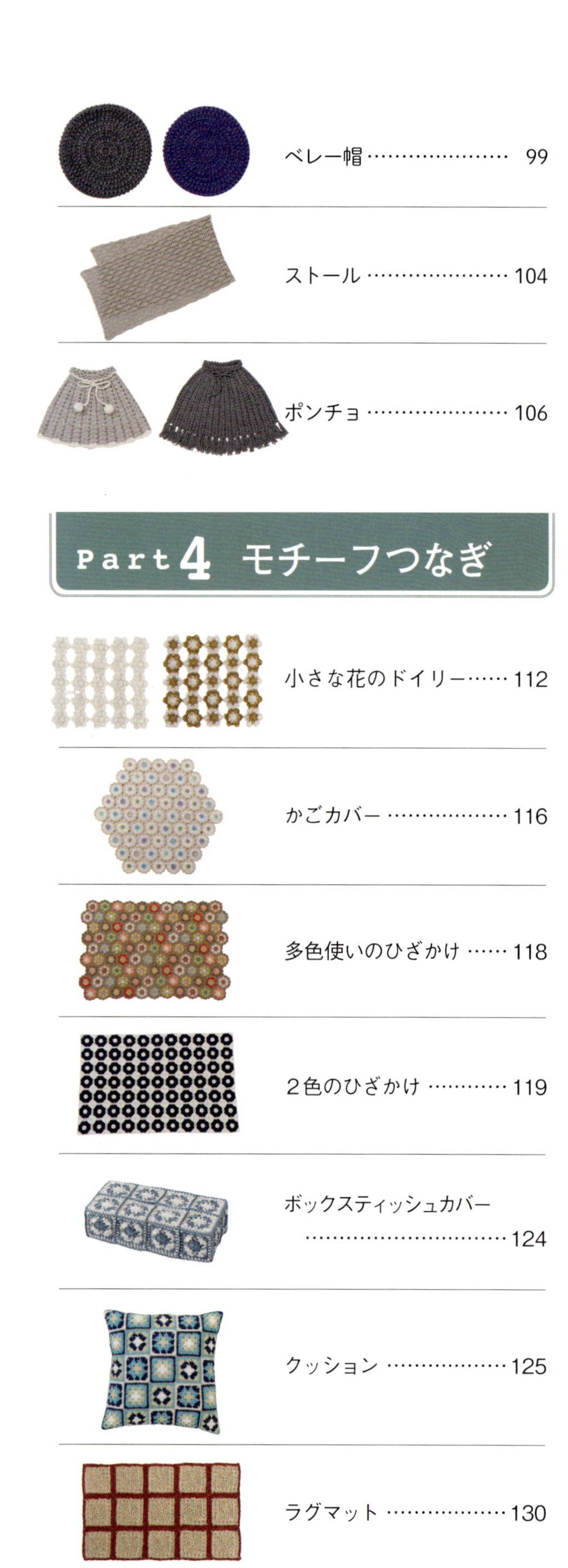

Part 4 モチーフつなぎ

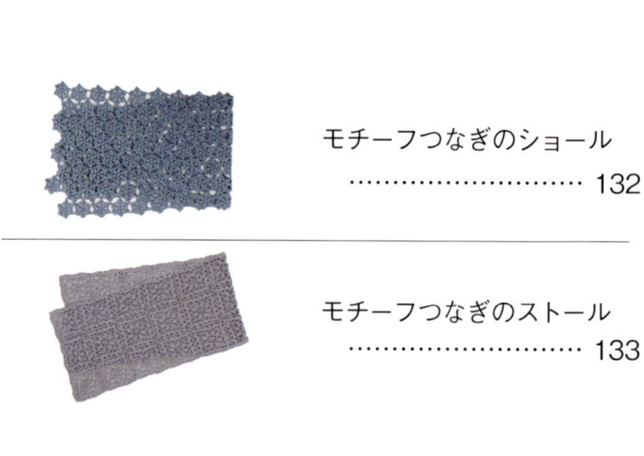

Part 5 バッグとかご

「楽しいかぎ針編み生活」

「かぎ針編み」というのは、かぎ針という道具で糸を編むこと。
1本の針と糸があれば、いろいろなものが編めます。

かぎ針編みには、こま編みや長編みなどいくつかの編み方があり、
その編み方を組み合わせることで、きれいな模様が作られます。
むずかしそうに見える作品も、基本的にはこの編み目の集合でできているのです。

かぎ針編みがはじめての人は、まず、**Part 1**で「往復編み」と「輪編み」をおぼえて
編み図の見方や基本の編み方をマスターしましょう。

基本をマスターすれば、
いろいろな作品をどんどん編めるようになるので、あれもこれも編んでみたくなります。

あと必要なのは、一目一目ていねいに編むこと、
そして最後まで編み上げるココロ。

この本は、初心者でも編める簡単さと
作ったものを実際に使える、おしゃれさにこだわりました。
どんな風合いの糸にしようかな、
どんな色にしようかな、
自分のため、大切な誰かのため、
あれこれ考えながら手を動かすのも、かぎ針編みの楽しさです。

さあ、かぎ針編み生活を始めましょう。

Part 1 かぎ針編みの基本

編み始める前に覚えておきたい針や糸のこと、正しい針の持ち方など、
編み物の基本を解説します。

かぎ針、糸、用具について

かぎ針のこと

先端がかぎ状になっていて、太さの種類があります。針の太さは軸の直径によって決まり、号数で表されます。2/0号～10/0号まであり、数字が大きくなるほど針は太くなります。

＊両かぎ針

両側に異なる号数のかぎがついたタイプ。1本で2種類の号数が使えるので便利です。グリップがついていると握りやすいので、初心者にもおすすめ。

〈 ハマナカ アミアミ両かぎ針ラクラク 〉

＊片かぎ針

片側にかぎのついた針。
金属製や竹製があります。

〈 ハマナカ アミアミ片かぎ針(金属製) 〉

〈 ハマナカ アミアミ竹製かぎ針 〉

10/0号より太い針は、太さは号数ではなく「mm」で表示されます。

糸のこと

糸には、ウールやコットンや麻などの素材と、極細～超極太までの太さによって、いろいろな種類があります。

＊素材について

ウール

ウールとはおもに羊の毛のこと。ウール100%のものとアクリルなどが混ざっているものがあります。ウール糸のなかには、太さが均一なストレート糸、毛足（糸の表面に出ている毛）のあるモヘア糸、ところどころにネップ（節やかたまり）のあるツィード糸などがあります。

コットン

雑貨や春夏用の小物などに使われることも多い綿素材の糸。さらりとした肌触りが特徴です。オーガニックコットン100%のものもあります。

麻

リネンやジュートなど麻の入った糸。ウールやコットンにくらべて、ややかたくて張りがあります。ナチュラルな小物やバッグなどに向いています。

そのほかの素材

毛足の長いファーの糸（a）、モール状の糸（b）、アクリル100%の糸（c）、バッグや帽子に向くレーヨン糸（d）、リリヤーン状の超極太糸（e）などもあります。

＊太さについて

実物大

← 極細（ごくぼそ）
← 中細（ちゅうぼそ）
← 合太（あいぶと）
← 並太（なみぶと）
← 極太（ごくぶと）
← 超極太（ちょうごくぶと）

ここがポイント！

初心者に編みやすい糸は

初心者に編みやすいのは、編むときにひっかかりがなく、編み目も数えやすいストレート糸。太さは、合太～極太くらいが編みやすいでしょう。慣れるまでは、編み目が見やすい明るめの色を選ぶのがおすすめです。

糸のラベルの見方

糸についているラベルには大切な情報が書いてあります。

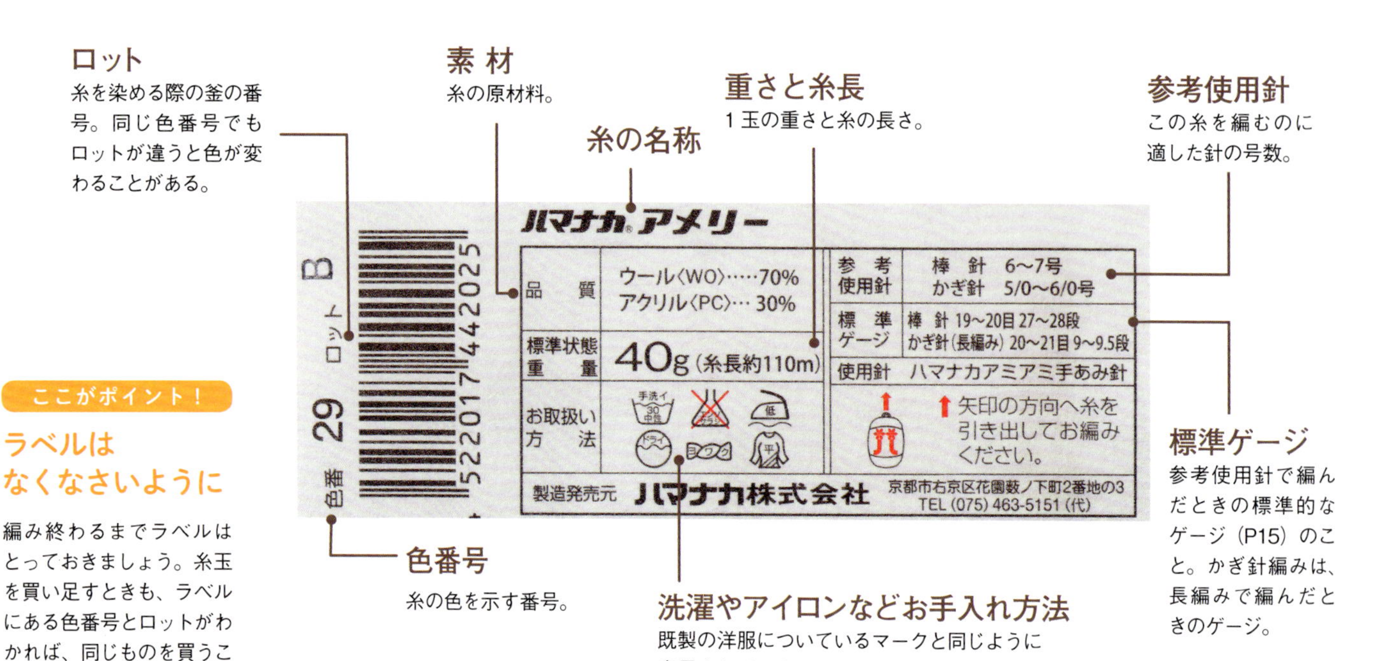

ここがポイント！

ラベルはなくなさいように

編み終わるまでラベルはとっておきましょう。糸玉を買い足すときも、ラベルにある色番号とロットがわかれば、同じものを買うことができます。

＊この本で使用している糸

糸はすべてハマナカ株式会社、2017年9月現在の情報です。

糸名	素材	仕立て	適合針
アプリコ	綿（超長綿）100%	30g玉巻（約120m）	3/0号〜4/0号針
アメリー	ウール（ニュージーランドメリノ）70%、アクリル30%	40g玉巻（約110m）	5/0号〜6/0号針
アランツィード	ウール90%、アルパカ10%	40g玉巻（約 82m）	8/0号針
アルパカモヘアフィーヌ	モヘヤ35%、アクリル35%、アルパカ20%、ウール10%	25g玉巻（約110m）	4/0号針
ウオッシュコットン	綿64%、ポリエステル36%	40g玉巻（約102m）	4/0号針
エクシードウールFL《合太》	ウール（エクストラファインメリノ）100%	40g玉巻（約120m）	4/0号針
エクシードウールL《並太》	ウール（エクストラファインメリノ）100%	40g玉巻（約 80m）	5/0号針
エコアンダリヤ	レーヨン100%	40g玉巻（約 80m）	5/0号〜7/0号針
かわいい赤ちゃん	アクリル60%、ウール（メリノウール）40%	40g玉巻（約105m）	5/0号針
コマコマ	指定外繊維（黄麻）100%	40g玉巻（約 34m）	8/0号針
コロポックル	ウール40%、アクリル30% ナイロン30%	25g玉巻（約 92m）	3/0号針
ソノモノ アルパカウール《並太》	ウール60%、アルパカ40%	40g玉巻（約 92m）	6/0号針
ソノモノ アルパカウール	ウール60%、アルパカ40%	40g玉巻（約 60m）	8/0号針
ドーナツ	アクリル55%、ポリエステル45%	200g玉巻（約100m）	10/0号〜7mm針
ねんね	ウール（ニュージーランドメリノ）100%	30g玉巻（約150m）	3/0号針
ハマナカ純毛中細	ウール100%	40g玉巻（約160m）	3/0号針
ハマナカボニー	アクリル100%	50g玉巻（約 60m）	7.5/0号針
ハマナカラブボニー	アクリル100%	40g玉巻（約 70m）	5/0号針
フラックスK	麻78%、綿22%	25g玉巻（約 62m）	5/0号針
フラックスC	麻82%、綿18%	25g玉巻（約104m）	3/0号針
フラックスC《ラメ》	麻82%、綿18%（スリット糸使用）	25g玉巻（約100m）	3/0号針
フラックスTw	麻73%、綿27%	25g玉巻（約 92m）	4/0号針
ポーム コットンリネン	綿60%、リネン40%（ピュアオーガニック）	25g玉巻（約 66m）	5/0号針
ポーム《彩土染め》	綿100%（ピュアオーガニックコットン）	25g玉巻（約 70m）	5/0号針
ポーム ベビーカラー	綿100%（ピュアオーガニックコットン）	25g玉巻（約 70m）	5/0号針
ポーム《無垢綿》ベビー	綿100%（ピュアオーガニックコットン）	25g玉巻（約 70m）	5/0号針
ルナモール	ポリエステル100%	50g玉巻（約 70m）	7/0号針
ルーポ	レーヨン65% ポリエステル35%	40g玉巻（約 38m）	10/0号針

糸端の取り出し方

糸玉から糸端を取り出す方法を紹介します。

一般的な糸の場合

糸玉の内側に指先を入れて糸端を見つけて取り出します。糸がかたまりで出てしまったときは、かたまりの中から糸端を見つけます。

コットン素材の場合

コットン素材の糸玉には内側に厚紙の芯が入っているものがあります。その場合は厚紙を矢印の方向に回しながら引っ張って厚紙を取り外すと、糸端が出てきます。

ドーナツ状の糸の場合

ドーナツ状に巻かれた糸玉はラベルをはずしてから、中心の糸端を見つけて出します。

用具のこと

針と糸のほかにそろえておきたい用具です。

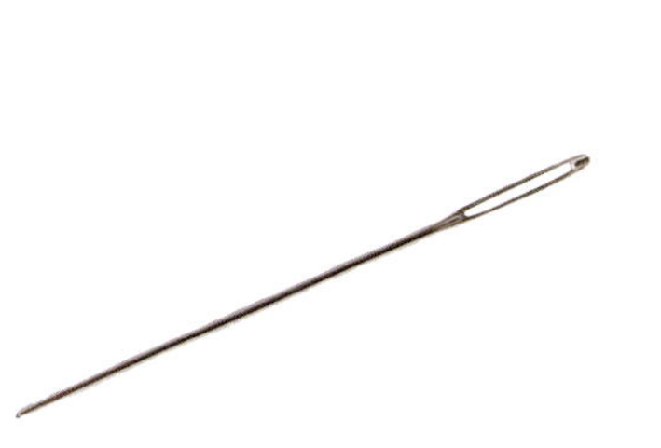

とじ針

糸端の始末や編み地をとじ合わせるときに使います。縫い針よりも太く、針先が丸いのが特徴です。
〈ハマナカ アミアミ毛糸とじ針（H250-706）〉

はさみ

糸を切るときに使います。先が細くてよく切れる、手芸用のはさみを一つ用意するとよいでしょう。
〈ハマナカ クラフトハサミ（H420-001）〉

段目リング

編み目に引っかけて目印として使います。マフラーなど長いものを編むときは、10段ごとにつけておくと段数を確認するのに便利です。
〈ハマナカ アミアミ段目リング（H250-708）〉

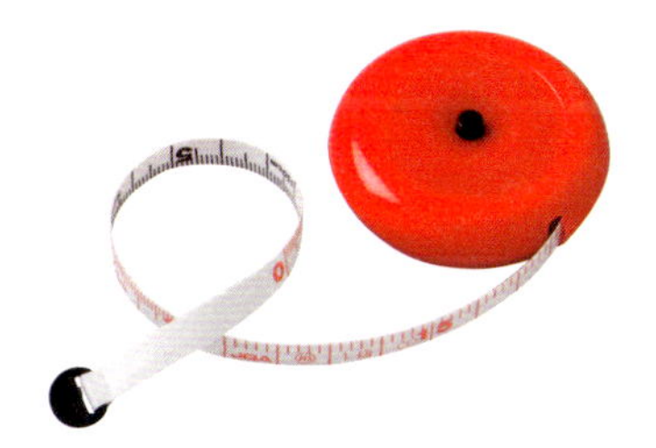

メジャー

ゲージを測るときや編んだものの長さを確認するときに使います。

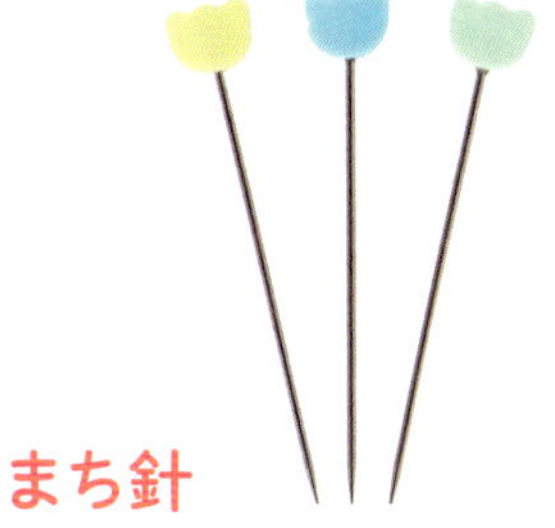

まち針

針足が長く、針先が丸くなっている、編み物用のまち針です。編み地と編み地をとめたり、仕上げをするときに使います。
〈ハマナカ アミアミまち針（H250-705）〉

アイロン

編んだものを仕上げするときに使います。スチームの出るものを用意しましょう。

編み方、編み目、ゲージについて

糸と針の持ち方

きれいに編むためには、正しく糸と針を持つことが大切です。

＊糸のかけ方

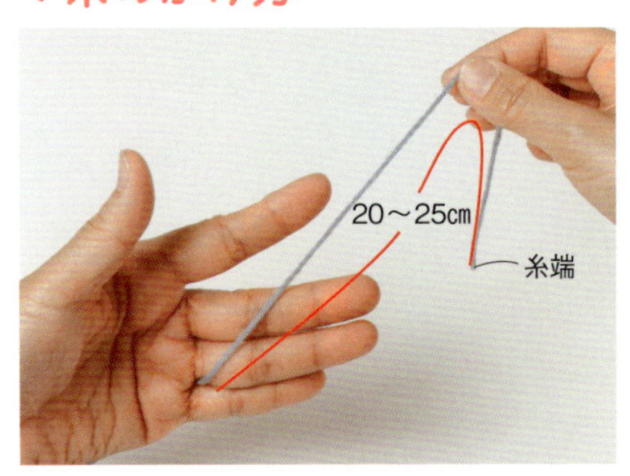

1 左手の小指と薬指の間に糸端をはさみます。

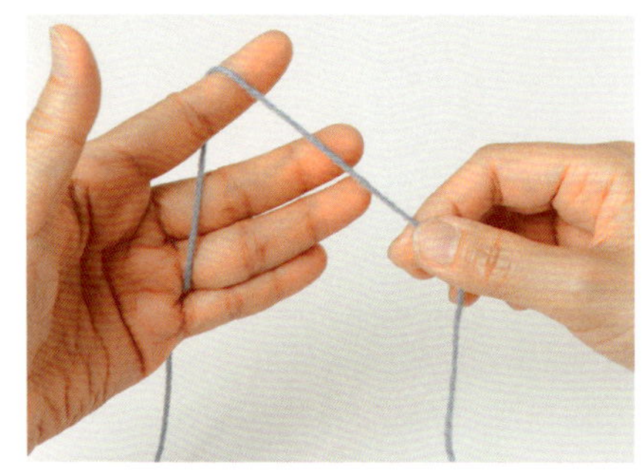

2 糸を人さし指にかけます。

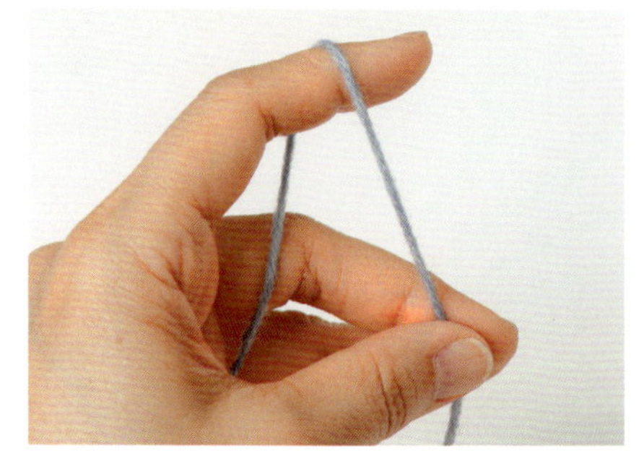

3 人さし指にかけた糸を親指と中指ではさみます。

＊針の持ち方

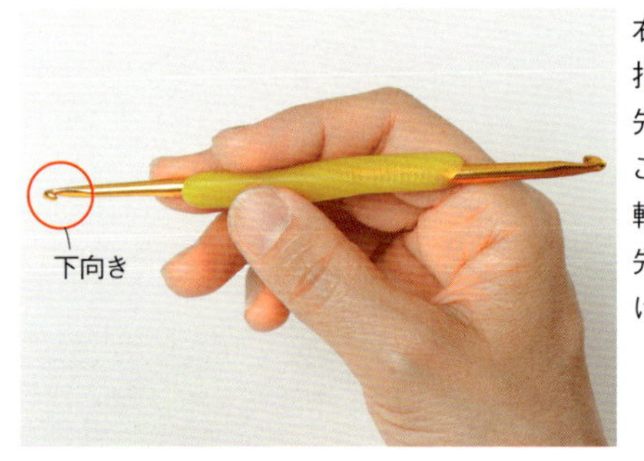

右手の親指と人さし指でグリップ部分(針先から４～５cmのところ)を持ち、中指を軽くそえます。針の先端のかぎは下に向けます。

＊編み方

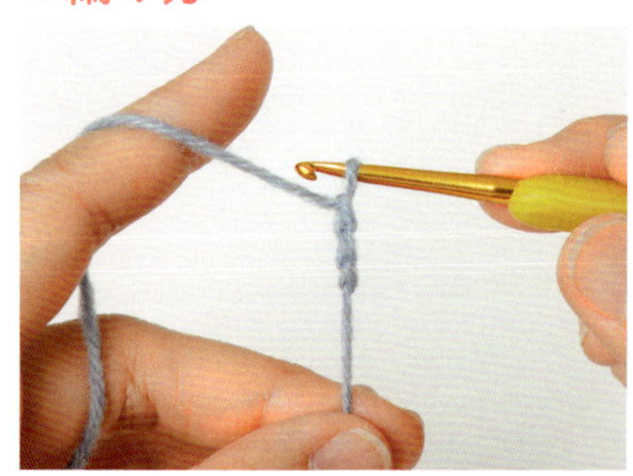

左手の人さし指で糸をピンと張って、たるまないように調整しながら編みます。

編み目のこと

編み目とは、
糸を針で編んだもののことです。

針に糸をどのようにかけて引き抜くかで編み目の出方がかわり、この編み目の組み合わせによって模様が作られます。編み目を記号で表したものが編み目記号です。かぎ針編みの基本的な編み目と編み目記号には、つぎのものがあります。

くさり編み

こま編み

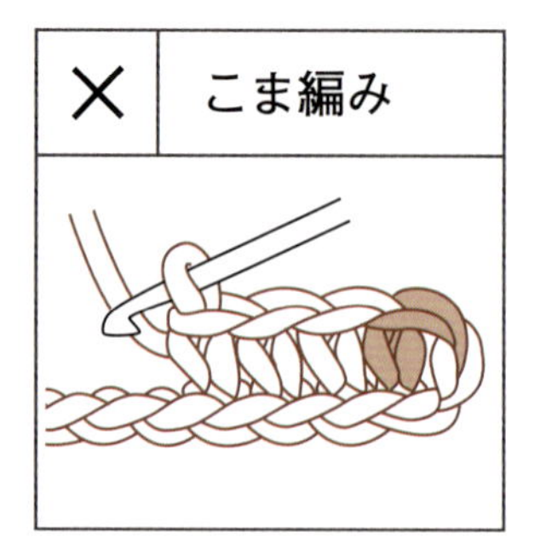

中長編み

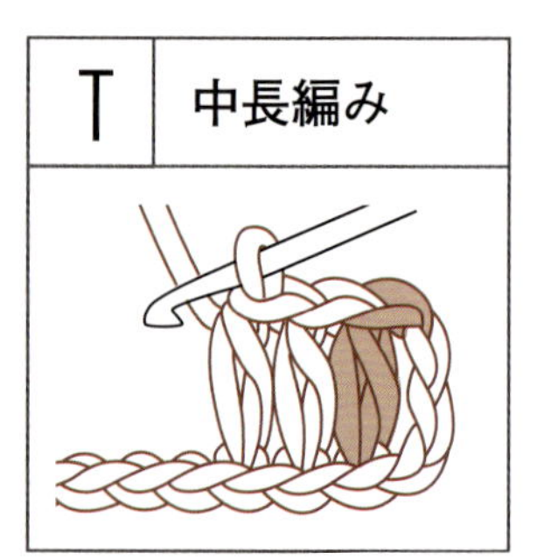

長編み

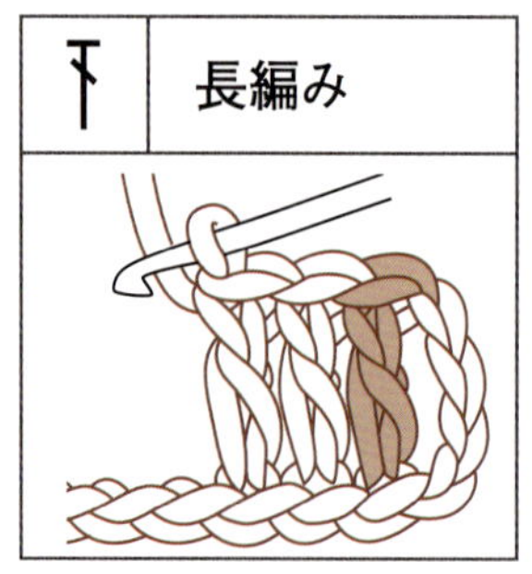

長々編み

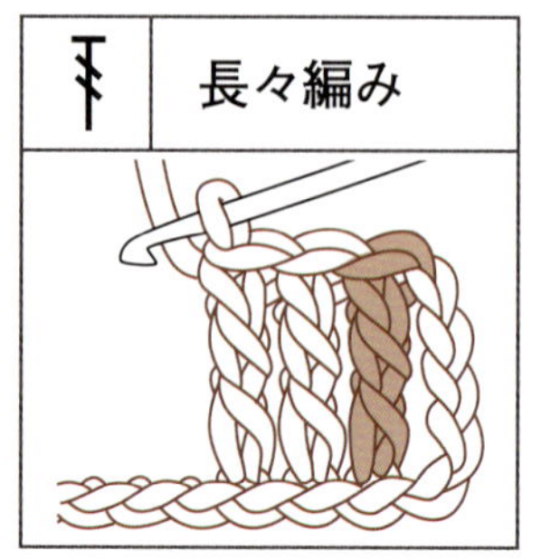

引き抜き編み

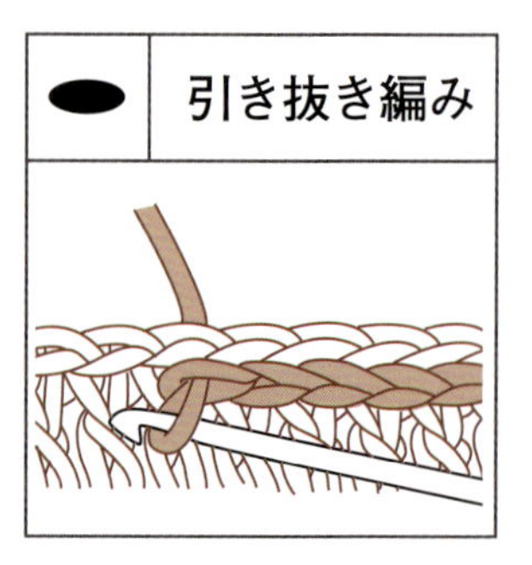

目数と段数のこと

編み目は、目数と段数という言葉で数えます。

編み地の編み目を数えるときには、「目」と「段」という言葉を使います。横方向の編み目の数が「目数」、縦方向の編み目の数が「段数」。こま編みの編み地を例にして、目数と段数を数えてみましょう。

こま編み 記号図

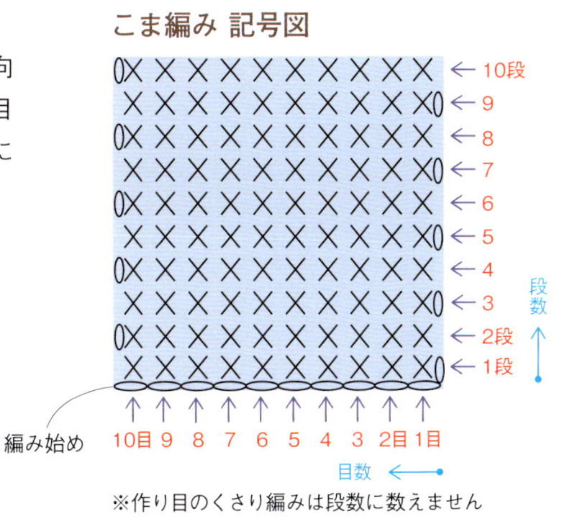

※作り目のくさり編みは段数に数えません

こま編み 編み地

10段 9 8 7 6 5 4 3 2段 1段

10目 9 8 7 6 5 4 3 2目 1目

ゲージのこと

作品を編むときに、編み目の大きさの目安になるものがゲージです。

＊ゲージってなに？

ゲージとは、一定の大きさ(一般的に10cm×10cm)の編み地に、編み目が何目、何段あるかを示したもの。編み地によっては、1模様の大きさやモチーフ1枚の大きさで表示することもあります。小さな雑貨などはあまり気にしなくても大丈夫ですが、帽子やミトンなど身につけるものは、作品を編む前に必ずゲージを測りましょう。

＊ゲージの測り方

①15cm角くらいの編み地を試しに編みます。
②編み地の中央で10cmをはかり、目数と段数を数えます。

この長編みの編み地の場合、10cm角の中に編み目が14目、6段あるので、ゲージは「長編み　14目、6段＝10cm角」と表示する。

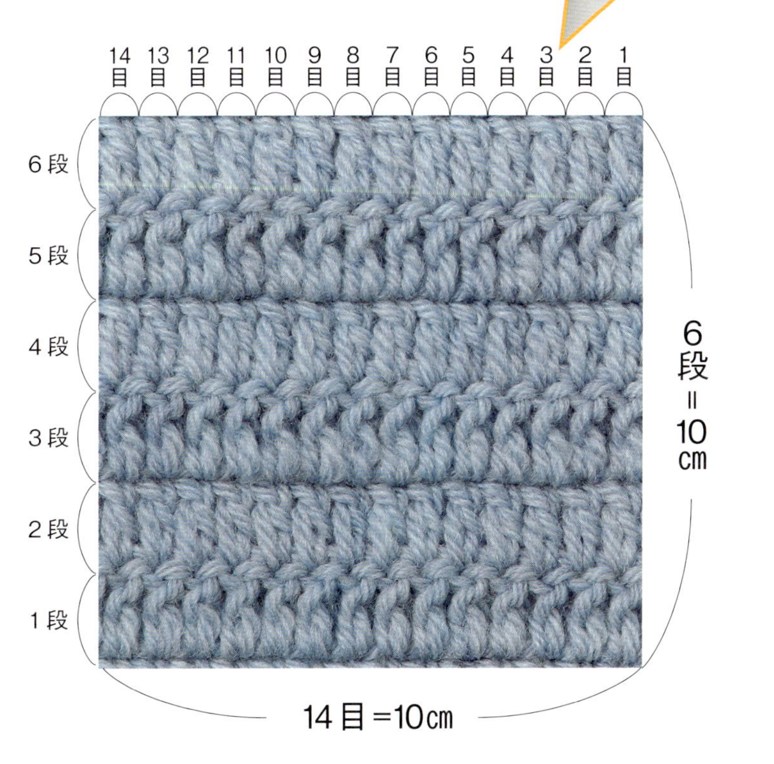

ゲージが合わないときは

目数、段数が表示よりも多いとき

編み目がきついので、でき上がりのサイズが作品よりも小さくなります。指定よりも1～2号太い針で編んでみましょう。

目数、段数が表示よりも少ないとき

編み目がゆるいので、でき上がりのサイズが作品よりも大きくなります。指定よりも1～2号細い針で編んでみましょう。

往復編みをマスター

かぎ針編みの基本である往復編みの作品を編みながら、記号の見方や編み方をおぼえましょう。

往復編みのコースター

基本の編み方だけで編める、四角いコースター。
太めのコットン糸なので、
スイスイ編めてすぐに完成します。

デザイン »» 岡まり子
制作 »» 大西ふたば
糸 »» ハマナカ ウオッシュコットン
編み方 »» P17

往復編みのコースター

P16

A

B

でき上がりサイズ／10cm角

材料と用具

糸　ハマナカ ウオッシュコットン（40g玉巻）
　A シルバーグレー（20）……………………7g
　B ライトグリーン（37）……………………7g

針　ハマナカ アミアミ両かぎ針ラクラク… 5/0号

ゲージ

模様編み　21目＝9cm　9段＝9cm

編み方　糸は1本どり

くさり編み21目を作り目し、模様編みで9段編む。
続けてまわりに縁編みを1段編む。

編み方ページと往復編みの記号図の見方

編み方ページは、作品を編むために必要な情報がまとまっています。まずは「材料と用具」をそろえ、「編み方」を読んで理解したら、記号図を見ながら編んでいきます。記号図は常に表から見た状態を表しています。

往復して編むものは、1段ごとに編み地の表側と裏側を返しながら編みます。段数の横にある矢印の方向に編みましょう。編み方は、表側も裏側も基本的には記号図通りに編みます（引き上げ編みは例外、P47参照）。

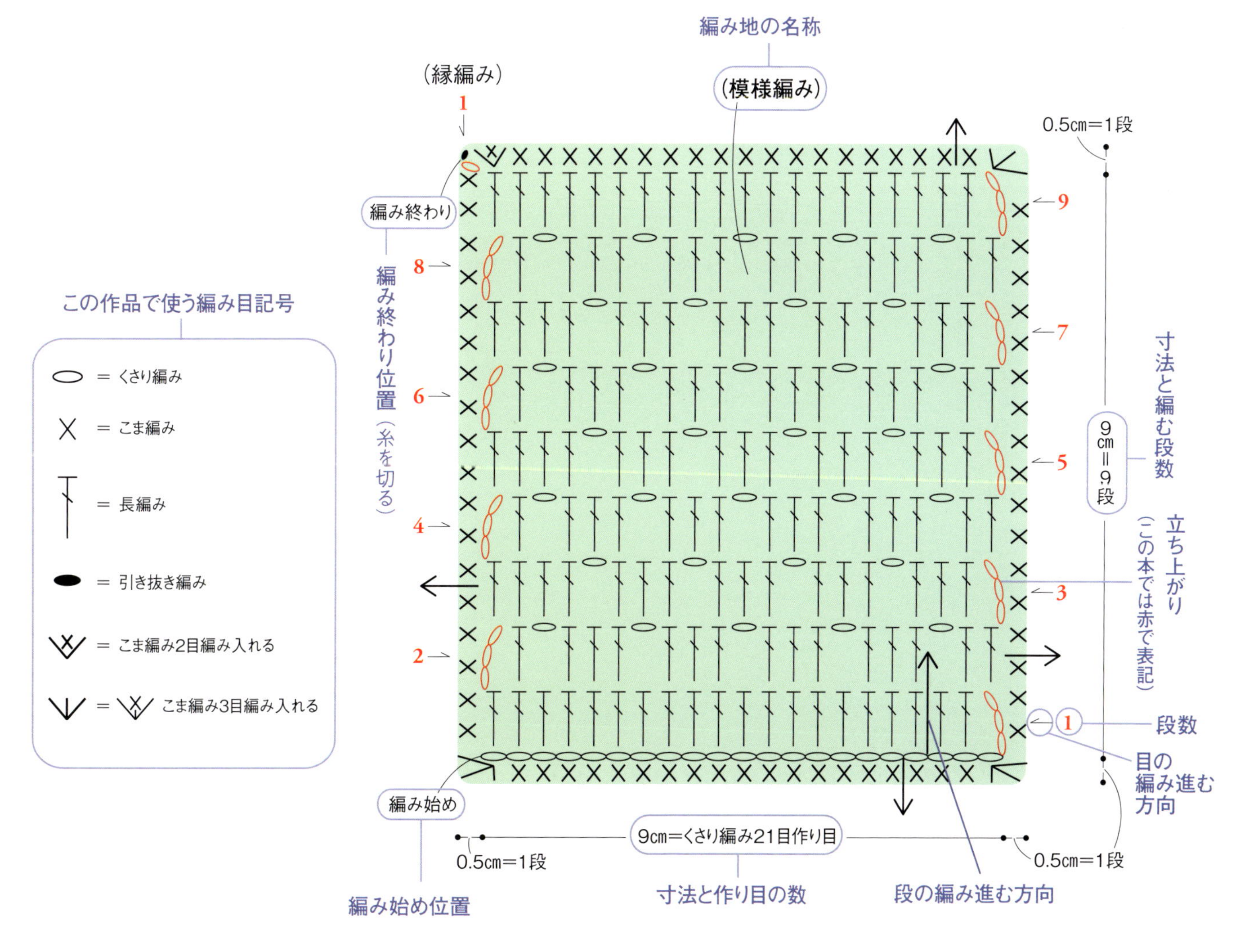

編み方

作り目をする

最初に作り目をします。作り目とは、1段めを編むための土台となるもので、段には数えません。作り目のくさり編みは、少しゆるめに編むのがポイントです。

編み始め

くさり編み

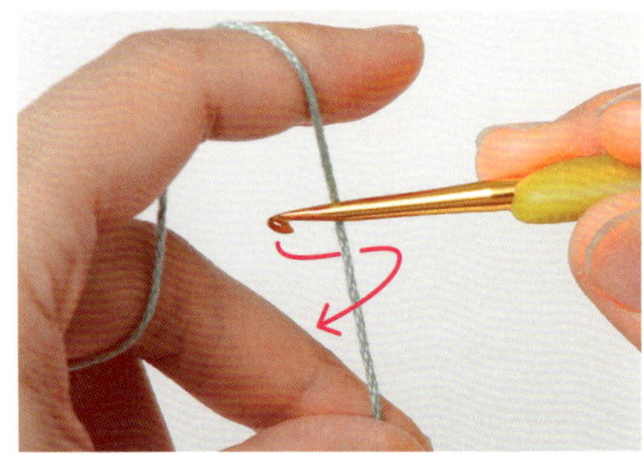

1 糸を左手にかけ、かぎ針を矢印のようにまわして糸をかける。

2 かけたところ。

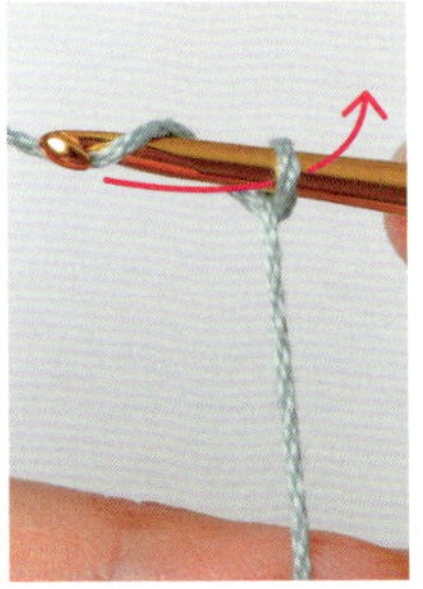

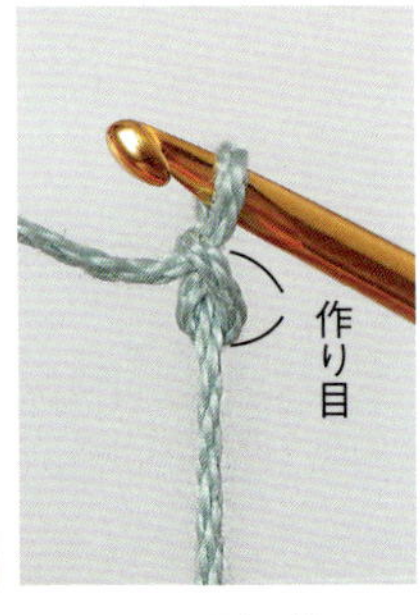

3 針に糸をかけ、矢印のように引き抜く。
※作り目は目数に数えません。

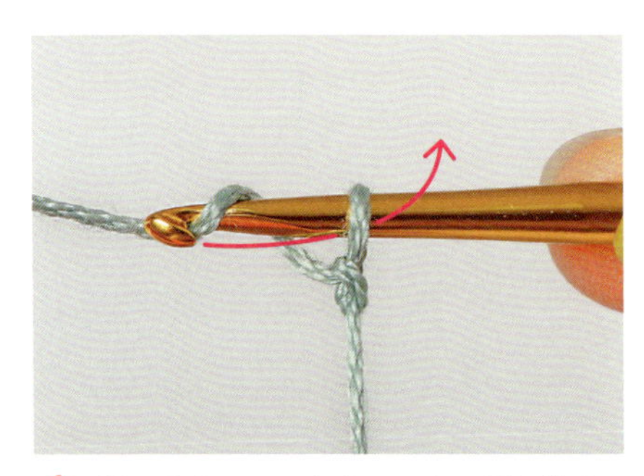

4 針に糸をかけ、矢印のように引き抜く。

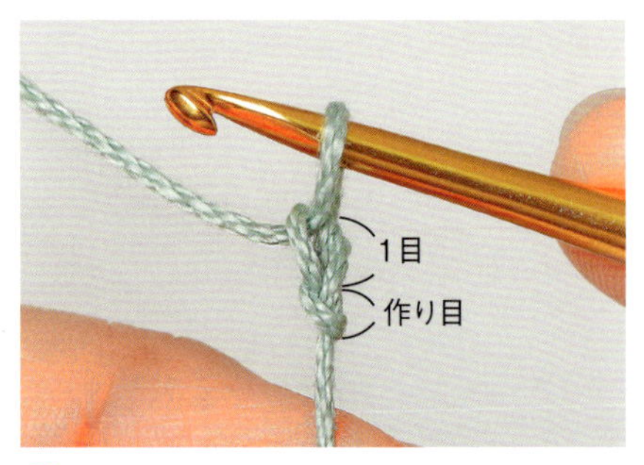

5 引き抜いたところ。くさり編みが1目編めた。

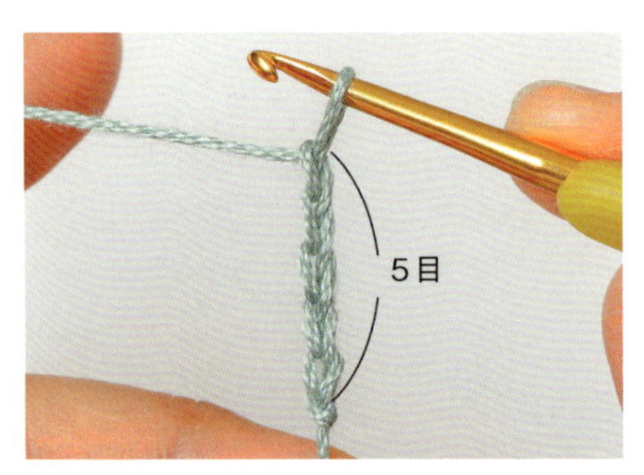

6 4をくり返し、くさり編みを編む。写真は5目編めたところ。

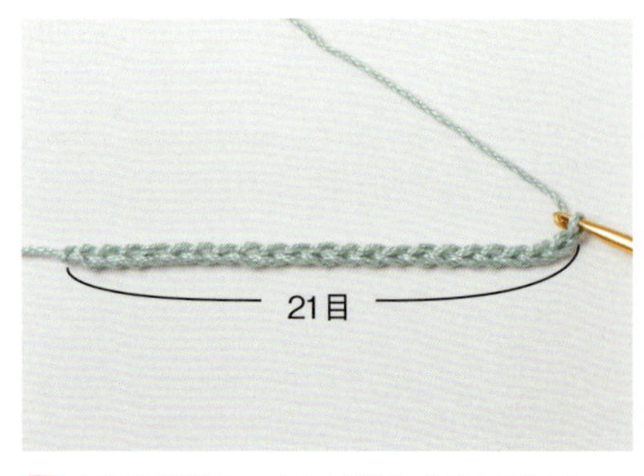

7 同じ要領で、くさり編みを21目編む。

立ち上がりを編む

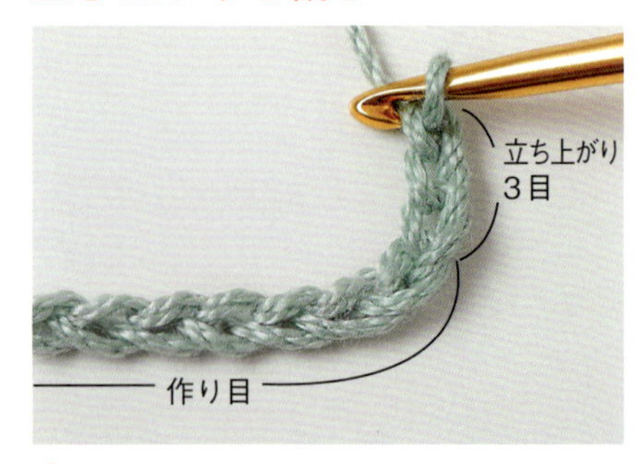

8 続けて、立ち上がりのくさり編みを3目編む。

1段めを編む

1段めは立ち上がりのくさり編みを3目編んだら、作り目に長編みを1目ずつ編んでいきます。

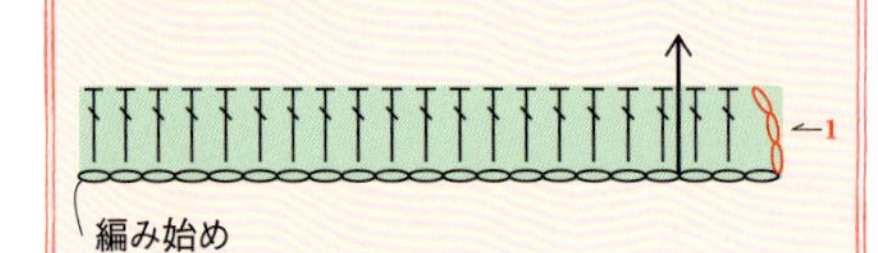

ビギナーQ&A

「立ち上がり」とは

立ち上がりとは、毎段の編み始めに、編み目の高さ分だけ編むくさり編みのこと。立ち上がりのくさり編みの目数は、基本的につぎに編む編み目によって決まります。この場合は、長編みを編むので、立ち上がりはくさり編み3目です。長編みは立ち上がりを1目と数えます。

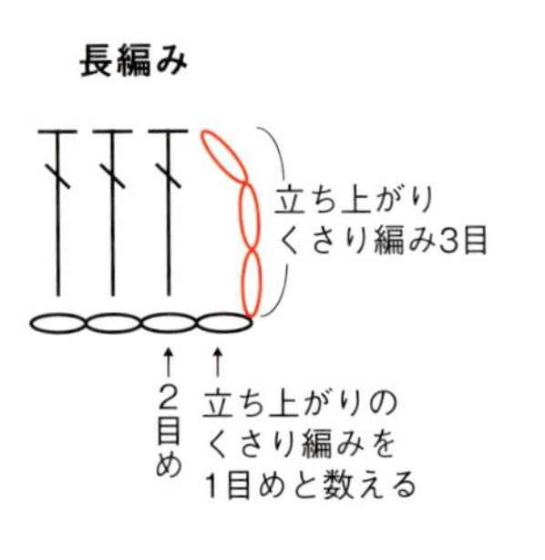

長編み

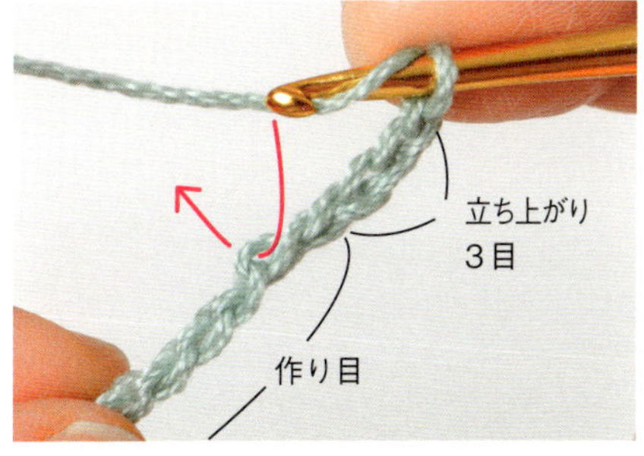

9 針に糸をかけ、作り目の2目めのくさり目の裏山に針を入れる。

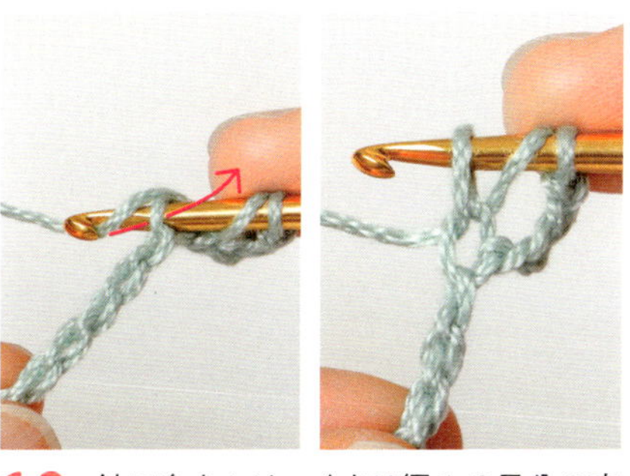

10 針に糸をかけ、くさり編み2目分の高さまで糸を引き出す。

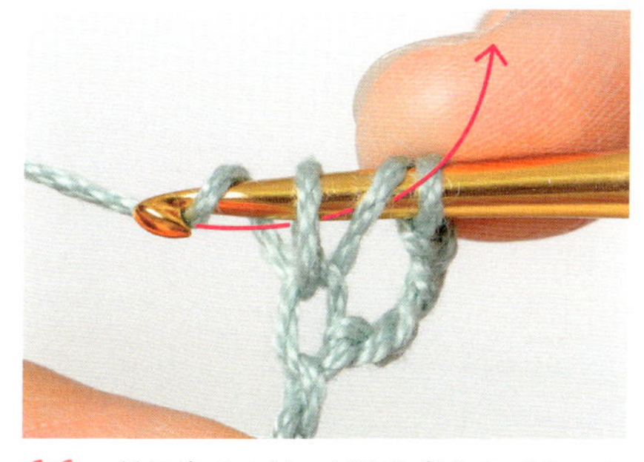

11 針に糸をかけ、1段の高さまで2つのループを引き抜く。

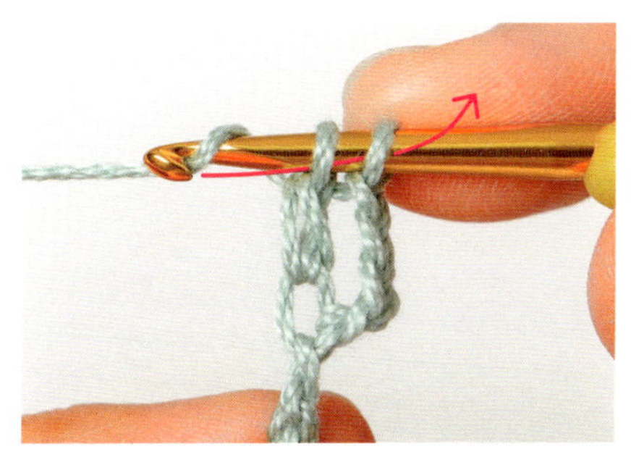

12 もう1回針に糸をかけ、針にかかっているループを一度に引き抜く。

13 長編みが1目編めた。

ここがポイント！

くさり編みの「半目」と「裏山」

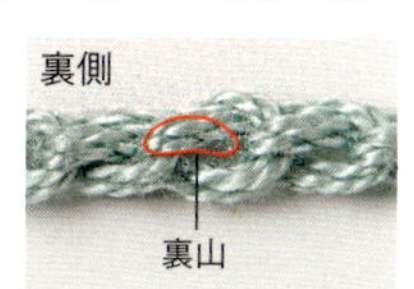

くさり目は表側に2本の目があり、その目の1本を指すときは「半目（はんめ）」と呼びます。また裏側にあるこぶのような山を「裏山（うらやま）」と呼びます。

14 くさり目の隣の裏山に針を入れ、長編みを編む。

15 9～13と同様に、長編み編んでいく。

16 1段めが編めたところ。

ここがポイント！

作り目から目を拾う方法は3種類あります

くさり目の裏山を拾う方法

表側のくさり目が残るので、仕上がりがきれい。縁編みなどを編まない場合に向いています。

くさりの半目と裏山を拾う方法

2本すくうことで作り目がゆるまず、安定します。細い糸で編むときにも向いています。

くさりの半目を拾う方法

目が拾いやすいので、作り目の両側から目を拾うときなどに使います。ただ作り目が伸びて不安定なため、隙間が気になる場合も。

2段めを編む

2段めは立ち上がりのくさり編みを3目編んだら、長編みとくさり編みで模様を作りながら編みます。

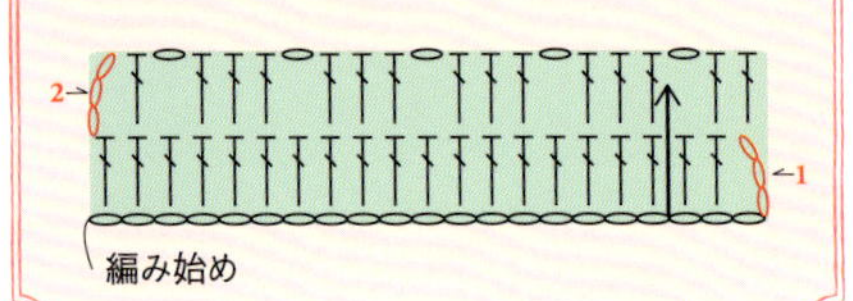

編み地の返し方

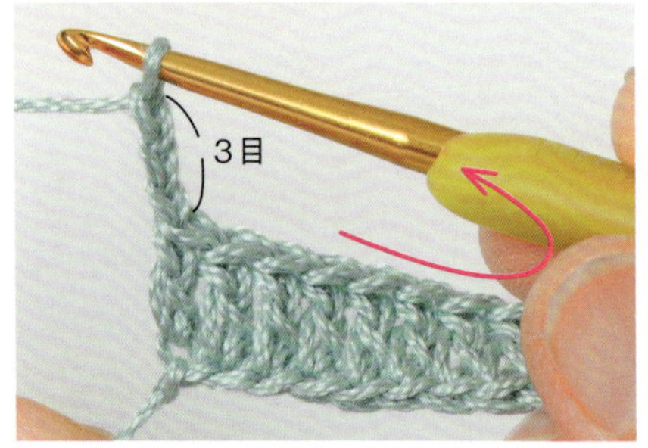

17 続けて立ち上がりのくさり編みを3目編み、編み地を矢印の方向にまわして裏返す。

ここがポイント！

立ち上がりを編んでから編み地を返す

往復編みの場合は、1段編み終わったら次の段の立ち上がりのくさり編みを編んでから、編み地を返します。編み地を返すときは、針と糸は動かさずに、編み地の右側を手前から向こう側にまわします。

ビギナーQ&A

頭
足

「頭」とは

編み目の上にある、くさりのような2本の糸を「頭」、その下にある柱状のものを「足」または「柱」と呼びます(P33参照)。

18 針に糸をかけ、前段の右端から2目めの長編みの頭に針を入れる。

19 長編みを編む。

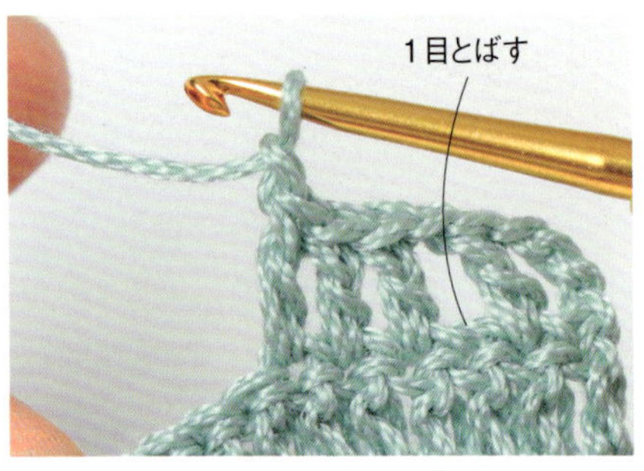

20 くさり編みを1目編み、「長編み3目」と「くさり編み1目」をくり返して編む。

21 最後は長編みを2目編むが、端の目は裏側から1段めの立ち上がりのくさり編み3目めの半目と裏山に針を入れて編む。

22 2段めが編めたところ。

3段め以降を編む

3段めの長編みは、前段の目の頭に編むところと、くさり編みごとすくって編むところがあるので注意します。

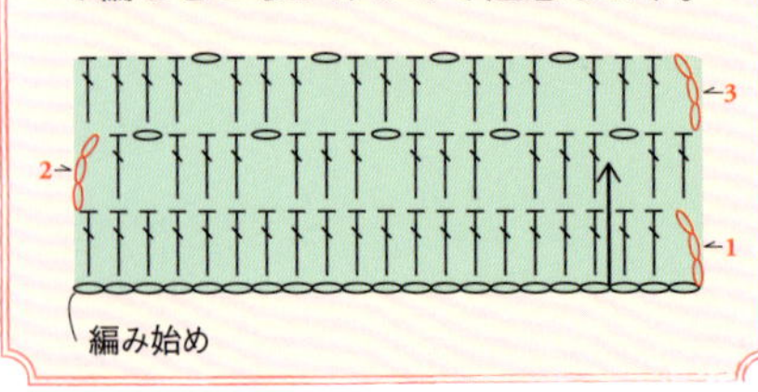

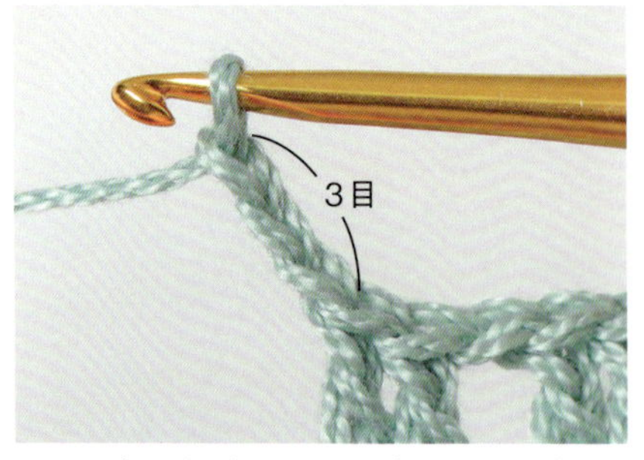

23 立ち上がりのくさり編みを3目編み、17と同様に編み地を裏返す。

24 針に糸をかけ、前段の右端から2目めの長編みの頭に針を入れる。

25 長編みを編む。

26 次の長編みは、針に糸をかけて矢印のようにくさり編みの全体をすくって長編みを編む。これを「束にすくう」と言う。

27 次の長編みは長編みの頭に編む。長編みは、前段が長編みのところは頭に、前段がくさり編みのところはくさりを束にすくって編む。

28 図を見ながら３段めの続きを編む。最後の長編みは２段めの立ち上がりのくさり編み３目めの半目と裏山に針を入れて編む。

29 ３段めが編めたところ。

30 図を見ながら同じ要領で９段めまで編む。

縁編みを編む

９段めまで編み終わったら、糸を切らずに続けて縁編みを編みます。縁編みは常に編み地の表を見ながら、反時計回りにこま編みを１段編んでいきます。

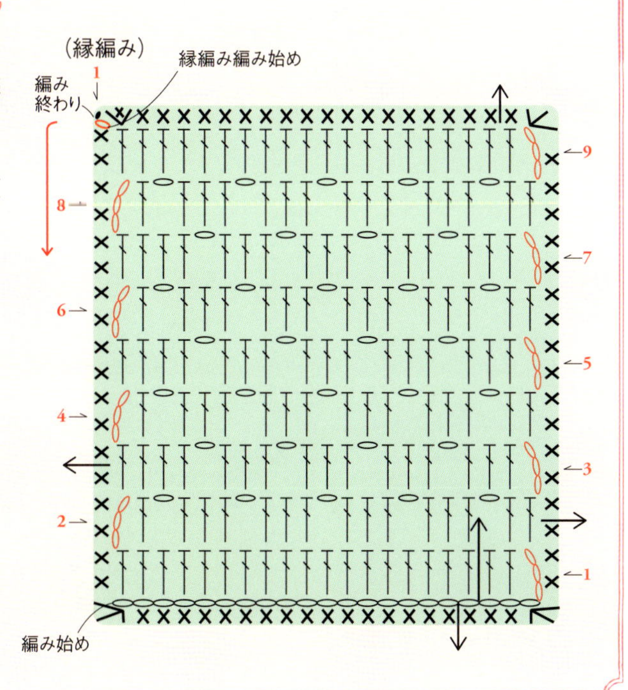

× こま編み

※わかりやすいように糸の色をかえています。

31 続けて立ち上がりのくさり編みを１目編み、９段めの最後の長編みの頭に針を入れる。

32 針に糸をかけて引き出す。

33 針に糸をかけ、針にかかっている２つのループを一度に引き抜く。

34 こま編みが１目編めた。

35 次のこま編みは、長編みの足をすくって32〜34と同様にこま編みを編む。

36 8段めの立ち上がりのくさり編み３目めの半目と裏山に針を入れる。

37 こま編みを編む。

38 くさり編みを束にすくってこま編みを１目編む。

39 1段につき、こま編みを２目ずつ編んでいく。長編みの頭と立ち上がりのくさり編み3目めのところは目を割って、長編みの足と立ち上がりのくさり編み1、2目めのところは束にすくって編む。

40 左下まで同様に編む。

こま編み3目編み入れる

41 角は作り目のくさり編みの表側の２本をすくって、こま編みを編む。

42 41と同じ目にこま編みをもう１目編む。

43 さらにもう１目こま編みを編む。同じ目にこま編みを３目編んだことになる。

ここがポイント！

同じ目に複数の目を編み入れて目を増す

増し目をするときは、同じ目に複数の目を編み入れます。同じ目に、こま編みを２目編むことを「こま編み２目編み入れる」、こま編みを３目編むことを「こま編み３目編み入れる」と言います。

44 作り目側は、くさり編みの表側の２本をすくって、こま編みを編む。

こま編み3目編み入れる

45 右下の角まで編んだら、作り目の端のくさり編みに針を入れてこま編みを編む。

46 同じ目にもう2目こま編みを編み、こま編みを３目編み入れる。

47 右下から右上も、39と同じ要領でこま編みを編む。

48 上側は長編みの頭をすくってこま編みを編む。

こま編み２目編み入れる

49 最後の長編みの頭に、こま編みを１目編む。

50 同じ目にこま編みをもう１目編み、こま編みを２目編み入れる。

引き抜き編み

51 縁編みの編み始めのこま編みの頭に針を入れ、糸をかけて引き抜く。

52 引き抜いたところ。これで縁編みが編み終わった。

編み終わりと糸始末

編み終わったら、もう一度針に糸をかけて引き抜いてから糸を切ります。編み終わりと編み始めの糸は、編み地の表側にひびかないように裏側の編み地にくぐらせて始末します。

糸を切る

53 もう一度針に糸をかけて引き抜く。

54 そのままループを大きく引き伸ばす。

糸の始末

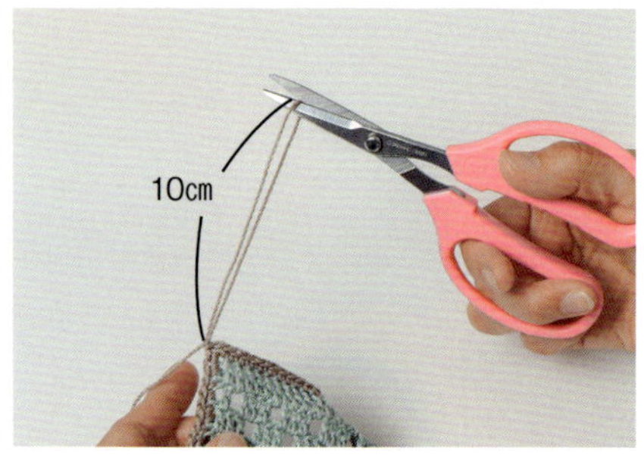

55 10cmくらいまで伸ばしたらループの輪をハサミでカットする。

56 残った糸をとじ針に通し、編み地の裏側の糸を２～3cmすくって糸を引く。

57 根元で糸をカットする。

58 編み始めの糸も同様に編み地の裏側にくぐらせ、余分な糸をカットする。

とじ針に糸を通す方法は

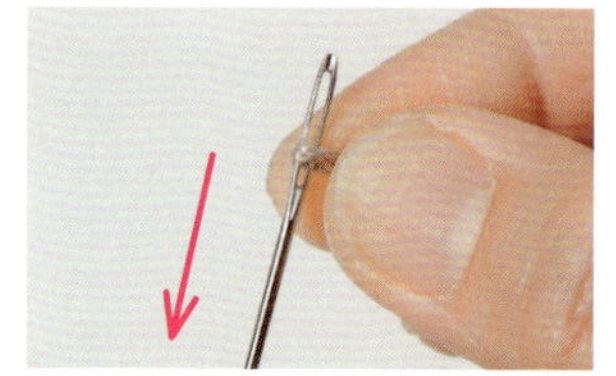

糸でとじ針をはさみ、指先でつまんで糸の折り山をつぶし、針を下に引き抜く。

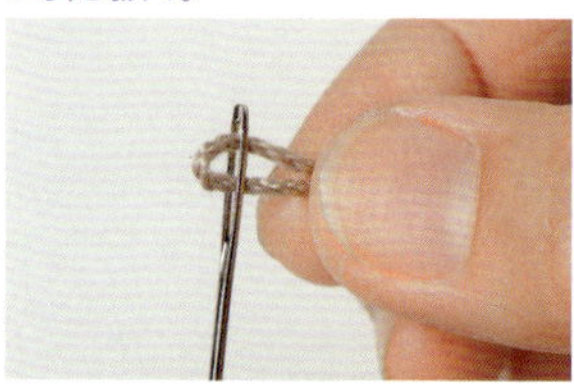

折り山をとじ針の穴に通す。

通したら、糸端を引き出す。

仕上げ

編み終わって糸始末をしたら、スチームアイロンをかけて仕上げをします。アイロンをかけることで編み目が整い、きれいに仕上がります。編み地に直接アイロンを当てると編み目がつぶれるので、必ず浮かせてスチームを当てます。

まち針を打つ

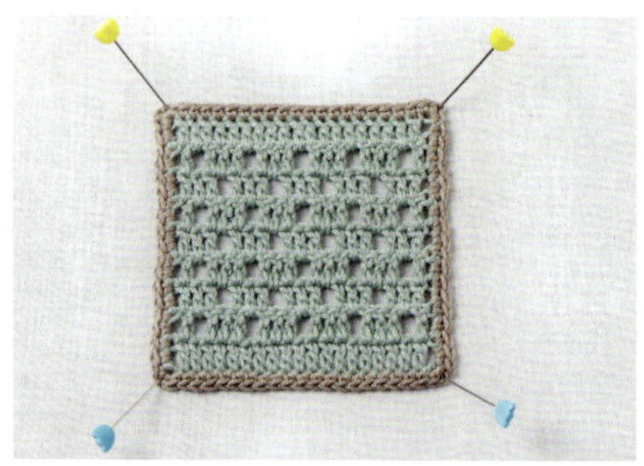

59 編み地をアイロン台にのせ、四隅にまち針を打つ。

ここがポイント！

まち針の打ち方

コースターなど小さいものは四隅の角にまち針を打つだけで大丈夫ですが、大きいものの場合は、角と角の間にも等間隔にまち針を打っていきます。P26のコースターなどは、形を整えてから六角形の先端にまち針を打ちます。

スチームアイロンを当てる

60 アイロンを少し浮かせてスチームを当てる。
※糸のラベルにあるアイロン表示を確認してください。

61 手で形を整え、冷めるまでそのままにしておく。

でき上がり。

かぎ針編み こんなときどうする？

Q.1 目からかぎ針がはずれてしまったら？

A かぎ針が目からはずれてしまったときは、目がねじれないように気をつけて、矢印のように針を戻します。針を入れたときに、針の手前側の糸が糸玉とつながっていれば OK です。

Q.2 途中で糸がなくなってしまったら？

A 編んでいる途中で糸がなくなったら、つぎの方法で新しい糸とつなぎます。

❶ 最後の目を引き抜くときに新しい糸を針にかけます。新しい糸も前の糸も糸端を 10cmくらい残しておきます。

❷ 新しい糸で引き抜きます。

❸ そのまま新しい糸で編んでいきます。あとから裏側で新しい糸と前の糸をひと結びしてから、糸の始末をします(P24 参照)。

Q.3 編み間違えて糸をほどいたら、クセがついちゃった…

A たくさん糸をほどいたときはクセがついてしまい、そのままで編んでもきれいに目がそろいません。そんなときは、クセのついた糸にアイロンのスチームを 2 ～ 3cm浮かせて当て、糸をまっすぐに伸ばします。ただし、あまり糸を引っぱり過ぎると、糸が細くなってしまうので気をつけて。

輪編みをマスター

中心から編み地の表側をずっと見ながら編む、輪編みの基本をおぼえましょう。

輪編みのコースター

初心者でも編みやすい、六角形のコースター。
ピンクやベージュなど、
やさしい色を選ぶとかわいい印象です。

デザイン »» 岡まり子
制作 »» 大西ふたば
糸 »» ハマナカ ウオッシュコットン
編み方 »» P27

輪編みのコースター

P 26

A  B 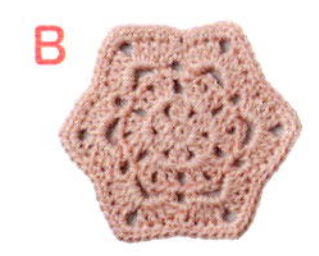

でき上がりサイズ／10㎝×9㎝

材料と用具

糸 ハマナカ ウオッシュコットン（40g玉巻）

A ベージュ（3）……………………………5g

B ピンク（8）………………………………5g

針 ハマナカ アミアミ両かぎ針ラクラク… 5/0号

ゲージ 長編み　1段＝1.2㎝

編み方 糸は1本どり

糸端を輪にする方法で作り目し、こま編みを6目編み入れる。2段めからは図のように編む。

輪編みの記号図の見方

中心から輪に編むものは、基本的には編み地の表側を見ながら、記号図通りに編みます。各段の立ち上がりのくさり編みを編んだら、反時計まわりの方向に編んでいきます（作品によっては輪編みで往復に編むものもあります）。

この作品で使う編み目記号

- ○ ＝くさり編み
- × ＝こま編み
- 長編み記号 ＝長編み
- ● ＝引き抜き編み
- V字記号 ＝長編み2目編み入れる

編み終わり位置（糸を切る）

編み終わり

立ち上がり（この本では赤で表記）

くさりの目数（目数が5目以上のとき最初に表記）

段数

編み始め位置（糸端を輪にする）

わ

1 2 3 4 5 6

9㎝

10㎝

編み地の寸法

編み方

糸端を輪にする

モチーフなど円形の編み始めに使う作り目です。２回巻きは、中心の穴があかず、ゆるまないのが特徴。輪の作り目に１段めのこま編みを編み入れていきます。

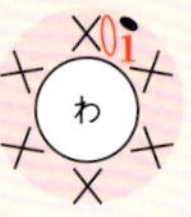

糸端を輪にする作り目

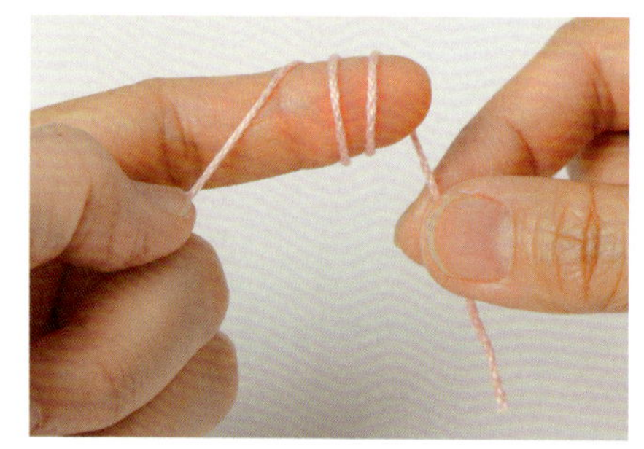

1 指に糸を２回巻きつけ、二重の輪を作る。

2 輪を指からはずし、輪の部分を左手で押さえる。輪の中に針を入れて糸を引き出す。

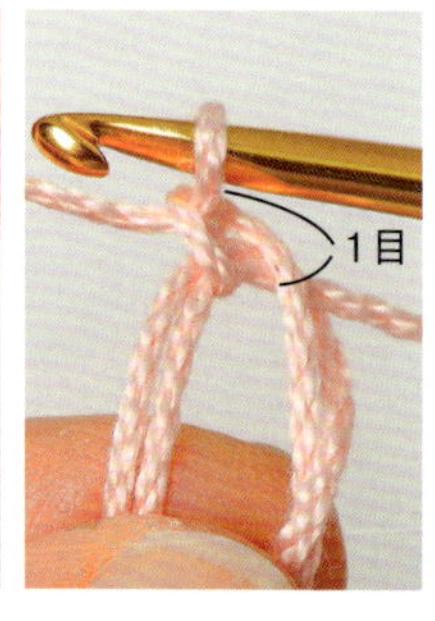

3 針に糸をかけ、立ち上がりのくさり編みを１目編む。

✕ こま編み

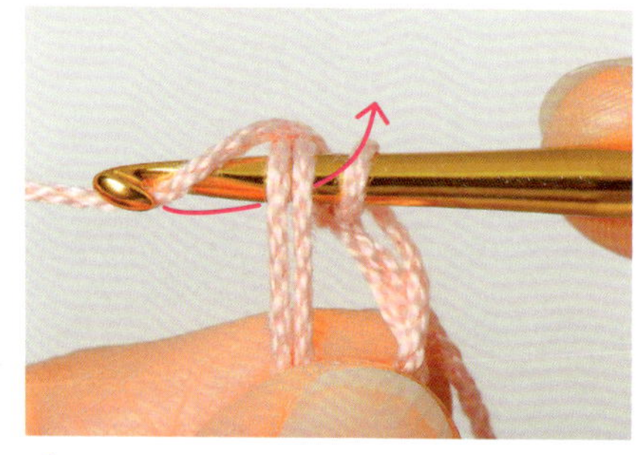

4 輪の中に針を入れて糸をかけて引き出す。

5 針に糸をかけ、針にかかっている２つのループを一度に引き抜く。こま編みが１目編めた。

6 4・5の要領で、こま編みを６目編み入れたら、糸端を少し引く。

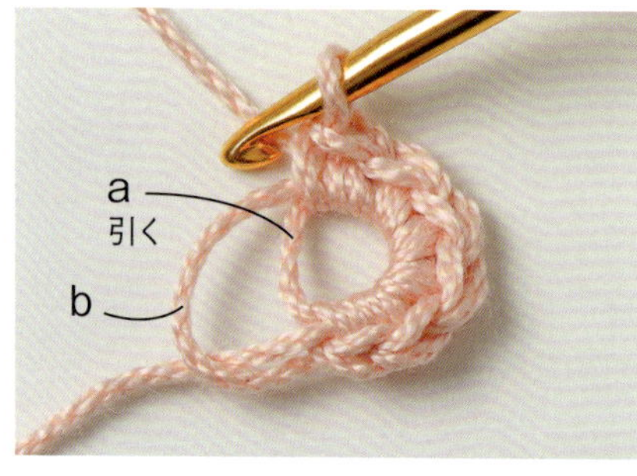

7 糸端を引いたときに小さくなった方の糸aを引く。aの糸をしっかり引くと、bの糸が引き締まる。

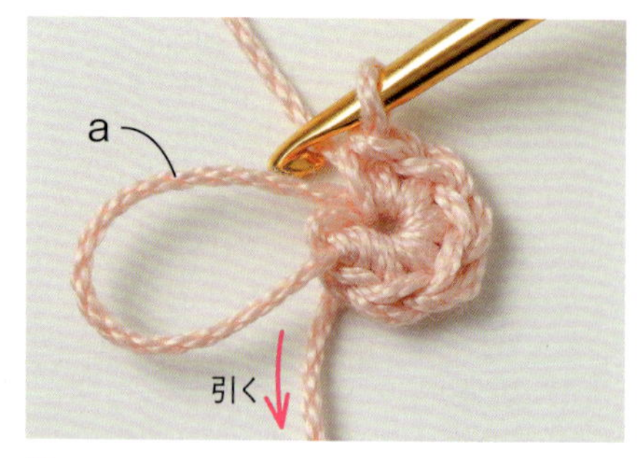

8 糸端を引いてaの糸を引き締める。

● 引き抜き編み

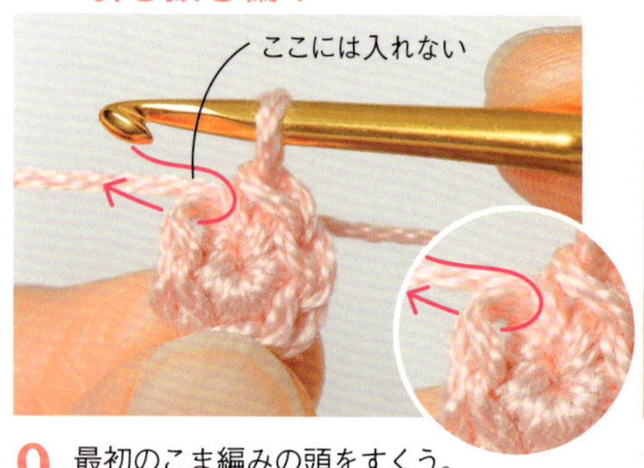

9 最初のこま編みの頭をすくう。

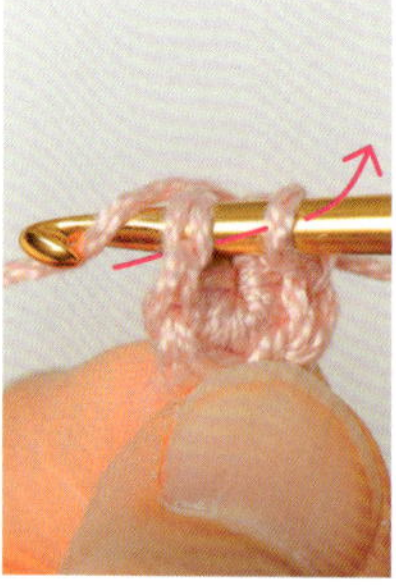

10 針に糸をかけ、きつめに引き抜く。１段めが編めたところ。

ここがポイント！

１段めの編み終わりは最初のこま編みの頭に引き抜く

１段めの最後の引き抜き編みは、最初のこま編みの頭に引き抜きます。間違えて立ち上がりのくさり編みに引き抜いてしまうと、目数が増えてしまうので注意して。

2段めを編む

2段めは「長編み2目編み入れる」と「くさり編み1目」をくり返して編みます。

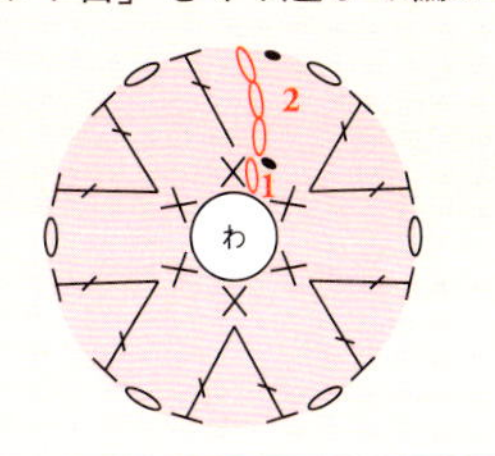

立ち上がりを編む

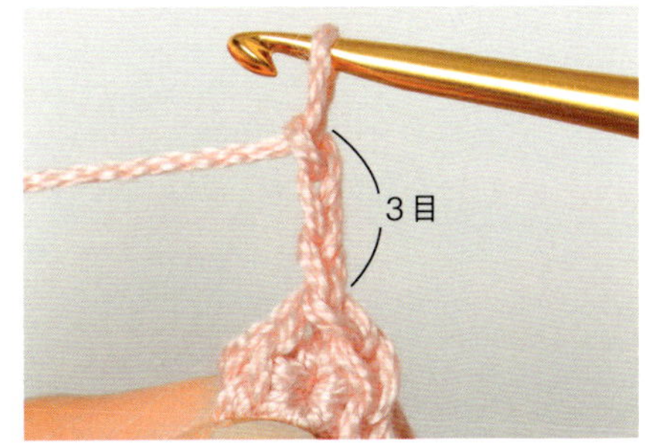

11 立ち上がりのくさり編みを3目編む。

長編み

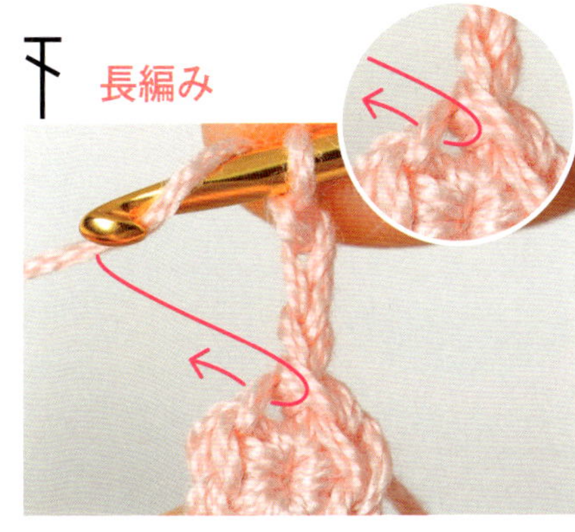

12 針に糸をかけ、前段の1目めのこま編みの頭(9と同じところ)に針を入れて、くさり2目分の高さまで引き出す。

13 針に糸をかけ、1段の高さまで2つのループを引き抜く。

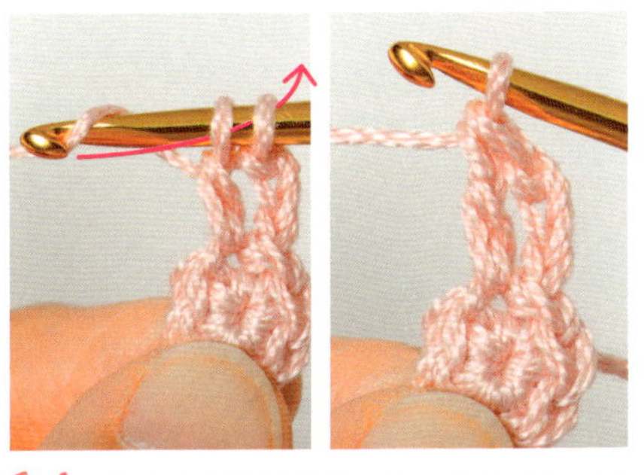

14 もう1回針に糸をかけ、針にかかっているループを一度に引き抜く。長編みが1目編めた。

15 くさり編みを1目編む。

長編み2目編み入れる

16 前段の隣のこま編みの頭に、長編みを1目編む。

17 16と同じ目にもう1目長編みを編む。同じ目に長編みを2目編むことを「長編み2目編み入れる」と言う。

18 「長編み2目編み入れる」と「くさり編み1目」をくり返して編む。

引き抜き編み

19 最後は1段めの立ち上がりのくさり編み3目めの半目と裏山に針を入れる。

20 針に糸をかけてきつめに引き抜く。

21 2段めが編めたところ。

3段めを編む

3段めの長編みは前段のくさり編みを束にすくって編むのがポイントです。

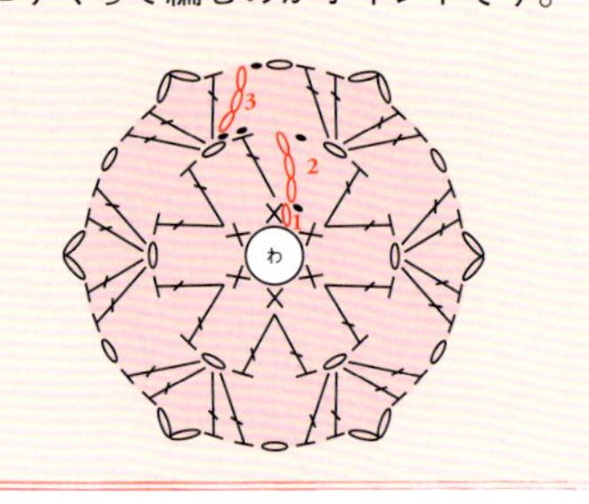

引き抜き編み

22 前段の2目めの長編みの頭に針を入れ、糸をかけて引き抜く。

23 今度は隣のくさり編みの全体をすくって、もう1目引き抜く。

立ち上がりを編む

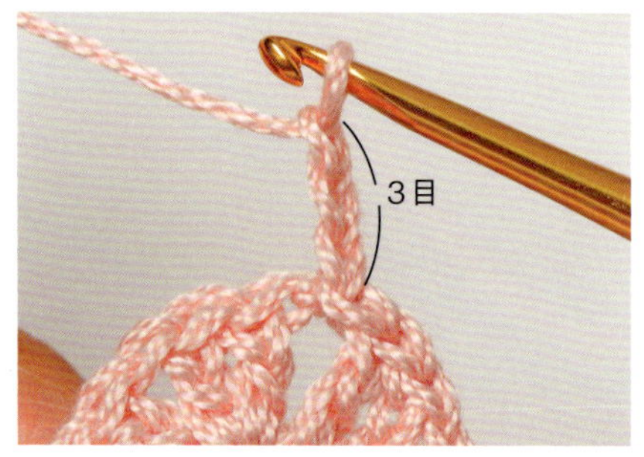

24 3段めの立ち上がりのくさり編みを3目編む。

25 針に糸をかけ、前段のくさり編み(23と同じところ)を束にすくって長編みを編む。

ここがポイント！

3段めの立ち上がりを編む前に引き抜き編みをする

2段めの編み終わりに続けて引き抜き編みを2目編むのは、3段めの編み始めの位置を左に2目ずらしたいため。こうすることで3段めの模様の始まりがスムーズになります。

長編み2目編み入れる

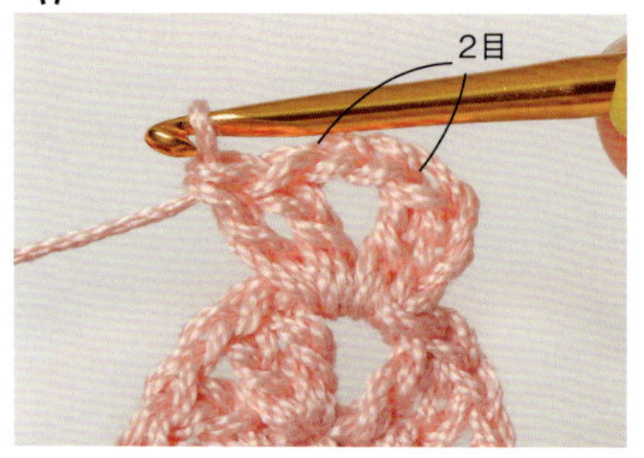

26 くさり編みを2目編み、前段のくさり編みを束にすくって長編みを2目編み入れる。

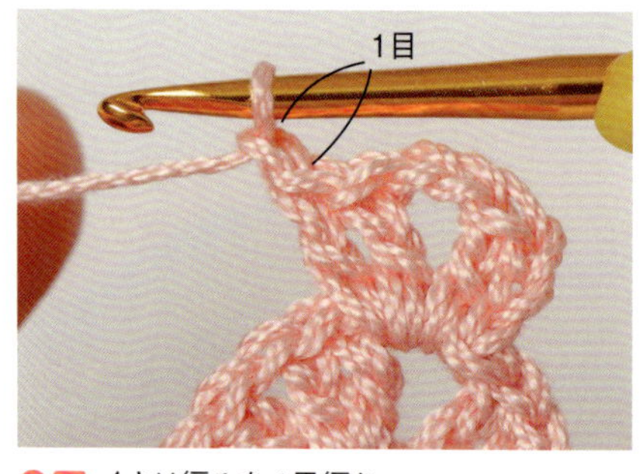

27 くさり編みを1目編む。

28 「長編み2目編み入れる」「くさり編み2目」「長編み2目編み入れる」「くさり編み1目」をくり返して編む。最後は19・20と同様に引き抜く。

ここがポイント！

と　の違い

「○目編み入れる」などの編み目記号には、根元がついているものと根元が離れているものがあります。編み方は同じですが、記号の根元の状態によって、針を入れる位置が異なります(P33参照)。

根元がついている場合

前段の1目に針を入れて編みます。

根元が離れている場合

前段のくさり編みのループごとすくって編みます。ループごとすくって編むことを「束(そく)にすくう」と言います。

4～6段めを編む

4段めは、こま編みとくさり編みで編みますが、くさり編みは3目のところと5目のところがあるので注意します。5段めは、前段のくさり編みを束にすくって長編みとこま編みを編んでいきます。6段めは、こま編みとくさり編みで全体を整えます。

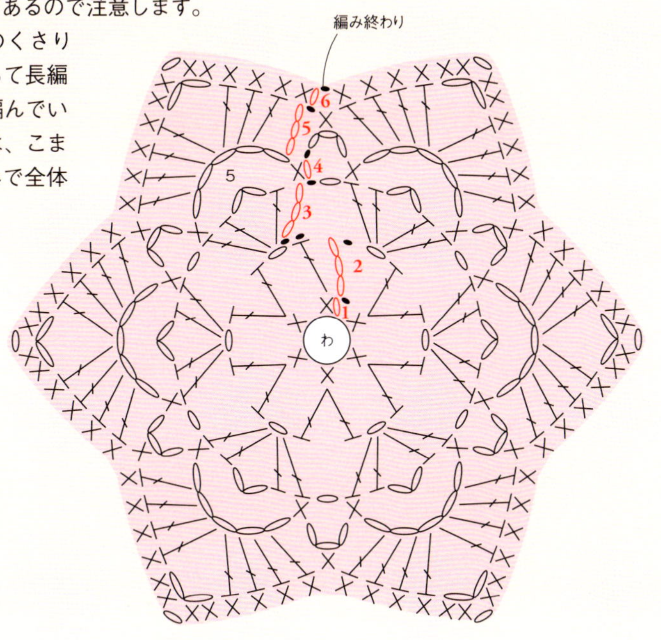

立ち上がりを編む

29 4段め。立ち上がりのくさり編みを1目編む。

30 前段の立ち上がりのくさり編み3目めの半目と裏山に針を入れ、こま編みを1目編む。

31 くさり編みを5目編んで長編みの頭にこま編みを編む。

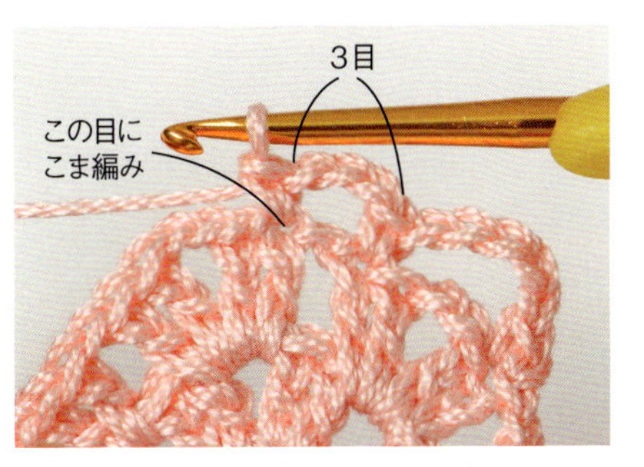

32 くさり編みを3目編んで長編みの頭にこま編みを編む。

33 31・32をくり返して編み、最後は最初のこま編みの頭に針を入れ、引き抜く。

34 4段めが編めたところ。

立ち上がりを編む

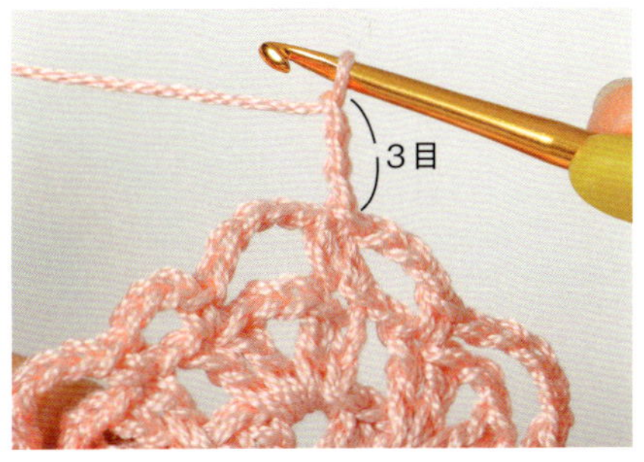

35 5段め。立ち上がりのくさり編みを3目編む(この段は編み始め位置を調整しなくても目立たないので、そのまま立ち上がる)。

36 前段のくさり編みを束にすくって長編みを3目編み入れる。

37 くさり編みを２目編み、長編みを４目編み入れる。

38 前段のくさり編み（3目のところ）を束にすくってこま編みを編む。

39 同様に５段めを編む。最後は立ち上がりのくさり編み３目めの半目と裏山に針を入れ、引き抜く。

立ち上がりを編む

40 6段め。立ち上がりのくさり編みを１目編み、前段の立ち上がりのくさり編み３目めの半目と裏山に針を入れる。

41 こま編みを１目編む。

42 長編みの頭にこま編みを１目ずつ編む。

43 前段のくさり編みを束にすくってこま編みを編む。

44 こま編みをもう１目編み、くさり編み１目、こま編み２目を編む。

● 引き抜き編み

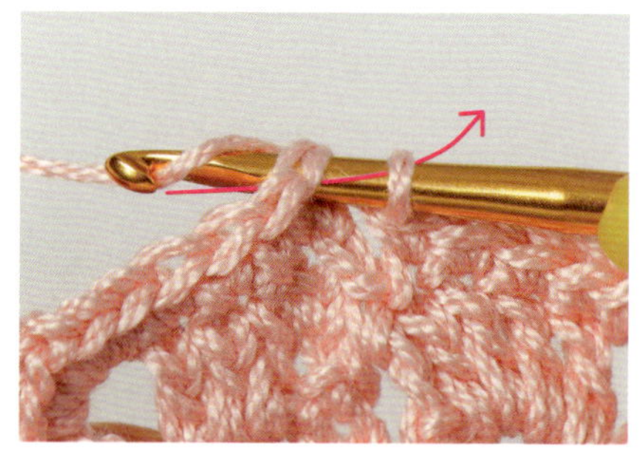

45 同様に６段めを編む。最後は最初のこま編みの頭に針を入れ、引き抜く。

糸を切る

46 もう一度針に糸をかけて引き抜く。

47 そのままループを大きく引き伸ばし、P23、24の54～58を参照して糸始末をする。

仕上げをする

48 P24の59～61を参照してスチームアイロンをかける。でき上がり。

かぎ針編み 基本用語のおさらい

「1本どり」と「引きそろえ」

1本どりとは、糸を1本で編むことです。引きそろえとは、何本かの糸をそろえて一緒に編むこと。写真のように違う色の糸をそろえて編む場合と、同じ色の糸を何本かそろえて編む場合（同じ糸を2本そろえて編むことを「2本どり」とも言う）があります。

1本どり

引きそろえ

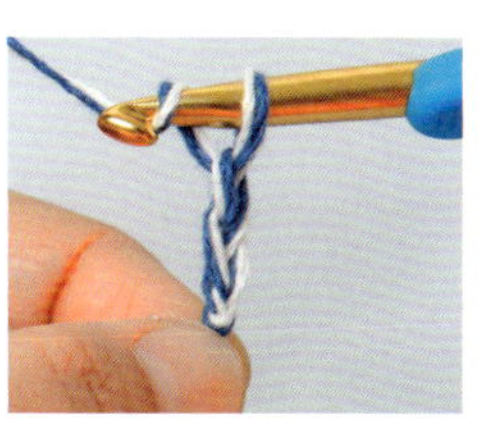

「立ち上がり」と編み目の高さ

「立ち上がり」は毎段の編み始めに、編み目の高さ分だけ編むくさり目のこと。各段の編み始めに「立ち上がり」を編むのは、編み目の高さを保つためです。編むくさり編みの目数は、基本的につぎの編み目によって決まります。こま編み以外は立ち上がりを編み始めの1目と数えます。

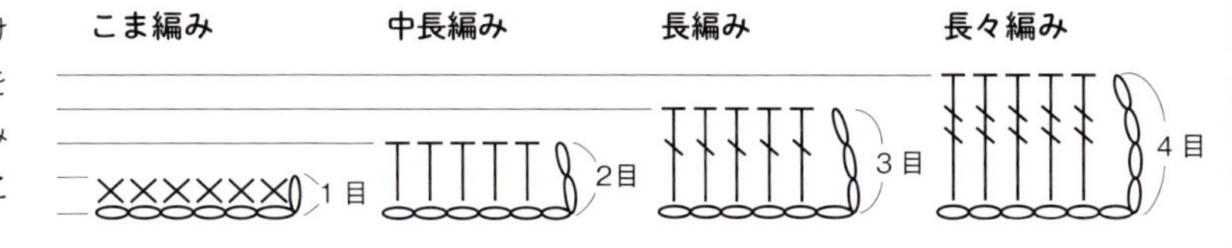

「頭」と「足」

「頭」とは、編み目の上にある、くさりのような2本の糸のこと。「足」とは、その下にある柱状のもので、「柱」とも呼ばれます。玉編みは、頭が編み目のやや右側に寄って見えるので、隣のくさり編みと間違えないよう注意してください。

こま編み

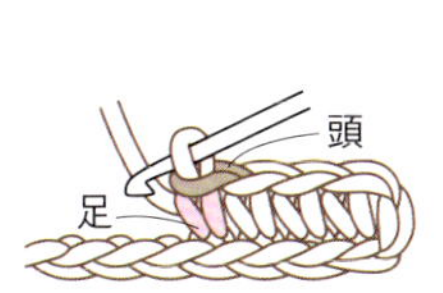

長編み

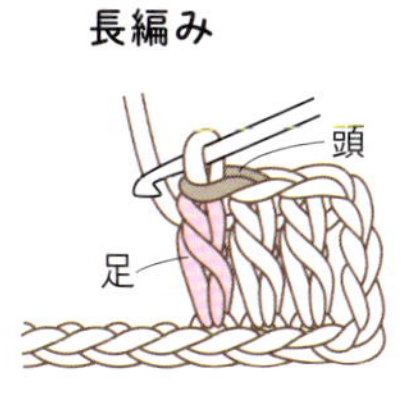

玉編み

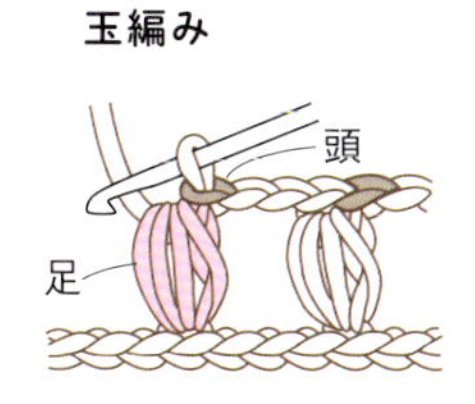

「未完成の編み目」

最後の引き抜く操作をしない、針にループを残した状態を「未完成の編み目」と言います。「2目一度」や「3目一度」などの減らし目、「玉編み」などを編むときに使われる用語です。

未完成のこま編み

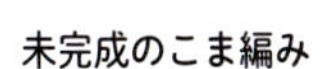

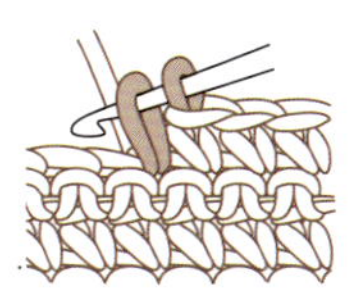

未完成の中長編み

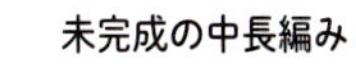

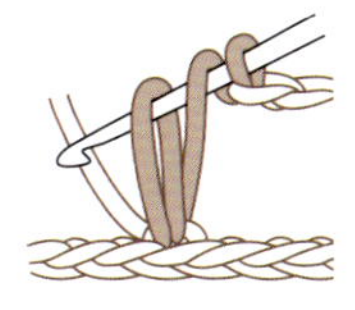

未完成の長編み

未完成の長々編み

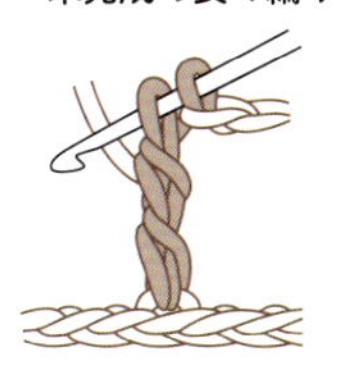

「目に入れる」と「束（そく）にすくう」

「○目編み入れる」や「○目の玉編み」などの編み目記号には、記号の根元がついているものと離れているものがあります。この2つの編み方は同じですが、針を入れる位置が異なります。

根元がついている場合

前段の1目に針を入れて編みます。

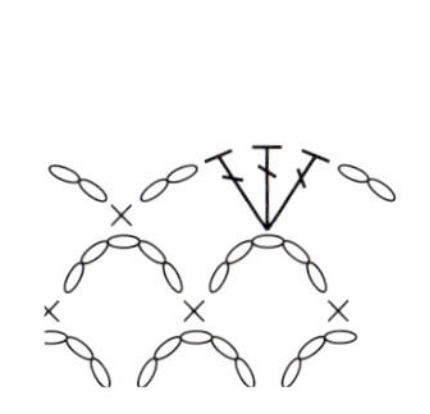

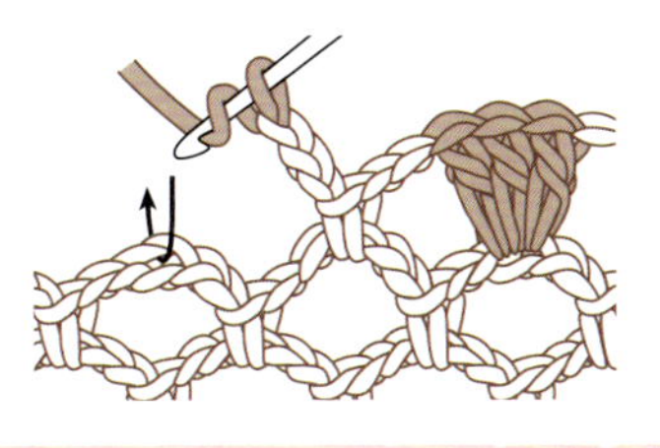

根元が離れている場合

前段のくさり編みのループごとすくって編みます。ループごとすくって編むことを「束（そく）にすくう」と言います。

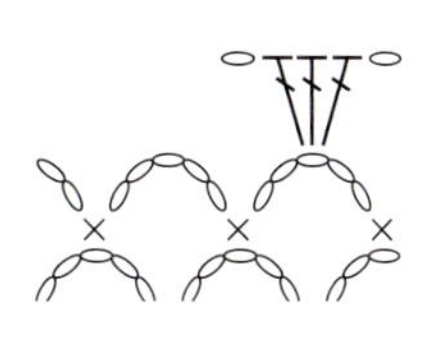

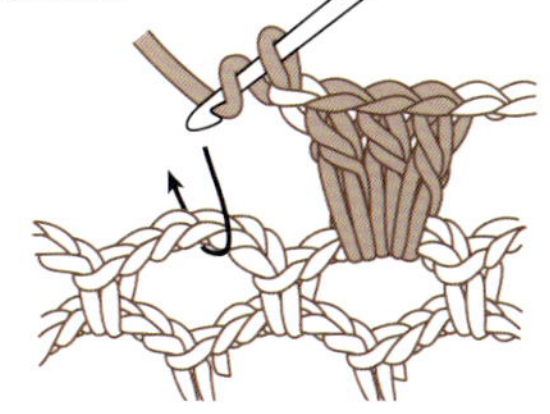

Part 2 小さな雑貨

ビギナーにも編みやすい、生活雑貨やグッズを集めました。
小さな作品ばかりなので、短時間で編み上がるのもうれしい。プレゼントしてもよろこばれます。

方眼編みのコースター

やさしく編める方眼編みのコースターは、
縁編みの色をかえたり、ボーダーにしたり、
いろいろアレンジできます。

デザイン »» 河合真弓
糸 »» ハマナカ ウオッシュコットン
編み方 »» P36

ドイリー

少し細めのコットン糸で編んだ、花模様のドイリー。
縁にピコットを入れた、
エレガントなデザインです。

デザイン »» 河合真弓
糸 »» ハマナカ アプリコ
編み方 »» P37

方眼編みのコースター

P 34

でき上がりサイズ／ 12cm角

材料と用具

糸 ハマナカ ウオッシュコットン（40g玉巻）

A オフホワイト（2）…………………………6g
紺（33）………………………………………5g

B オフホワイト（2）…………………………8g
赤（36）………………………………………2g

針 ハマナカ アミアミ両かぎ針ラクラク… 4/0号

ゲージ

模様編み　24目、9.5段＝10cm角

編み方　糸は1本どり、指定の配色で編む

くさり編みを27目作り目し、Aは模様編みのしま模様、Bは模様編みで11段編み、糸を切る。糸をつけ、まわりに縁編みを1段編む。

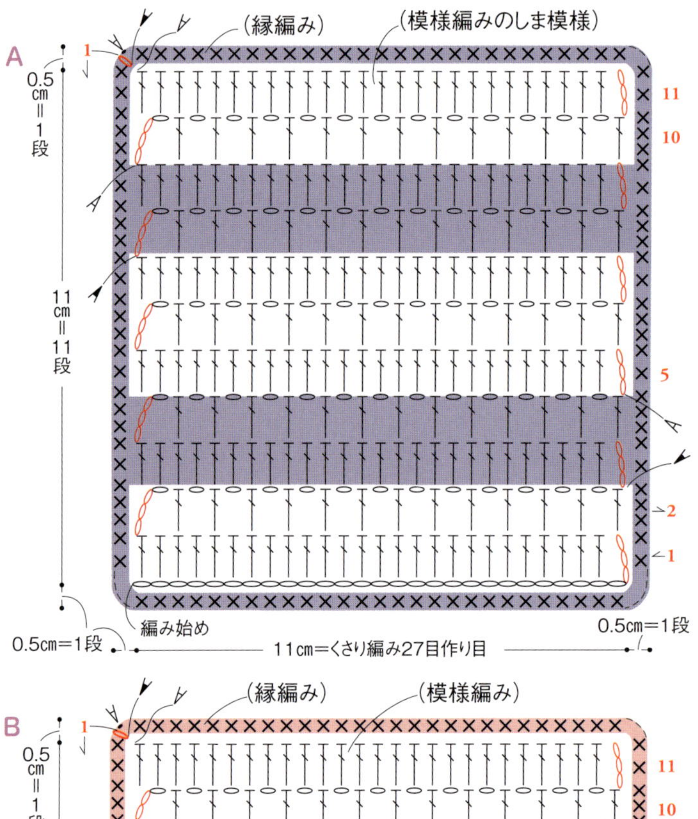

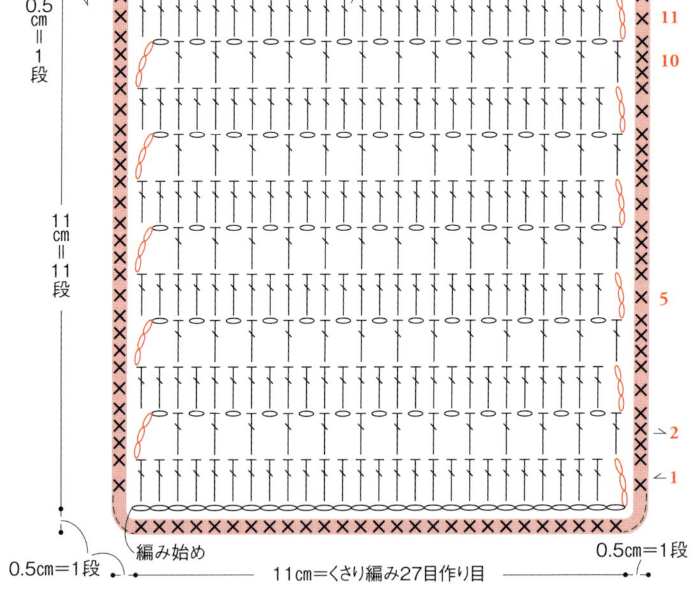

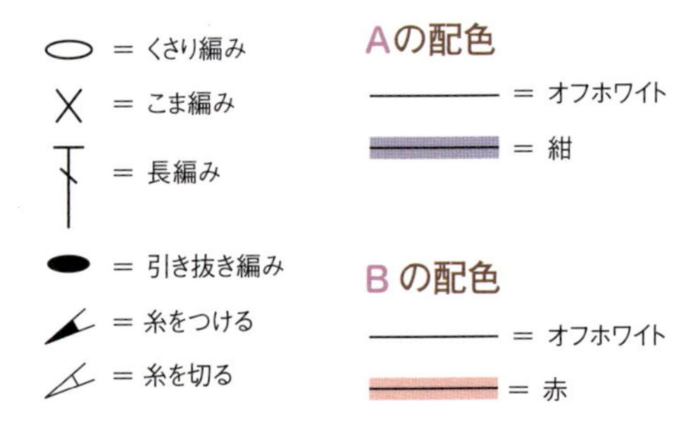

Aの配色

＝オフホワイト
＝紺

Bの配色

＝オフホワイト
＝赤

Aの糸のかえ方

※わかりやすいように糸の色をかえています。

1 2段めの編み終わりの目を引き抜くときに、編んでいた糸を向こう側から手前に針にかけ、配色糸で引き抜く。立ち上がりを編み、編み地を表側に返して3段めを編む。オフホワイトの糸は休めておく。

2 4段めの編み終わりは1と同様に編んでいた糸を針にかけ、休めておいたオフホワイトの糸で引き抜く。

3 引き抜いた糸が引きつれないように、3、4段めの高さに合わせて糸を渡す。配色糸を手前にし、続けて編み進む。渡した糸はあとで縁編みを編むときに一緒に編みくるむ。

ドイリー

P 35

A 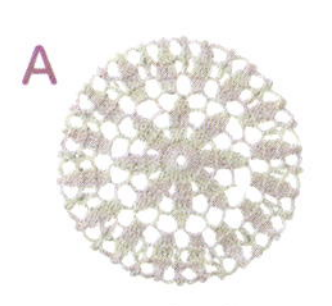　B 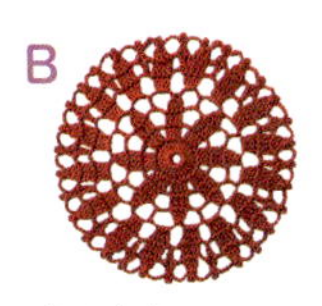

でき上がりサイズ／直径17㎝

材料と用具

糸　ハマナカ アプリコ（30g玉巻）
　A オフホワイト（1）……………………10g
　B 赤（6）………………………………10g

針　ハマナカ アミアミ両かぎ針ラクラク…3/0号

ゲージ　長編み　1段＝1㎝

編み方　糸は1本どり

くさり編み7目を輪にし、くさり編み3目で立ち上がり、長編み23目を編み入れる。2段めからは図のように増し目をしながら編む。

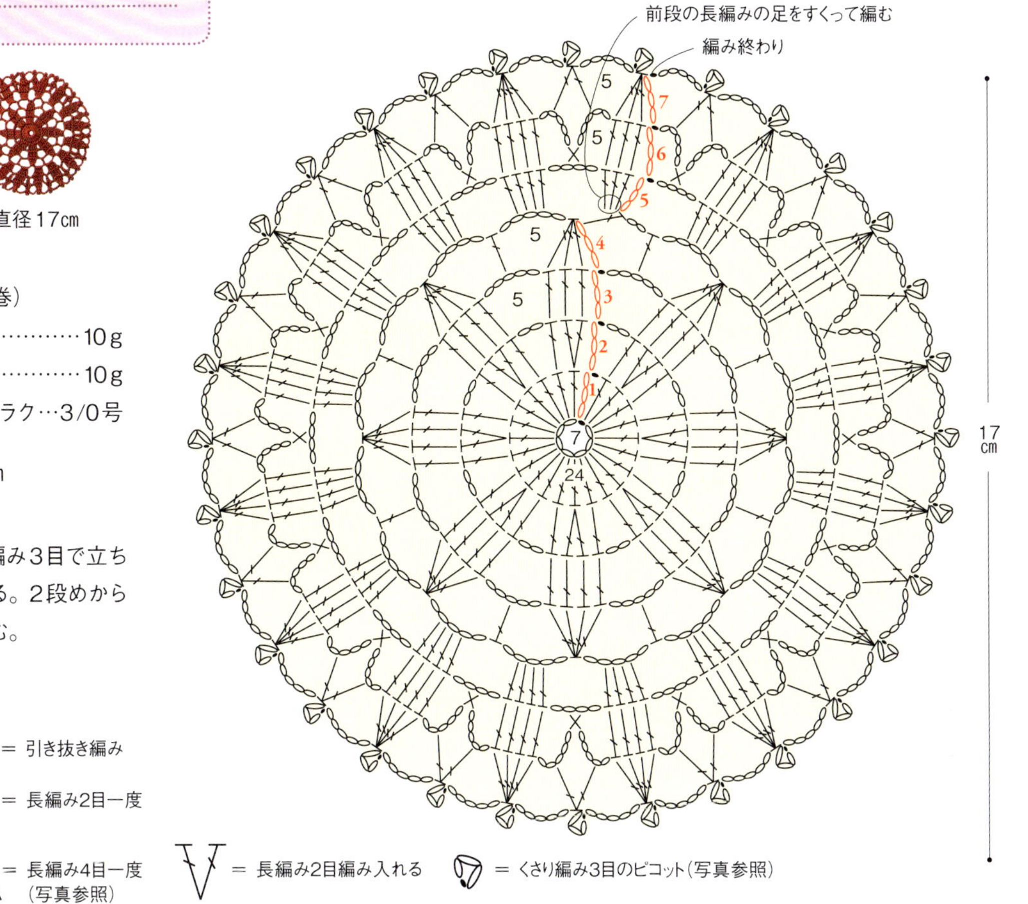

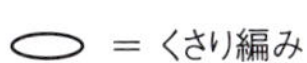

= くさり編み
= 引き抜き編み
= こま編み
= 長編み2目一度
= 長編み
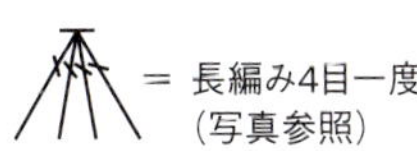
= 長編み4目一度（写真参照）
= 長編み2目編み入れる
= くさり編み3目のピコット（写真参照）

長編み4目一度の編み方

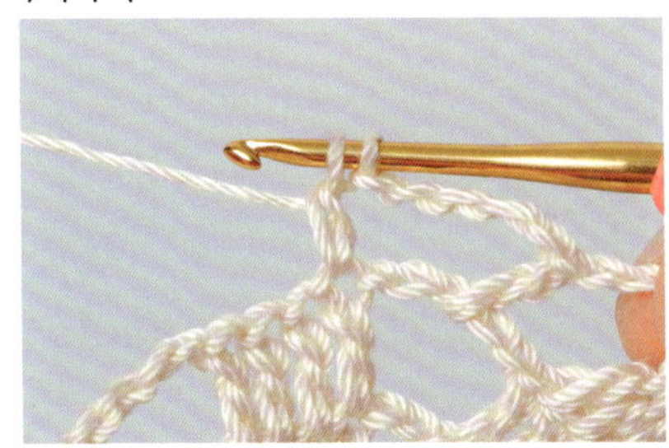

1 未完成の長編み（P2 長編みの**1**～**3**）を1目編む。

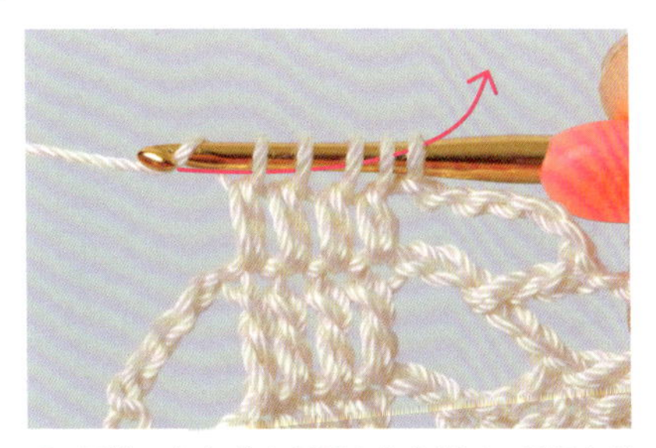

2 同様に未完成の長編みを全部で4目編んだら、針に糸をかけて全部のループを一度に引き抜く。

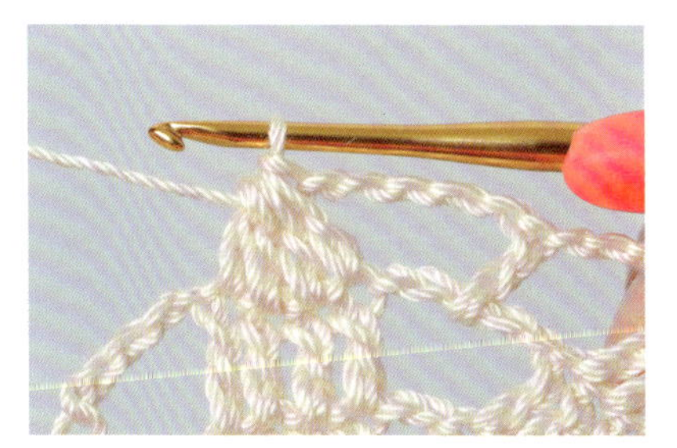

3 長編み4目一度のでき上がり。長編み2目一度も同じ要領で編む。

くさり編み3目のピコットの編み方

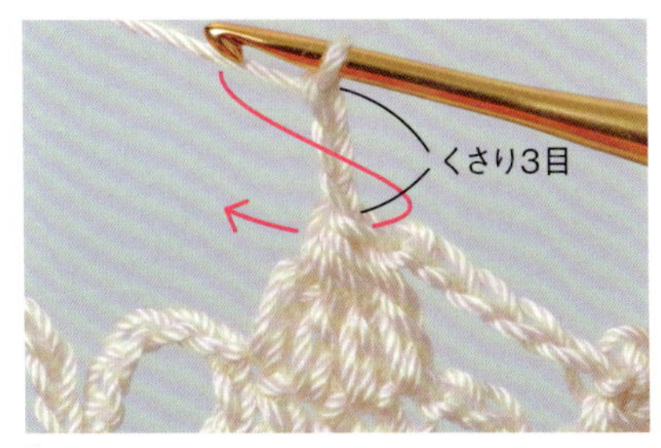

1 くさり編みを3目編み、矢印のように長編みの頭の半目と足4本をすくう。

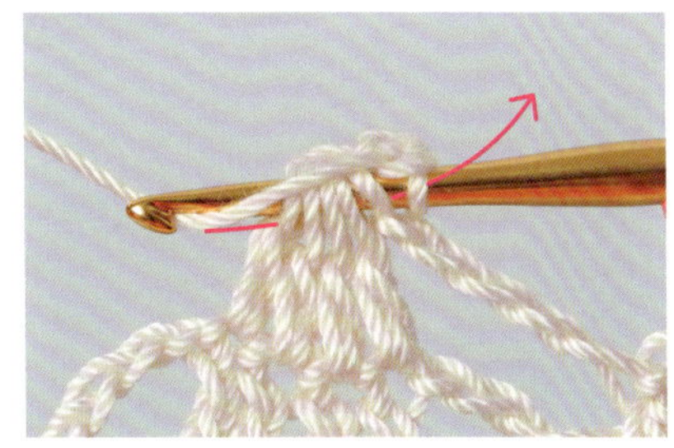

2 針に糸をかけ、きつめに糸を引き抜く。

3 くさり3目のピコットのでき上がり。

編み込みポットマット

2色の糸で片方の糸を編みくるみながら、
幾何学模様を作っていきます。
いろいろな色の組み合わせを楽しんでみてください。

デザイン »» 青木恵理子
糸 »» ハマナカ エクシードウールL《並太》
編み方 »» P40

グラスカバー

リネン糸で編んださわやかなグラスカバー。
手持ちのグラスの底のサイズに合わせて、
底の段数を調整しながら編んでもいいでしょう。

デザイン »» 青木恵理子
糸 »» ハマナカ フラックスK
編み方 »» P41

編み込みポットマット

P 38

A  B 

でき上がりサイズ(つり手を除く)／16.5cm×17cm

材料と用具

糸 ハマナカ エクシードウールL《並太》(40g玉巻)

A ブルー(348) ………………………… 20g
　ベージュ(302) ……………………… 15g

B ライトグリーン(345)………………… 25g
　オフホワイト(301) ………………… 10g

針 ハマナカ アミアミ両かぎ針ラクラク… 6/0号

ゲージ こま編みの編み込み模様
21目、19.5段＝10cm角

編み方 糸は1本どり

くさり編み33目を作り目し、こま編みの編み込み模様(編んでいない方の糸を編みくるむ)で31段編む。指定の位置に糸をつけ、まわりにこま編みを1段編み、続けてつり手を編む。

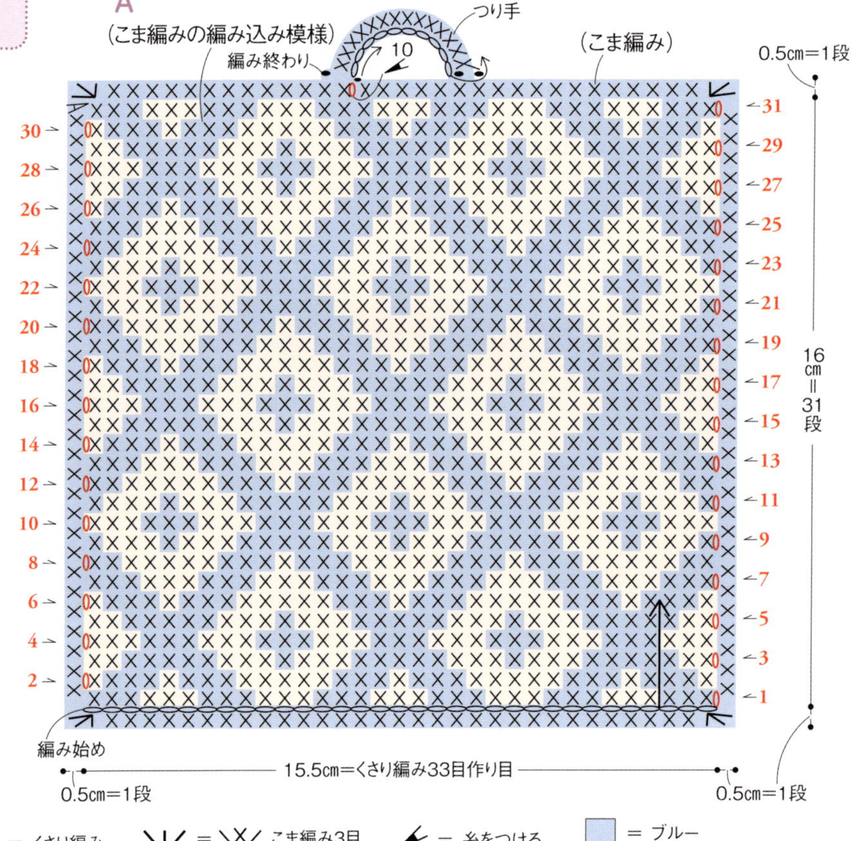

○ = くさり編み
V = こま編み3目編み入れる
✓ = 糸をつける
X = こま編み
● = 引き抜き編み
✓ = 糸を切る
■ = ブルー
□ = ベージュ
■ = ライトグリーン
□ = オフホワイト

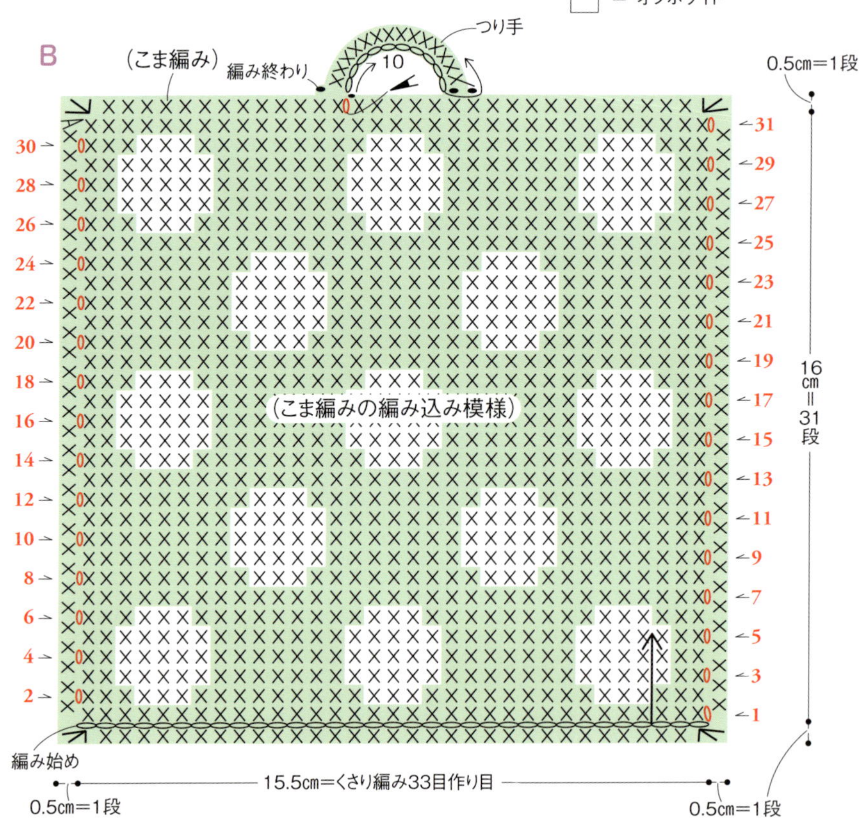

こま編みの編み込み模様

1 編んでない方の糸(配色糸)を編みくるみながら地糸でこま編みを編む。配色糸は右端から左端まで渡す。

2 色をかえるときは、1目前のこま編みを引き抜くときに配色糸と地糸をかえる。

グラスカバー

P 39

A 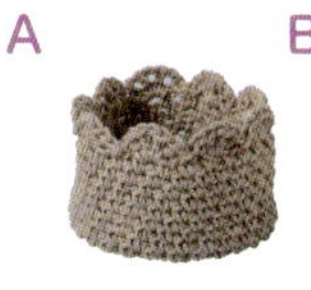 B 

でき上がりサイズ
A／底7cm、高さ 4.5cm
B／底7cm、高さ 6.5cm

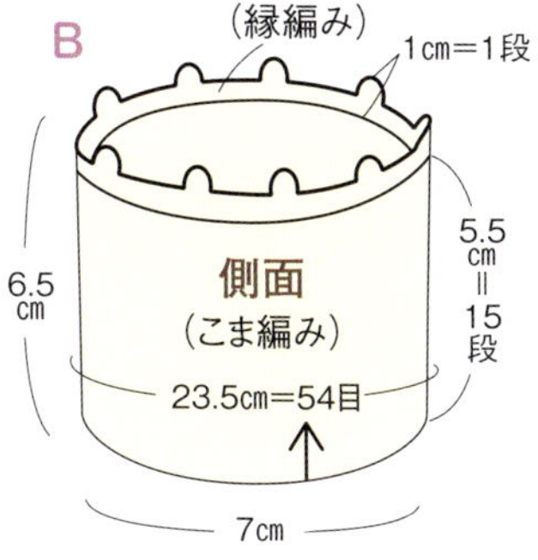

材料と用具

糸 ハマナカ フラックスK(25g玉巻)
A ベージュ(13) …………………… 15g
B オフホワイト(11) …………… 20g

針 ハマナカ アミアミ両かぎ針ラクラク
…… A 5/0号、6/0号 B 5/0号

ゲージ

A こま編み 9段＝3.5cm
模様編み 23.5目＝10cm、9段＝3.5cm
B こま編み 23目＝10cm、15段＝5.5cm

編み方

糸は1本どり、Aは指定の針で編む

A 底は5/0号針で糸端を輪にする方法で作り目し、こま編み6目を編み入れる。2段めからは目を増しながら9段編む。続けて側面を6/0号針で模様編みと縁編みで編む。

B 底をAと同様に編み、側面をこま編みと縁編みで編む。

A 底と側面、縁編みの編み方記号図

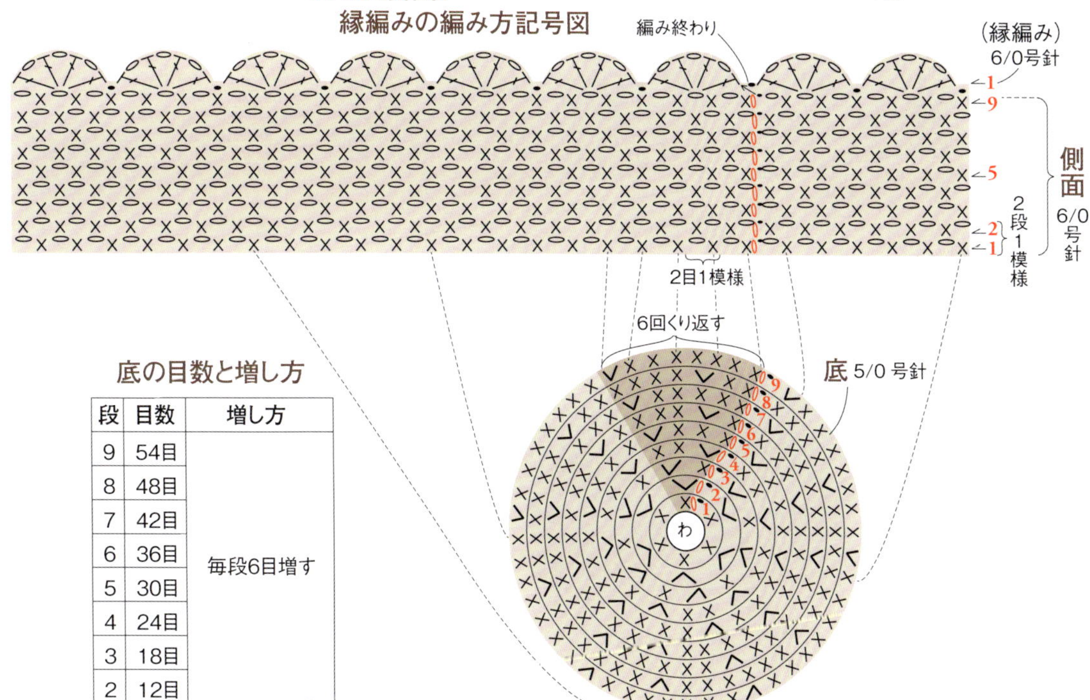

○ ＝ くさり編み
× ＝ こま編み
V ＝ こま編み2目編み入れる
● ＝ 引き抜き編み
T ＝ 長編み
＝ くさり編み3目のピコット

底の目数と増し方

段	目数	増し方
9	54目	毎段6目増す
8	48目	
7	42目	
6	36目	
5	30目	
4	24目	
3	18目	
2	12目	
1	6目編み入れる	

B 側面、縁編みの編み方記号図

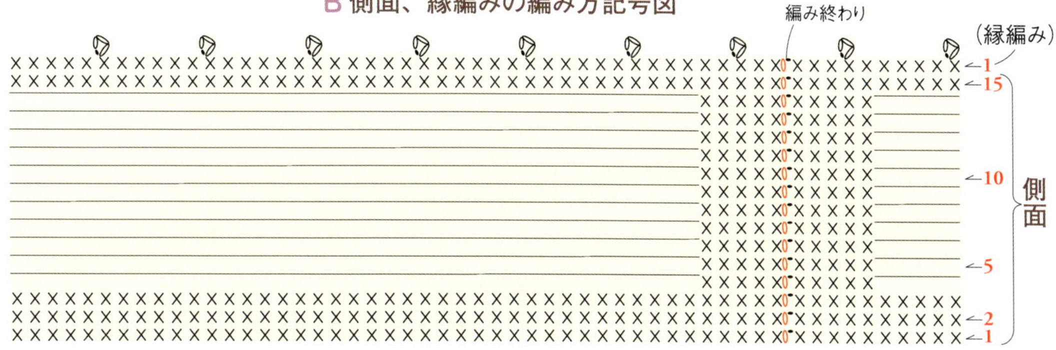

※Bの底の目数と増し方はAと同じ

花・葉っぱのエコたわし

キッチンがぱっと華やぐお花のモチーフと、
葉脈をこま編みのすじ編みで表現した
葉っぱのモチーフです。

デザイン »» 橋本真由子
糸 »» ハマナカ ラブボニー
編み方 »» P44

フロアモップカバー

既製のフロアモップにかぶせて使います。
水洗いをすれば、汚れてもくり返し
使えるのがうれしい。

デザイン »» 橋本真由子
糸 »» ハマナカ ボニー
編み方 »» P45

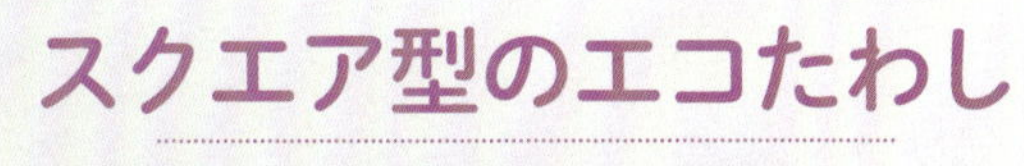

スクエア型のエコたわし

食器洗いやシンクのお掃除などに使いやすいスクエア型。
ぽこぽこした玉編みの編み地と、
ワッフルのような編み地の2種類です。

デザイン »» 橋本真由子
糸 »» ハマナカ ラブボニー
編み方 »» P46

花・葉っぱのエコたわし

P 42

でき上がりサイズ／図参照

材料と用具

糸 ハマナカ ラブボニー(40g玉巻)

花A 青(118) ・・・・・・・・・・・・・・・・・・・・・・・・・・・・・・ 15g
水色(116)、黒(120)・・・・・・・・・・・ 各少々

B 山吹色(106) ・・・・・・・・・・・・・・・・・・・・・・・・ 15g
クリーム色(104)、黒(120)・・・・・・ 各少々

葉っぱC 茶色(122) ・・・・・・・・・・・・・・・・・・・・・・・・ 10g
D モスグリーン(114) ・・・・・・・・・・・・・・・ 10g

針 ハマナカ アミアミ両かぎ針ラクラク ・・・・・ 5/0号

ゲージ 花 長編み 1段＝1.2㎝
葉っぱ うね編み 9段＝5㎝

編み方 糸は1本どり、花は指定の配色で編む

花 糸端を輪にする方法で作り目をし、くさり編み2目で立ち上がり、中長編みを11目編み入れる。2段めからは図のように編み、7段めは途中でつり手を編む。

葉っぱ くさり編み14目を作り目し、こま編みとうね編みで図のように編む。9段めは途中でつり手を編む。

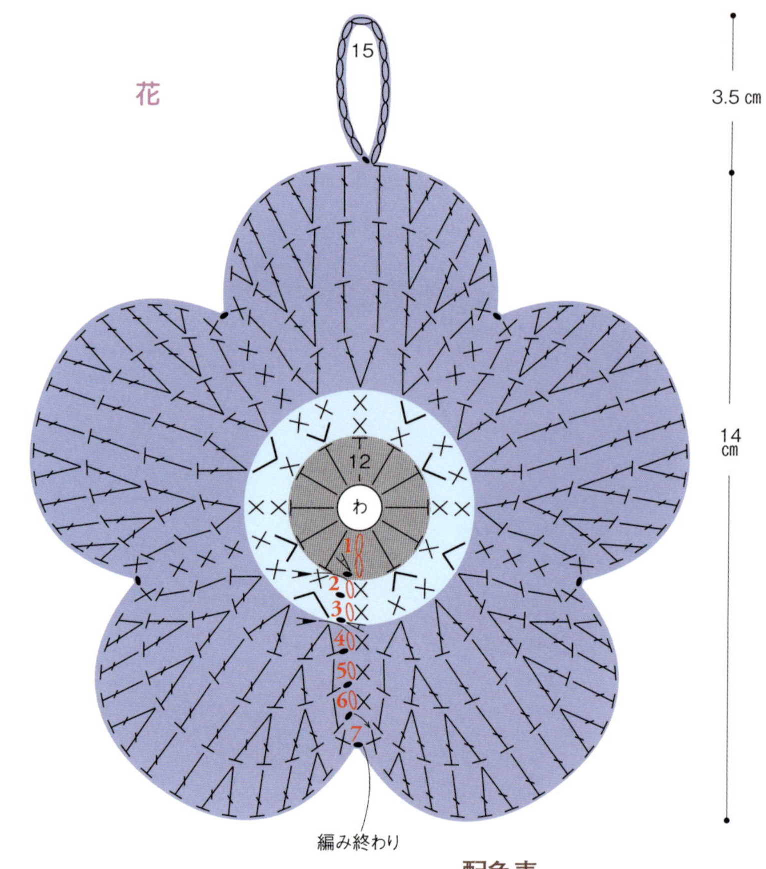

配色表

	1段め	2、3段め	4～7段め
A	黒	水色	青
B	黒	クリーム色	山吹色

○ ＝ くさり編み
× ＝ こま編み
× ＝ うね編み
中長編み
長編み
＝ こま編みを2目編み入れる
＝ 長編み2目編み入れる
＝ 中長編みと長編みを編み入れる
＝ 長編みと中長編みを編み入れる
＝ 糸をつける
＝ 糸を切る

葉っぱ

※1段めの往路は作り目のくさり編みの裏山をすくい、
復路は残ったくさり編みの向こう側の1本をすくう

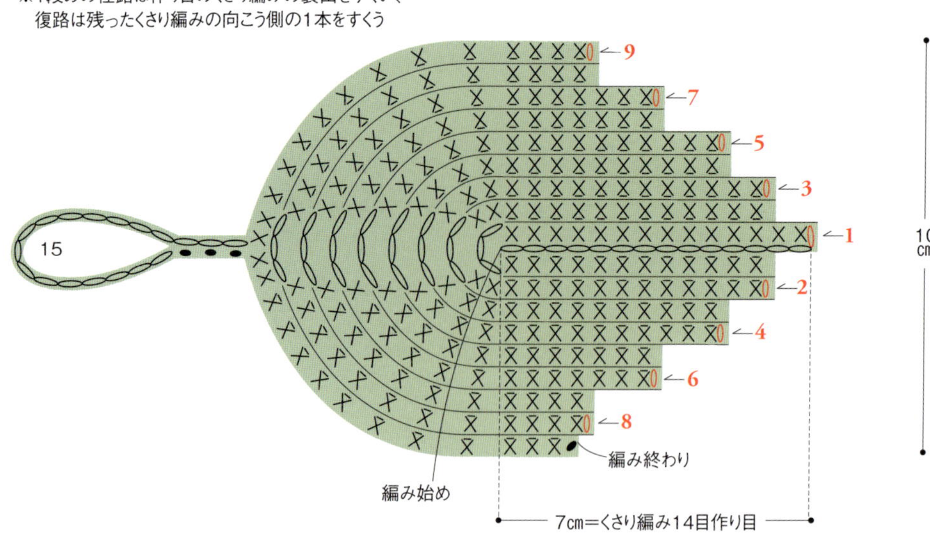

フロアモップカバー

P 43

でき上がりサイズ（内径）／ 27㎝×12㎝

材料と用具

糸 ハマナカ ボニー（50g玉巻）
えんじ（450）…………………………… 80g

針 ハマナカ アミアミ両かぎ針ラクラク … 7/0号

ゲージ

こま編み 14目=10㎝ 8段=5.5㎝
うね編み 14目、15段=10㎝角

編み方 糸は1本どり

くさり編み37目を作り目し、上側、下側、上側の順に編み、続けて縁編みを1段編む。作り目側にも縁編みを編む。上側を折って重ね、両わきをこま編みでとじる。

寸法図

（縁編み） 6模様拾う
2㎝=1段
上側（こま編み）
上側の1段めはうね編み
5.5㎝=8段
下側（うね編み）
12㎝=18段
上側（こま編み）
5.5㎝=8段
27㎝=くさり編み37目作り目
2㎝=1段
（縁編み） 6模様拾う

＝くさり編み
＝こま編み
＝うね編み
＝長編み
＝長編み7目編み入れる
＝糸をつける
＝糸を切る

まとめ方

0.5㎝=1段 （こま編み）
0.5㎝=1段 （こま編み）
18目拾う
上側を折って重ね、両側をこま編みでとじる
18目拾う
12㎝
27㎝

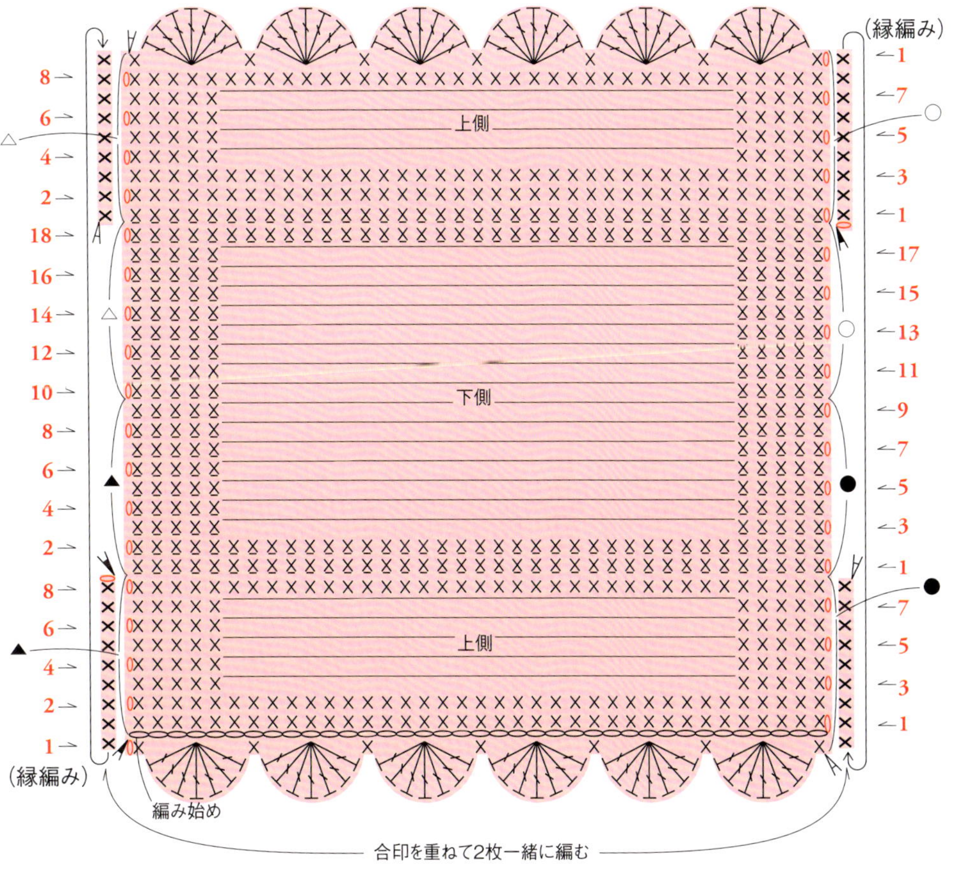

うね編み

1 表を見て編むときは、前段の頭の向こう側の糸を1本すくってこま編みを編む。

2 裏を見て編むときも、前段の頭の向こう側の糸1本をすくってこま編みを編む。

3 少し編んだところ。2段で一つのうねができる。

スクエア型のエコたわし

P 43

でき上がりサイズ(つり手を除く)／
A 13cm×13.5cm　B 11.5cm角

材料と用具

糸　ハマナカ ラブボニー(40g玉巻)
　A 水色(116) ……………………………… 20g
　B ベージュ(103) ………………………… 20g

針　ハマナカ アミアミ両かぎ針ラクラク … 5/0号

ゲージ

A模様編み　16目、10.5段＝10cm角
B模様編み　19目、9.5段＝10cm角

編み方　糸は1本どり

くさり編みで指定の目数を作り目し、それぞれ模様編みで編む。Aは続けてまわりにこま編みを編み、つり手を編む。Bは模様編みから続けてつり手を編む。

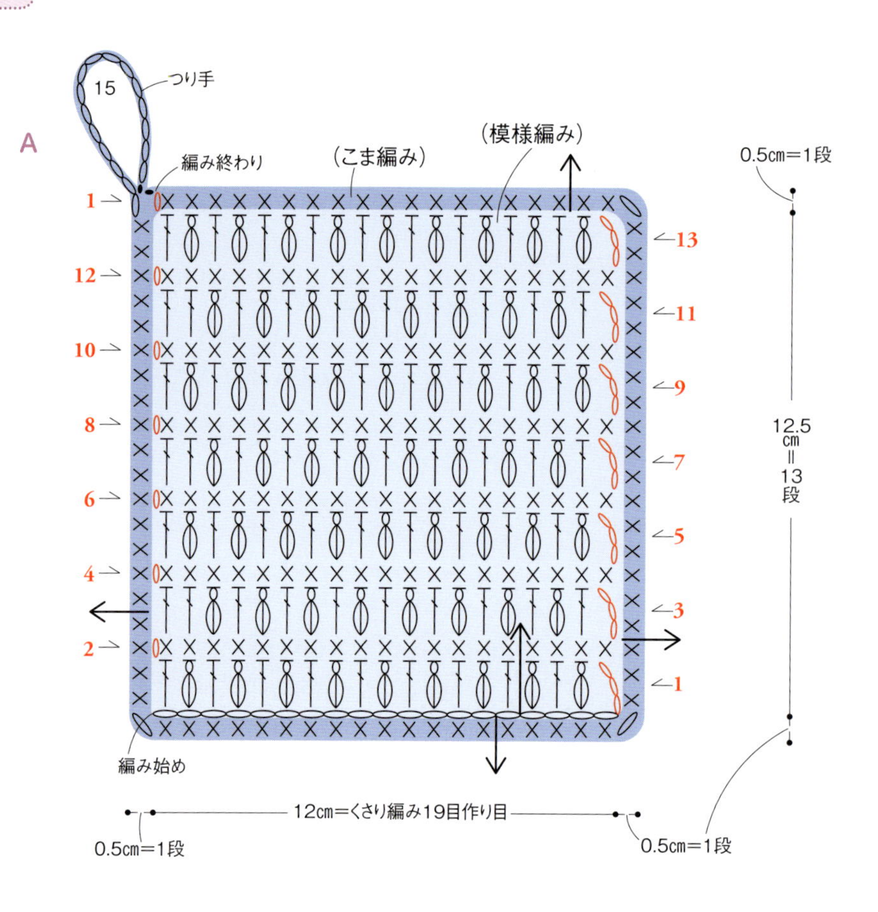

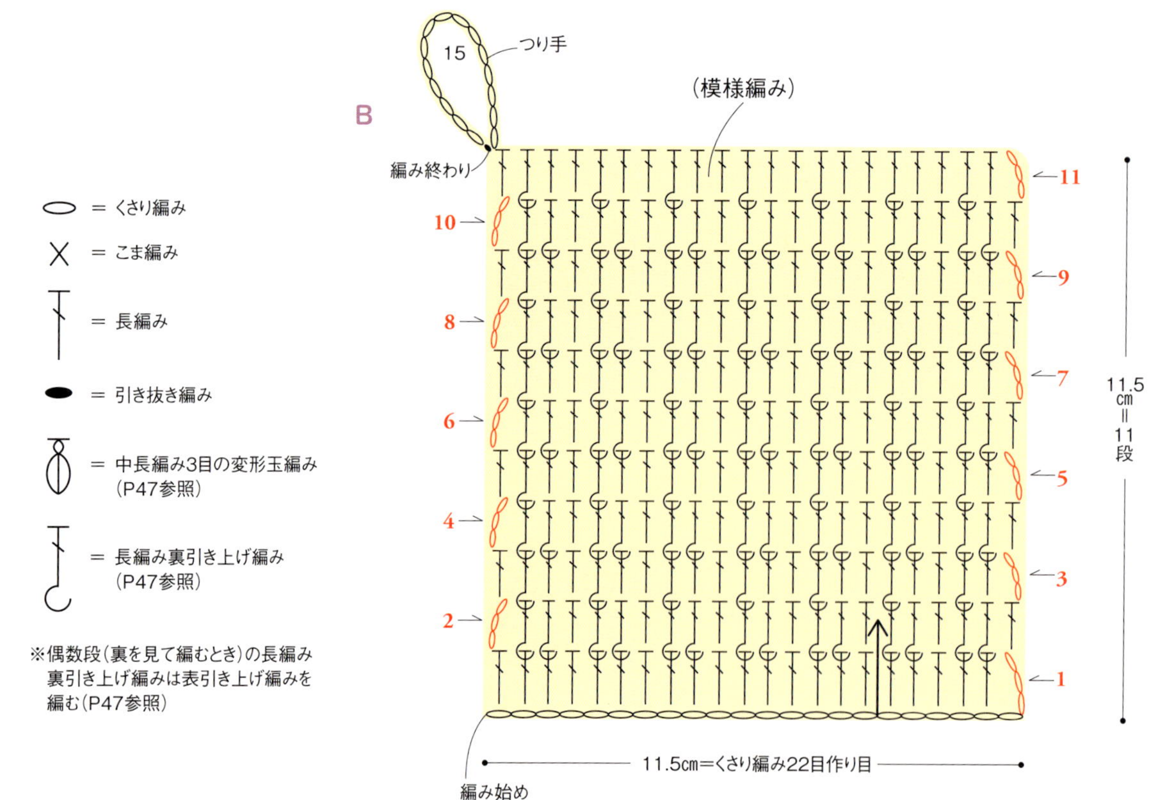

中長編み3目の変形玉編み

1 P4の中長編み3目の玉編みの要領で針に糸をかけ、矢印のように引き抜く。

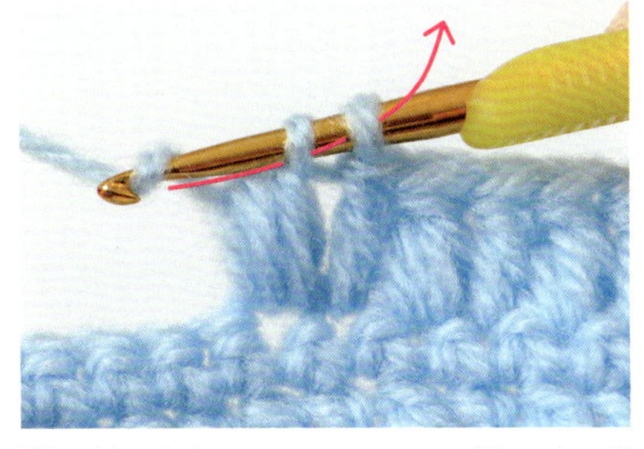

2 針に糸をかけ、2つのループを一度に引き抜く。

3 中長編み3目の変形玉編みのでき上がり。

長編み表引き上げ編み

1 針に糸をかけ、前段の長編みの足を矢印のようにすくう。

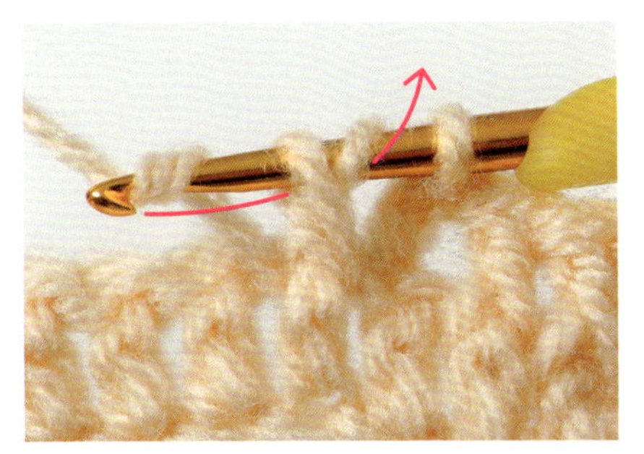

2 長編みと同じ要領で、糸を引き出して針に糸をかけて2つのループを引き抜く。

3 もう1回針に糸をかけ、2つのループを引き抜く。

4 長編みの表引き上げ編みのでき上がり。

ここがポイント！

往復編みで引き上げ編みを編むとき

引き上げ編みは、編み地の表を見て編むときは記号通りに編みますが、編み地の裏を見て編むときは、記号と逆(表引き上げ編みは裏引き上げ編み、裏引き上げ編みは表引き上げ編み)を編みます。P46のBの作品の場合、記号図はすべて長編み裏引き上げ編みで表示されていますが、偶数段(裏を見て編むとき)は、長編み表引き上げ編みで編みます。

長編み裏引き上げ編み

1 針に糸をかけ、前段の長編みの足を矢印のように裏側にからすくい、長めに糸を出す。

2 引き出したところ。

3 長編みと同じ要領で編む。長編みの裏引き上げ編みのでき上がり。

カーテンタッセル

ウッドビーズを入れたフリンジタイプと、
3連のエジングタイプ。
お部屋のカーテンに合わせて、
デザインと色をコーディネイトして。

デザイン »» 青木恵理子

糸 »» A ハマナカ ウオッシュコットン
B ハマナカ フラックスK

編み方 »» P49

カーテンタッセル

P 48

A　B

でき上がりサイズ／図参照

材料(1個分)と用具

糸　A ハマナカ ウオッシュコットン(40g玉巻)
　　オフホワイト(2) ……………………………20g
　　B ハマナカ フラックスK(25g玉巻)
　　オフホワイト(11) ……………………………15g

針　ハマナカ アミアミ両かぎ針ラクラク ………5/0号

その他　A 直径1.3cmのウッドビーズ………… 1個

ゲージ　B 長編み　1段＝1cm強

編み方　糸は1本どり

A ひもはくさり編み202目を作り目し、くさり編みの裏山を拾って引き抜き編みを編む。ひもを輪につなぎ、図のように作る。

B 上、中、下段ともくさり編みで作り目し、図のように編む。上段と下段の端に糸をつけ、中、下段をつなぐ。もう一方の端も同様につなぐ。

A

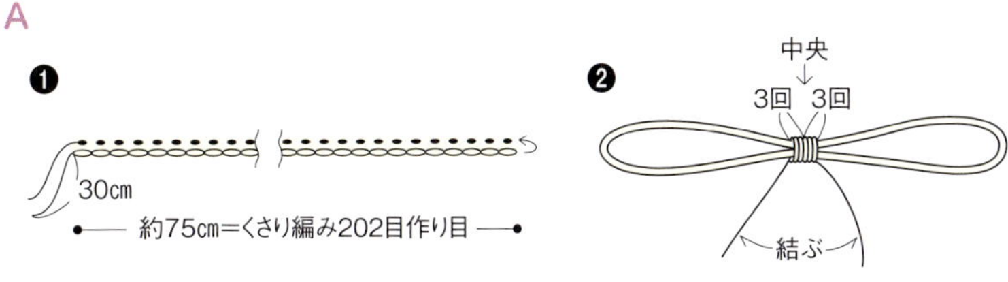

❶ 編み始めと編み終わりの糸端を約30cm残し、ひもを編む。引き抜き編みはくさり編みの裏山を拾う

❷ ❶の糸端を反対側のひもの端に通して輪する。さらに輪の中央の目に糸端を通し、巻きつけてしっかり結ぶ

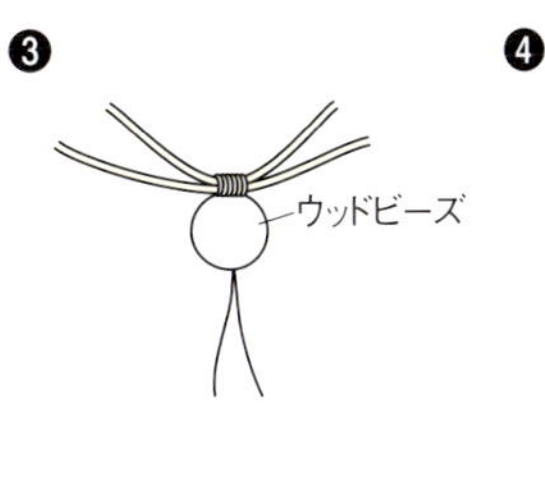

❸ 糸端をウッドビーズに通す

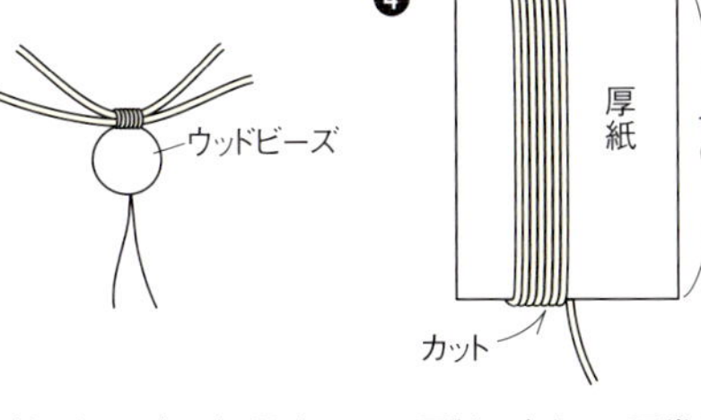

❹ 厚紙に糸を100回巻き、下側をカットする

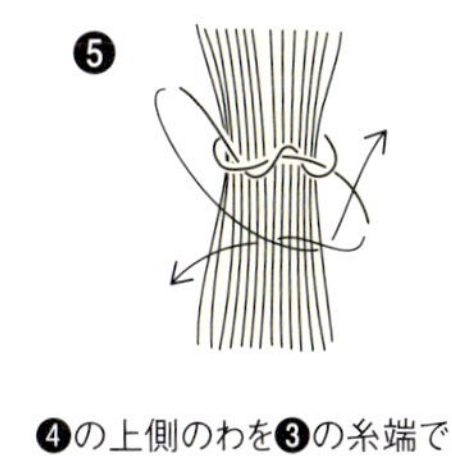

❺ ❹の上側のわを❸の糸端でしっかり結ぶ(2回からませて絞り、さらにもう一度結ぶ)。糸端はほかの糸になじませる

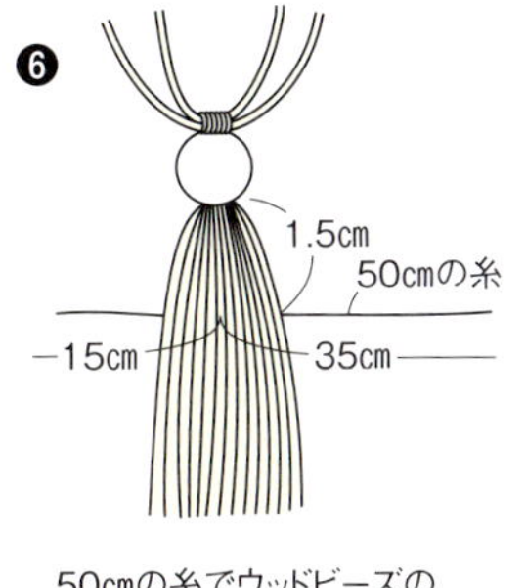

❻ 50cmの糸でウッドビーズの1.5cm下を❺と同様にしっかり結ぶ

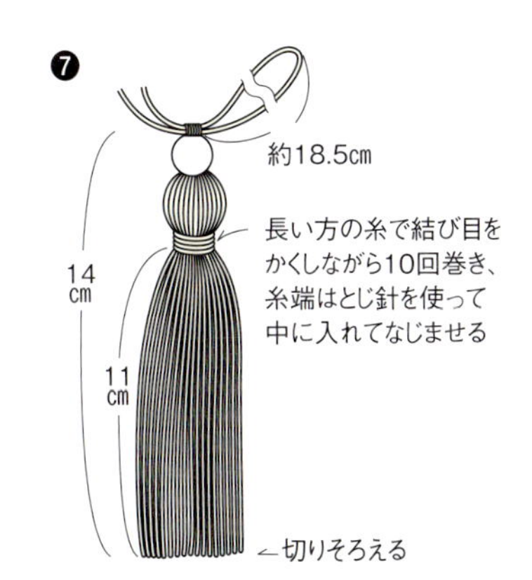

B

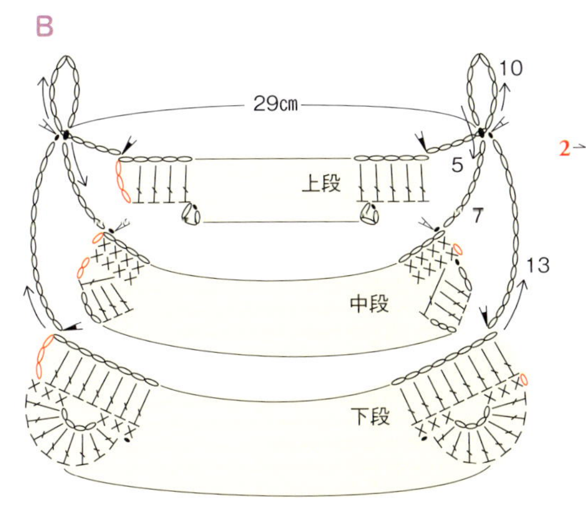

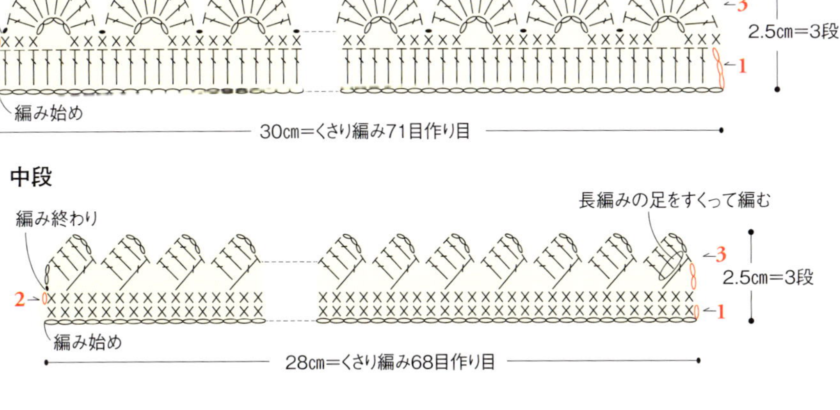

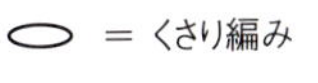

○ ＝ くさり編み
× ＝ こま編み
長編み記号 ＝ 長編み
ピコット記号 ＝ くさり編み3目のピコット
● ＝ 引き抜き編み
糸をつける記号 ＝ 糸をつける
糸を切る記号 ＝ 糸を切る

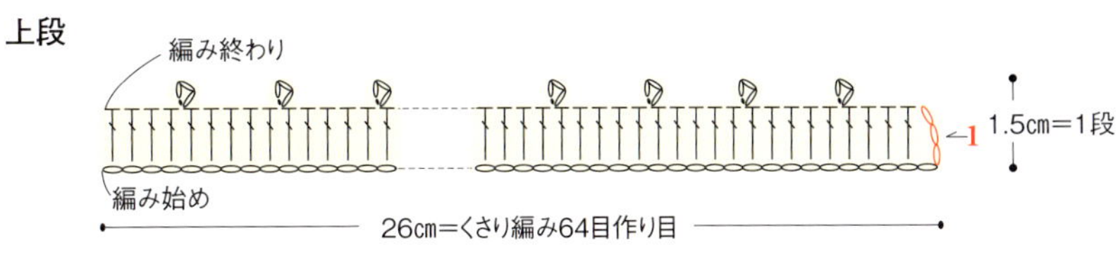

ポケットティッシュカバー

取り出し口の色をかえてアクセントに。
糸のカラーとボタンのデザインで印象ががらりと変わります。

デザイン »» 遠藤ひろみ
糸 »» ハマナカ ウオッシュコットン
編み方 »» P52

お守り

受験やスポーツの試合に、手編みのお守りは強い味方になってくれます。
モチーフは、桜、サッカーボール、四ツ葉のクローバー、
野球ボールの4種類です。

デザイン »» 青木恵理子
糸 »» ハマナカ アプリコ
編み方 »» P53

ポケットティッシュカバー

P 50

A

B

でき上がりサイズ／ 13.5㎝×9㎝

材料と用具

糸 ハマナカ ウオッシュコットン（40g玉巻）

A 茶色（23）……………………………25g

こげ茶（38）…………………………… 5 g

B シルバーグレー（20）…………………25g

白（1） ………………………………… 5 g

針 ハマナカ アミアミ両かぎ針ラクラク …4/0号

その他 直径1.1㎝のボタン………………… 1個

ゲージ 模様編み 1模様＝2.5㎝、13段＝9㎝

編み方 糸は1本どり、それぞれ指定の配色で編む

くさり編み41目を作り目し、模様編みで12段編む。作り目に糸をつけ、反対側も同様に12段編む。指定の位置にb色の糸をつけ、13段め（取り出し口部分）をぐるりと編む。折り山から折って重ね、2枚一緒に縁編みを編み、ボタンをつける。

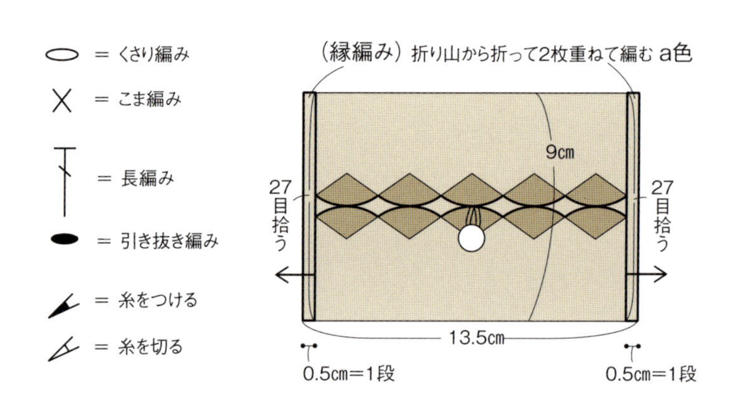

配色表

	a色	b色
A	茶色	こげ茶
B	シルバーグレー	白

寸法図

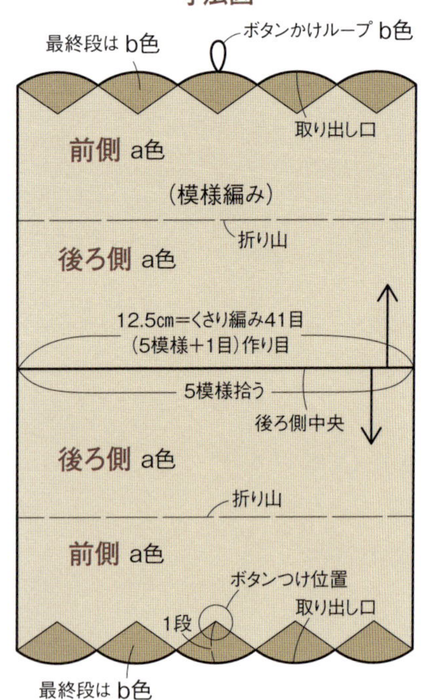

模様編み記号図

※指定以外は a色

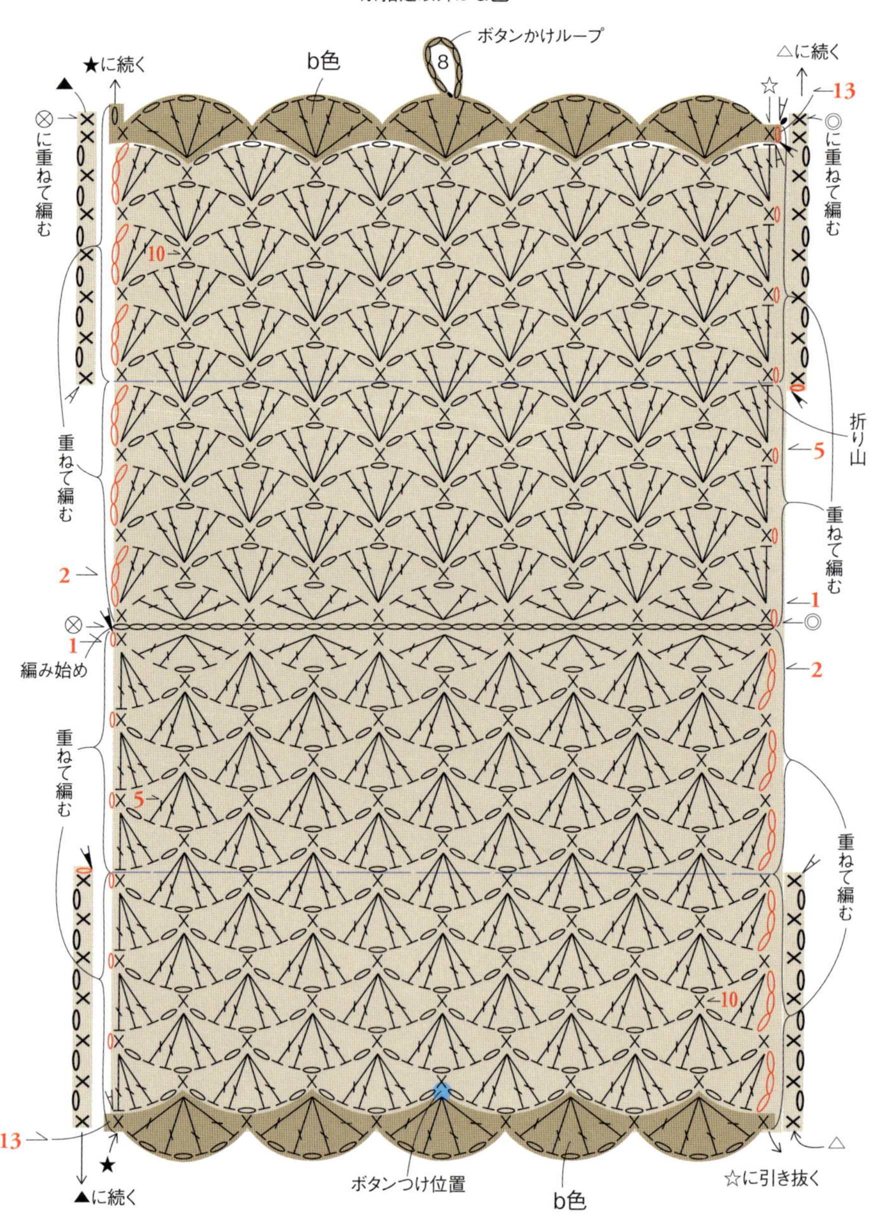

お守り

P 51

でき上がりサイズ／ 6cm×7.5cm

材料と用具

糸 ハマナカ アプリコ(30g玉巻)

A ベージュ(25)…6g　オフホワイト(1)、ピンク(5)…各少々
B 黄緑(14)…6g　オフホワイト(1)、黒(24)…各少々
C オフホワイト(1)…6g　グリーン(15)…少々
D 水色(12)…6g　オフホワイト(1)、赤(6)…各少々

針 ハマナカ アミアミ両かぎ針ラクラク…3/0号

ゲージ 長編み　33目=10cm　13段=7.5cm

編み方 糸は1本どり

本体はくさり編み20目を作り目し、長編みを作り目の両側に輪に編む。2～10段めは長編みで、11段めは長編みとくさり編みでひも通しを作りながら編む。12段めで増し目をし、13段めは増減せずに編む。飾りは糸端を輪にする方法で作り目し、図のように編んで適宜刺しゅうをする。ひもは図のように編み、後ろ側から本体に通して前側で蝶結びにする。飾りを縫いつける。

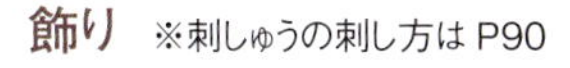

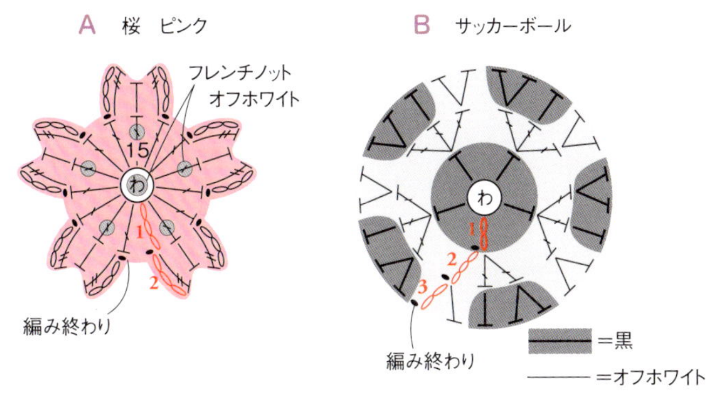

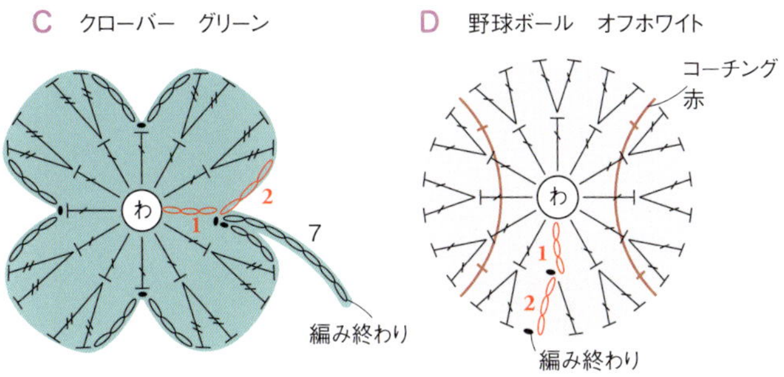

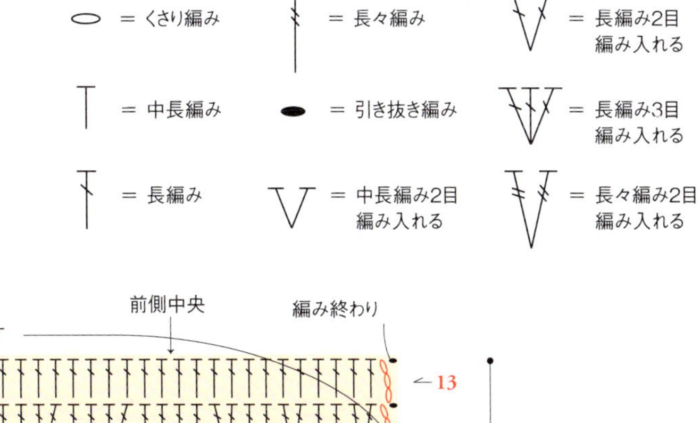

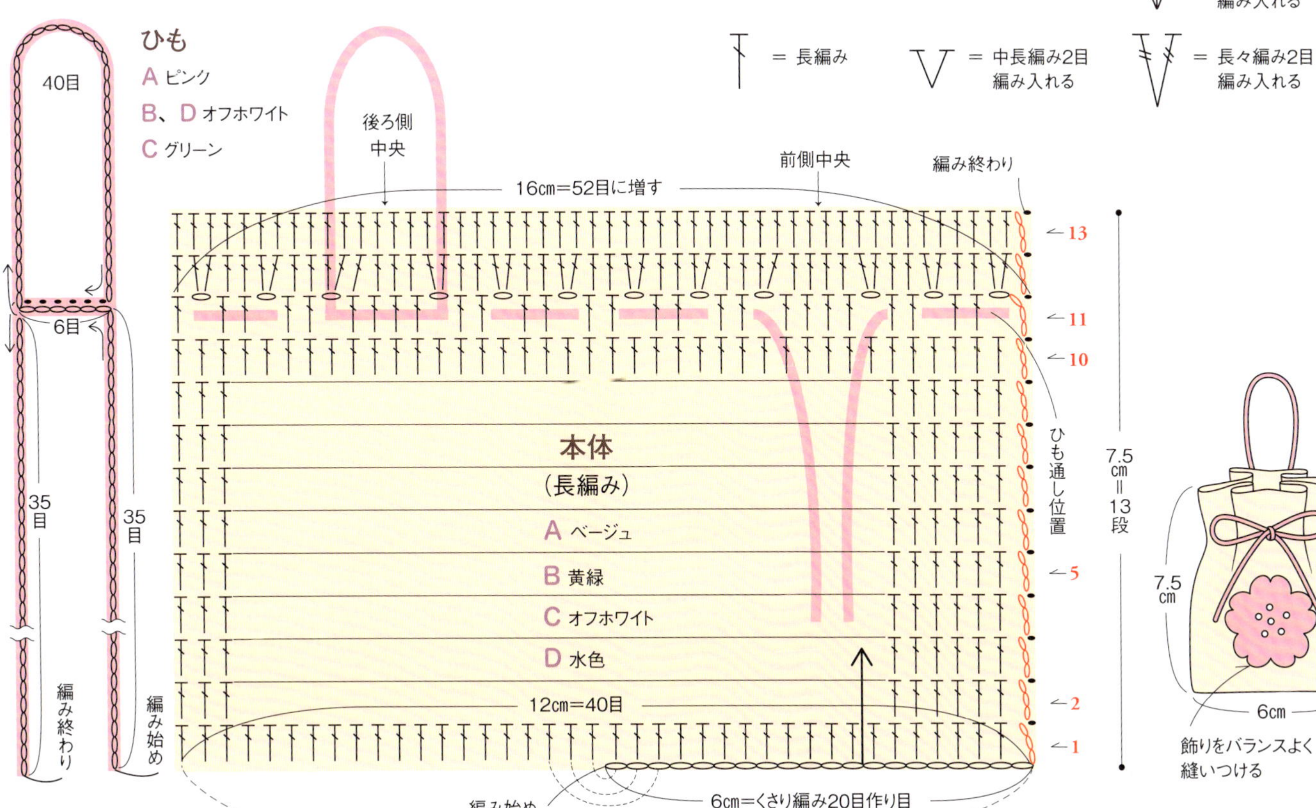

ボールとハートのオーナメント

小さなボールとハートのオーナメントを、
ツヤのあるコットン糸で編みました。
ひもをつけて、クリスマスツリーの飾りにも。

デザイン »» 岡まり子
糸 »» ハマナカ アプリコ
編み方 »» P56

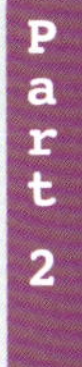

星とフラッグのガーランド

星はハロウィン、フラッグはバースデーなど、
イベントの装飾におすすめのガーランド。
太めの麻糸で編んでいるので、あっという間に編めます。

デザイン »» 青木恵理子
糸 »» ハマナカ コマコマ
編み方 »» 星 P56 フラッグ P57

ボールとハートのオーナメント

P 54

でき上がりサイズ／ボール 直径約5cm、ハート 幅約5cm

材料と用具

糸 ハマナカ アプリコ（30g玉巻）

ボール A 紫（8）……………………………5g
　　　 B からし色（17）…………………5g

ハート C 赤（6）……………………………4g
　　　 D オフホワイト（1）………………4g

針 ハマナカ アミアミ両かぎ針ラクラク… 3/0号

その他 ハマナカ クリーンわたわた（100g/H405-001）………… 適宜

ゲージ こま編み 3段＝約1cm

編み方 糸は1本どり

糸端を輪にする方法で作り目し、こま編みで図のように編む。途中で編みながら綿をつめ、最終段の目を絞る。

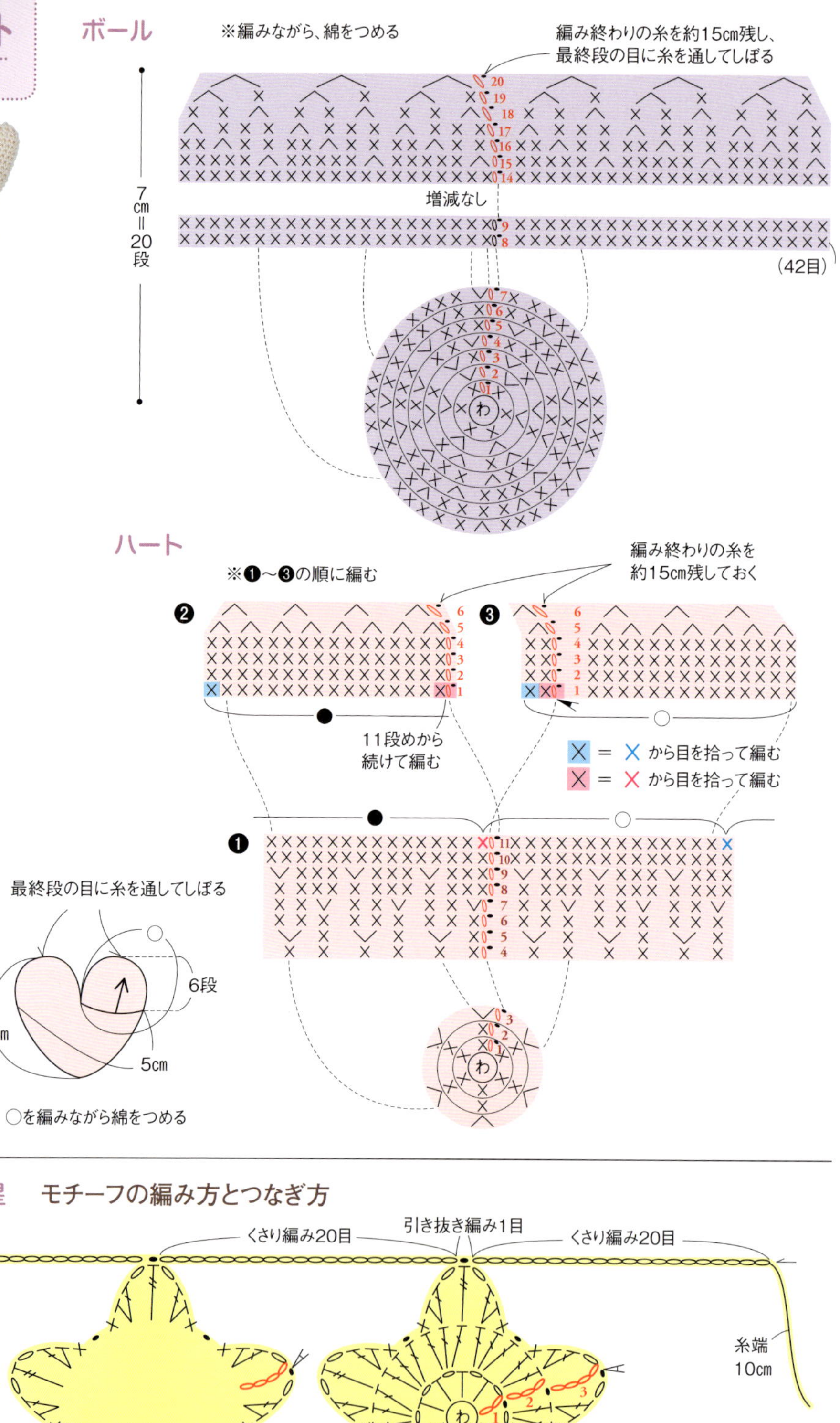

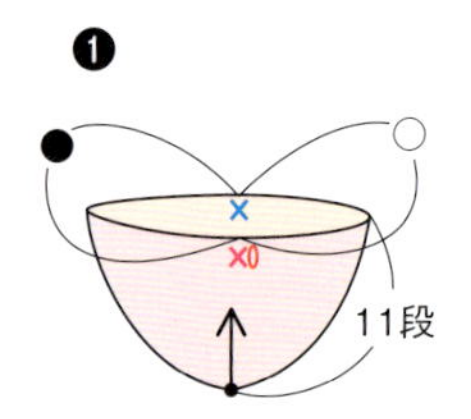

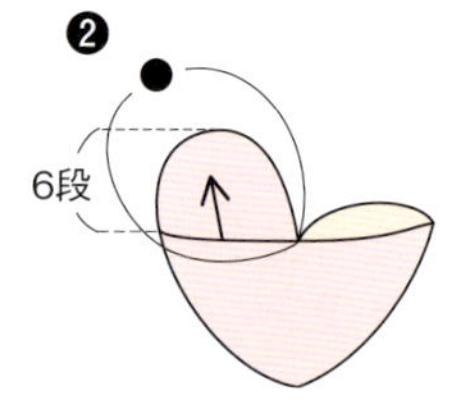

❸
最終段の目に糸を通してしぼる
6段
4.5cm
5cm
○を編みながら綿をつめる

＝ くさり編み
＝ こま編み
＝ こま編み2目編み入れる
＝ こま編み2目一度
＝ 引き抜き編み
＝ 糸をつける
＝ 糸を切る

星　モチーフの編み方とつなぎ方

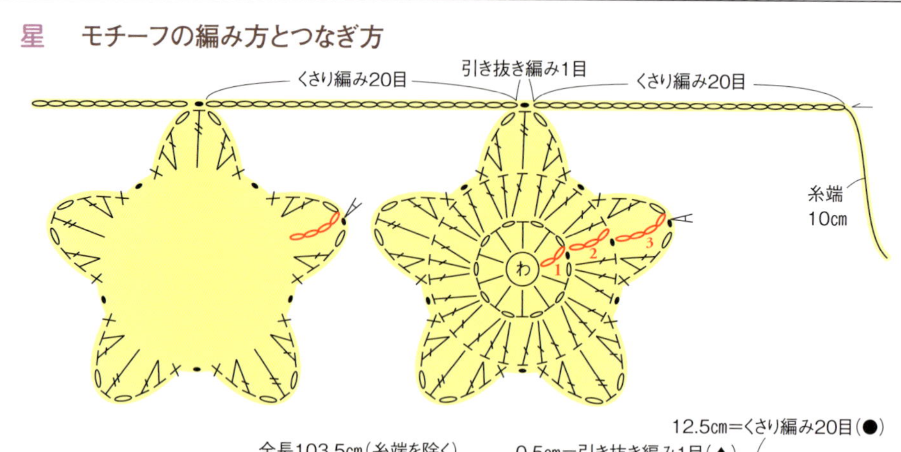

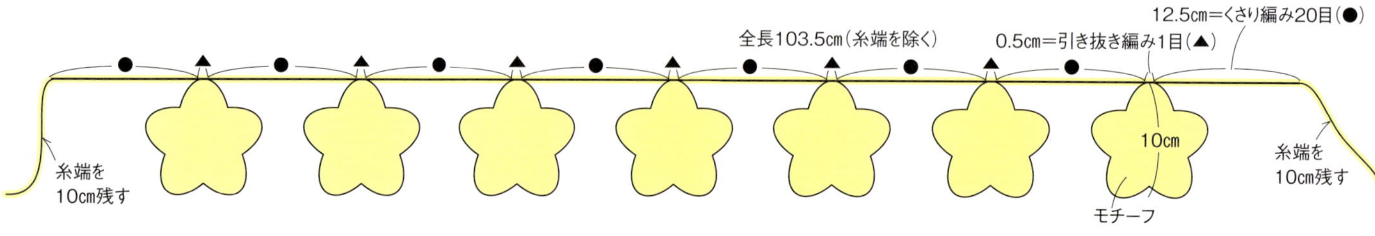

星とフラッグのガーランド

P 55

でき上がりサイズ（糸端を除く）／星 103.5cm、フラッグ 186cm

材料と用具

糸 ハマナカ コマコマ（40g玉巻）
- 星 イエロー（3） ………………………………… 75g
- フラッグ ブラウン（15） …………………………… 30g
- オレンジ（8）、イエロー（3）、ブルー（16） … 各25g
- モスグリーン（9）、レッド（7）………… 各20g

針 ハマナカ アミアミ両かぎ針ラクラク………… 8/0号

モチーフの大きさ

星　直径10cm　フラッグ　12cm×11cm

編み方

糸は1本どり、フラッグは指定の配色で編む

星　モチーフは糸端を輪にする方法で作り目し、図のように7枚編む。くさり編みと引き抜き編みでつなぐ。

フラッグ　モチーフはくさり編み1目を作り目し、こま編みで図のように増し目をしながら編む。上側を除く2辺に縁編みを編む。指定の枚数を編んだら、くさり編みと引き抜き編みでつなぐ。

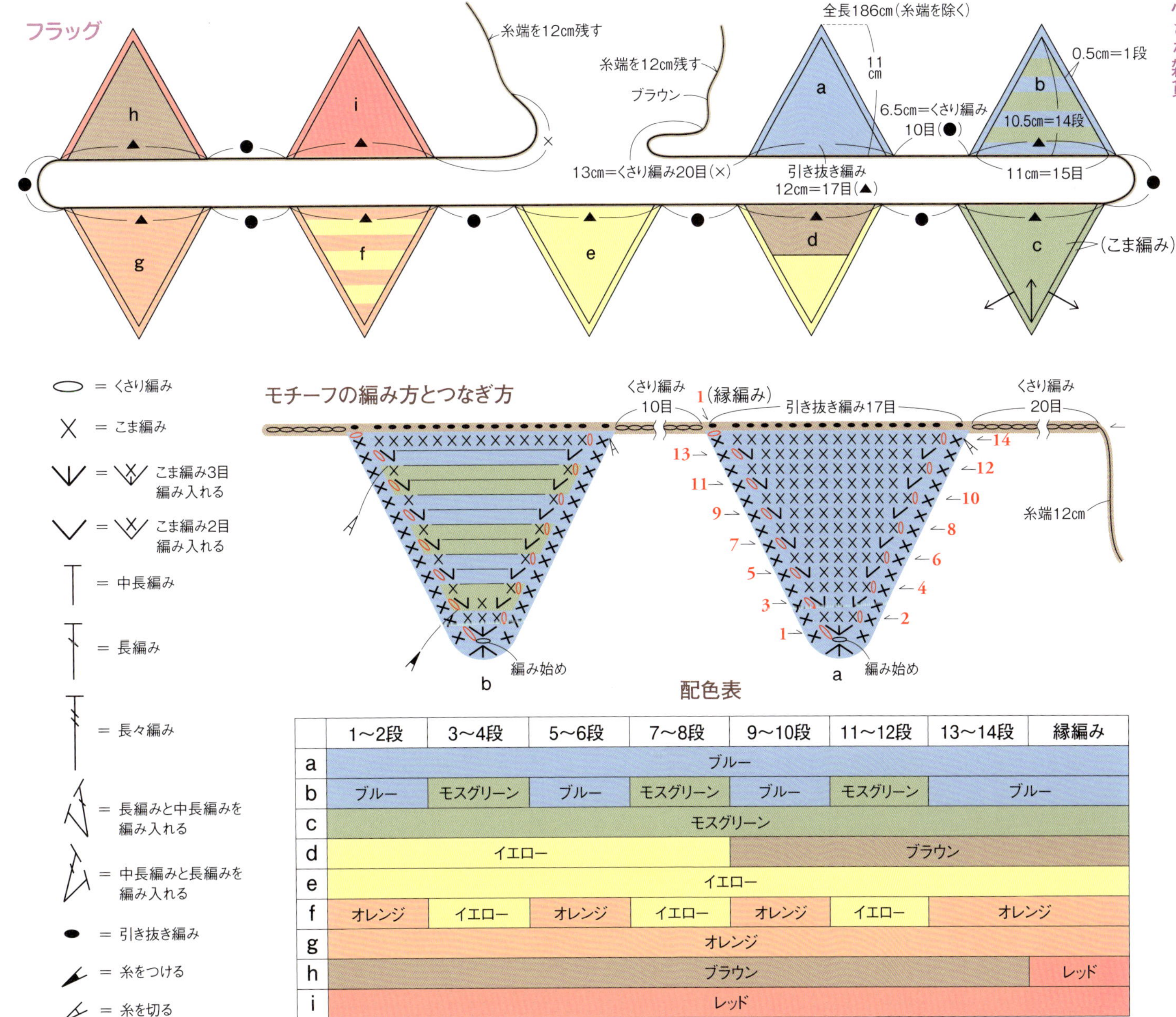

配色表

	1～2段	3～4段	5～6段	7～8段	9～10段	11～12段	13～14段	縁編み
a	ブルー							
b	ブルー	モスグリーン	ブルー	モスグリーン	ブルー	モスグリーン	ブルー	
c	モスグリーン							
d	イエロー				ブラウン			
e	イエロー							
f	オレンジ	イエロー	オレンジ	イエロー	オレンジ	イエロー	オレンジ	
g	オレンジ							
h	ブラウン							レッド
i	レッド							

ピンクッション

ふんわりしたモヘアで編んだ
モチーフのピンクッション。
スモーキーな色合いと、アクセントにつけた
タッセルがおしゃれ。

デザイン »» 青木恵理子
糸 »» ハマナカ アルパカモヘアフィーヌ
編み方 »» P59

ピンクッション

P 58

でき上がりサイズ／9.5cm角

材料と用具

糸 ハマナカ アルパカモヘアフィーヌ（25g玉巻）

A ローズピンク（12）……………………………5g
　紫（10）、薄紫（23）、茶色（18）、ベージュ（2）… 各少々

B グリーン（6）…………………………………5g
　ブルー（8）、水色（7）、茶色（18）、ベージュ（2）… 各少々

針 ハマナカ アミアミ両かぎ針ラクラク……… 4/0号

その他 羊毛（1個分）……………………………4g

モチーフの大きさ 前側、後ろ側とも　9cm角

編み方 糸は1本どりで、指定の配色で編む
後ろ側は糸端を輪にする方法で作り目し、図のように編む。前側は同様に作り目し、色をかえながら6段めまで編む。前側と後ろ側を外表に合わせて2枚一緒に縁編みを編むが、羊毛をつめながら編む。タッセルを作って角につける。

前側

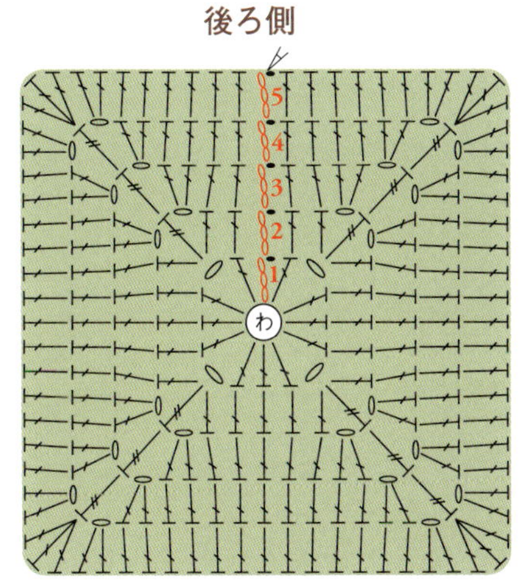

配色表

		A	B
前側	1段め	茶色	茶色
	2段め	薄紫	水色
	3段め	薄紫	水色
	4段め	ベージュ	ベージュ
	5段め	ローズピンク	グリーン
	6段め	紫	ブルー
後ろ側		ローズピンク	グリーン
縁編み		紫	ブルー
タッセル		紫	ブルー

後ろ側

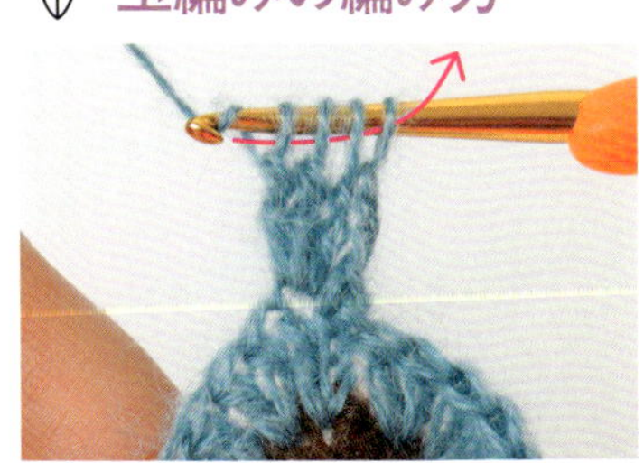

○ ＝くさり編み
× ＝こま編み

＝こま編み3目編み入れる
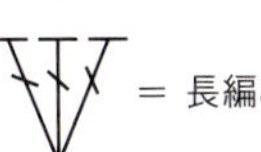
＝長編み
＝長々編み
＝引き抜き編み
＝長編み2目編み入れる
＝長編み3目編み入れる

＝長々編み3目の玉編み（写真参照）
＝糸をつける
＝糸を切る

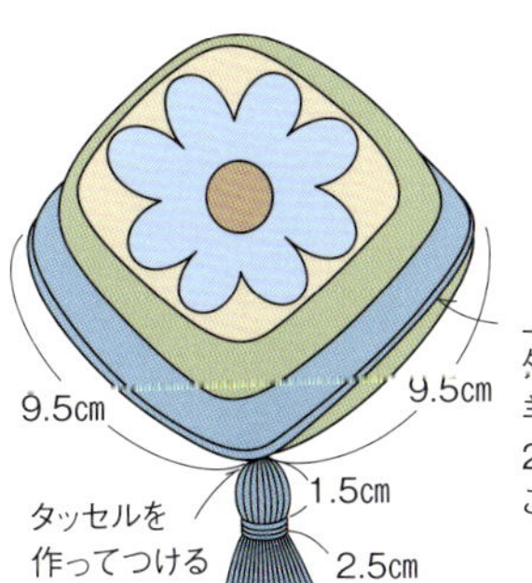

長々編み3目の玉編みの編み方

1 くさり編みを3目編んだら、未完成の長々編み（P3の長々編みの1〜4）を同じところに3目編み、針に糸をかけて一度に引き抜く。

2 引き抜いたところ。長々編み3目の玉編みのでき上がり。

タッセルの作り方

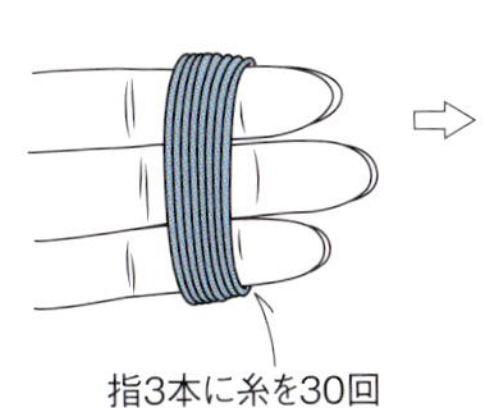
指3本に糸を30回巻きつける

40cmの糸を二つ折りにし、中央を結ぶ

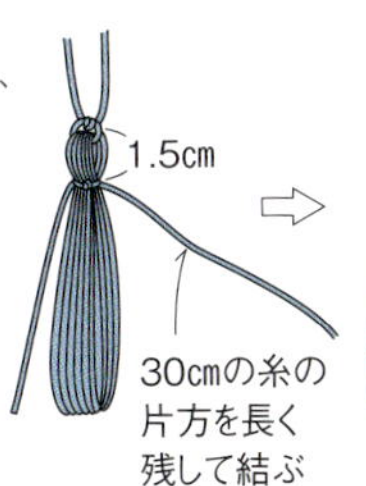

30cmの糸の片方を長く残して結ぶ

長い方の糸を10回巻きつけ、糸端は中に入れてなじませる

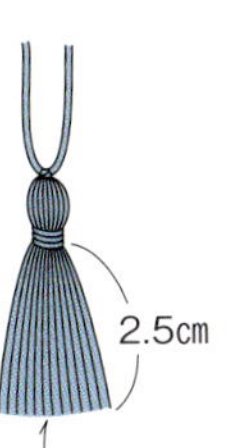

輪をカットし、切りそろえる

ねこのあみぐるみ

細長いボディとにこりと笑った表情になごんでしまう、
ねこのあみぐるみ。
太い糸で大きく作ってもかわいい。

デザイン »» ささきいずみ
糸 »» ハマナカ ポーム ベビーカラー
編み方 »» P61

ねこのあみぐるみ

P 60

でき上がりサイズ／長さ 13cm

材料と用具

糸 ハマナカ ポーム ベビーカラー（25g玉巻）
A 黄色（301）……………………………… 15g
B ミントブルー（97）……………………… 15g

針 ハマナカ アミアミ両かぎ針ラクラク …… 5/0号

その他 ハマナカ オーガニックわたわた
（50g/H434-301）……………… 少々
茶色の中細程度の糸 ………………… 少々

ゲージ こま編み　2.5目、2.5段＝約1cm角

編み方 糸は1本どり

頭・ボディは糸端を輪にする方法で作り目し、こま編みで25段編み、糸を切る。糸をつけて足を編み、綿をつめる。股部分に穴があかないように残しておいた糸でとじる。耳、手、しっぽを編み、とじつける。顔を刺しゅうする。

頭・ボディ・足　1枚

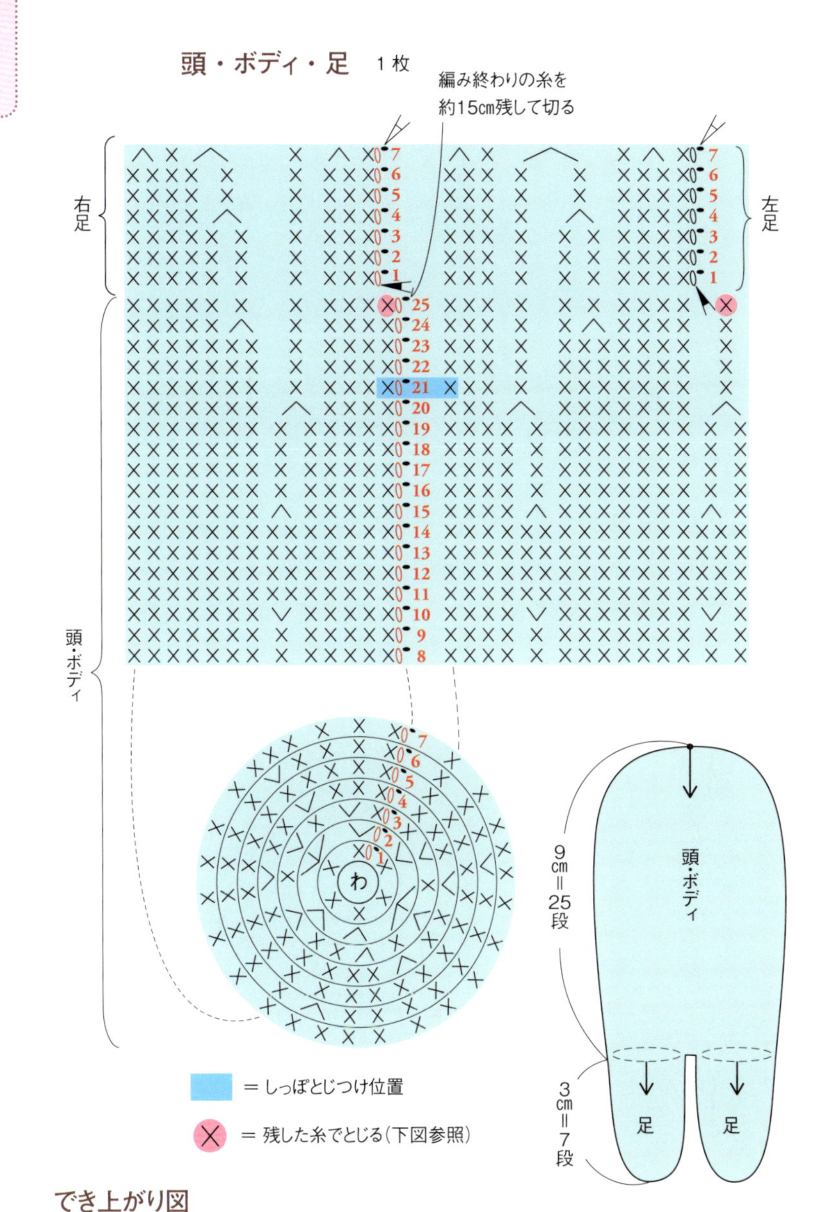

耳　2枚

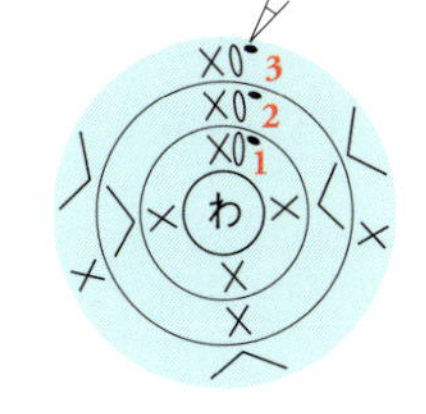

しっぽ　1枚

手　2枚

※先の方だけ
綿をつめる

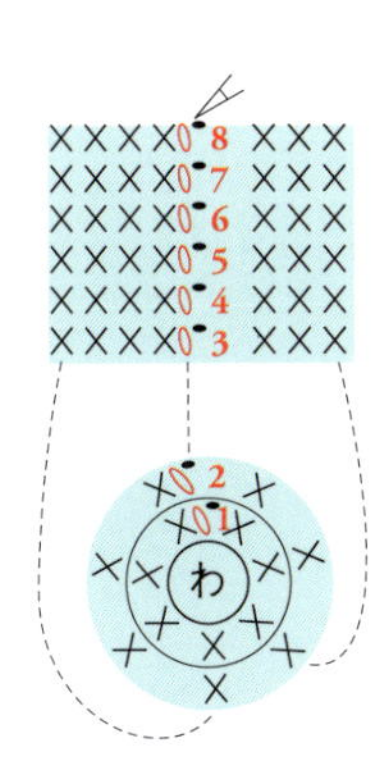

でき上がり図

※頭・ボディの立ち上がり線を後ろ側にし、
各パーツをとじつける

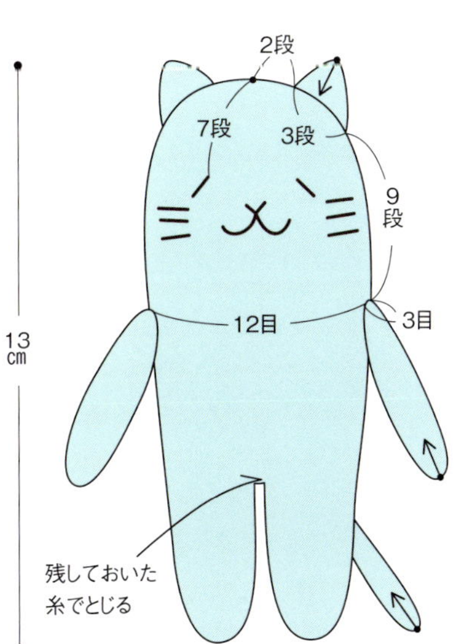

顔の作り方　茶色1本どり

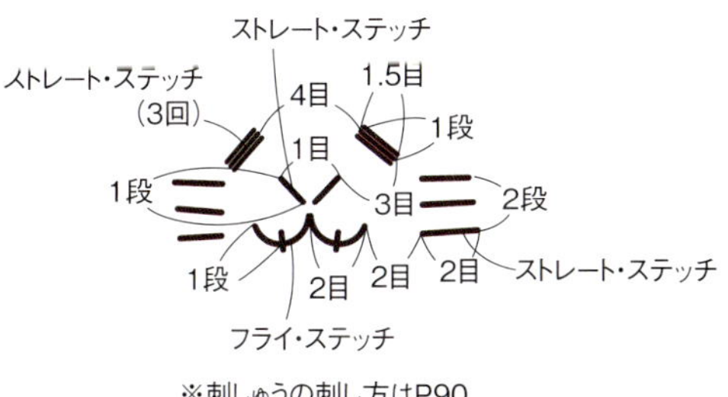

※刺しゅうの刺し方はP90

○ ＝ くさり編み
× ＝ こま編み
∨ ＝ こま編み2目編み入れる
∨ ＝ こま編み3目編み入れる
∧ ＝ こま編み2目一度

● ＝ 引き抜き編み
＝ 糸をつける
＝ 糸を切る

ハロウィンとクリスマスの オーナメント

イベントが待ち遠しくなる手づくりオーナメント。
たくさん作ってP54と一緒に
ツリーにデコレーションしてもいいですね。

デザイン »» 青木恵理子
糸 »» ハマナカ アメリー
編み方 »» P64

うさぎ・りす・ふくろうのあみぐるみ

コロンとしたシルエットがかわいい
どうぶつのあみぐるみ。
基本のボディは同じです。アレンジを楽しんで。

デザイン »» ささきいずみ
糸 »» ハマナカ ポーム ベビーカラー
ハマナカ ポーム《無垢綿》ベビー
ハマナカ ポーム コットンリネン
編み方 »» P66

ハロウィンとクリスマスのオーナメント

P 62

かぼちゃ　おばけ　雪だるま　くつ下

でき上がりサイズ／図参照

材料と用具

糸　ハマナカ アメリー（40g玉巻）

かぼちゃ　オレンジ（4）………………20g
　ナチュラルブラック（24）…少々

おばけ　ナチュラルホワイト（20）…15g
　ナチュラルブラック（24）、
　クリムゾンレッド（5）…各少々

雪だるま　ナチュラルホワイト（20）…20g
　ナチュラルブラック（24）、
　クリムゾンレッド（5）…各少々

くつ下　クリムゾンレッド（5）………10g
　ナチュラルホワイト（20）… 5g

針　ハマナカ アミアミ両かぎ針ラクラク
………………………………5/0号

その他　ハマナカ クリーンわたわた
（100g/H405-001）… 適宜

ゲージ　こま編み　12段＝5cm
長編み　1段＝0.9cm

編み方　糸は1本どり、指定の配色で編む

かぼちゃ、おばけ、雪だるまは糸端を輪にする方法で作り目し、こま編みで図のように増減しながら編むが、★印の段まで編んだら顔を刺しゅうする。綿をつめながら最終段まで編んだらつり手を編み、最終段の目に糸を通して絞る（P97「指先に糸を通して絞る」参照）。雪だるまは首に糸を巻いて結ぶ。くつ下の編み方はP65。

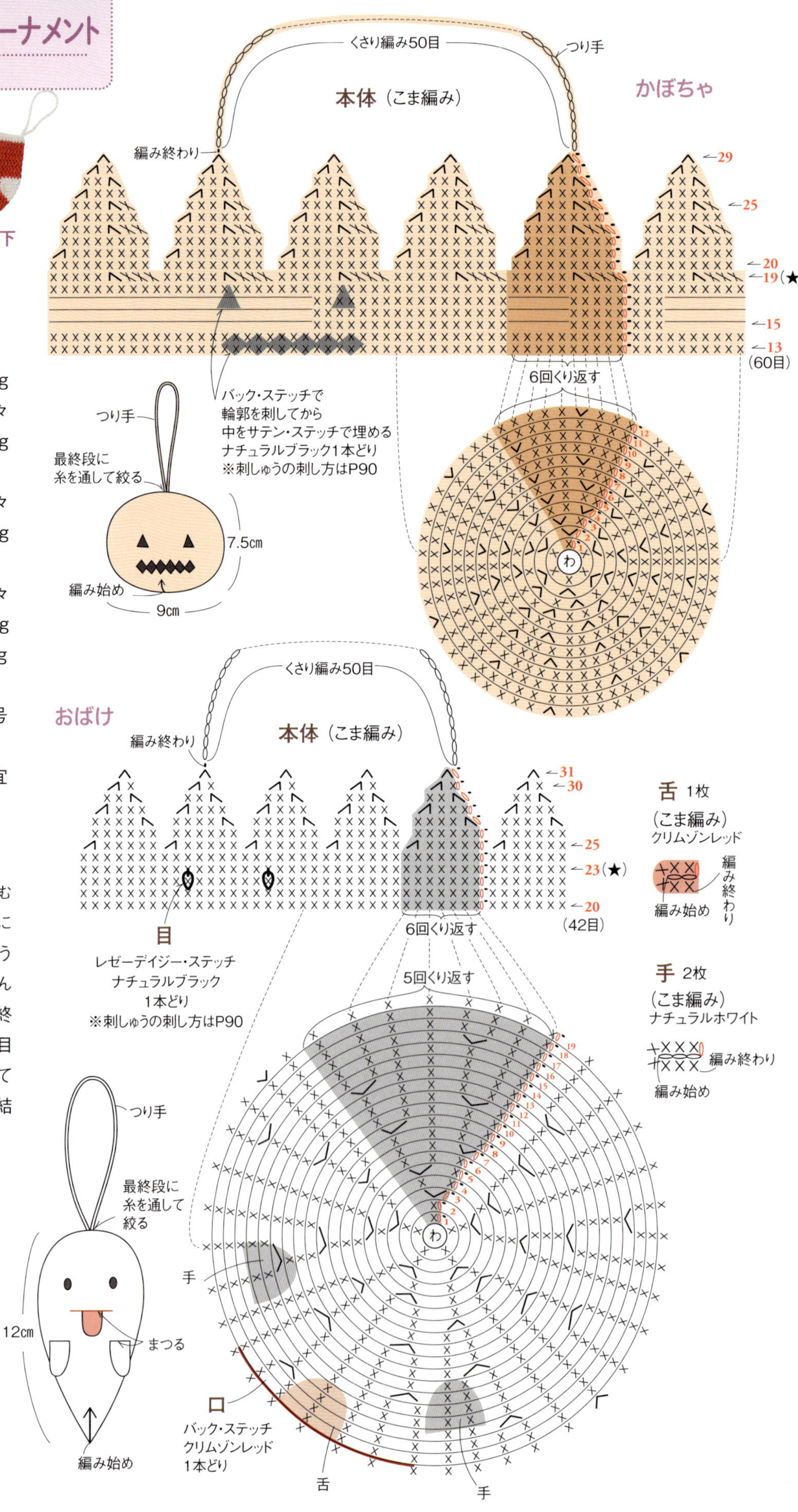

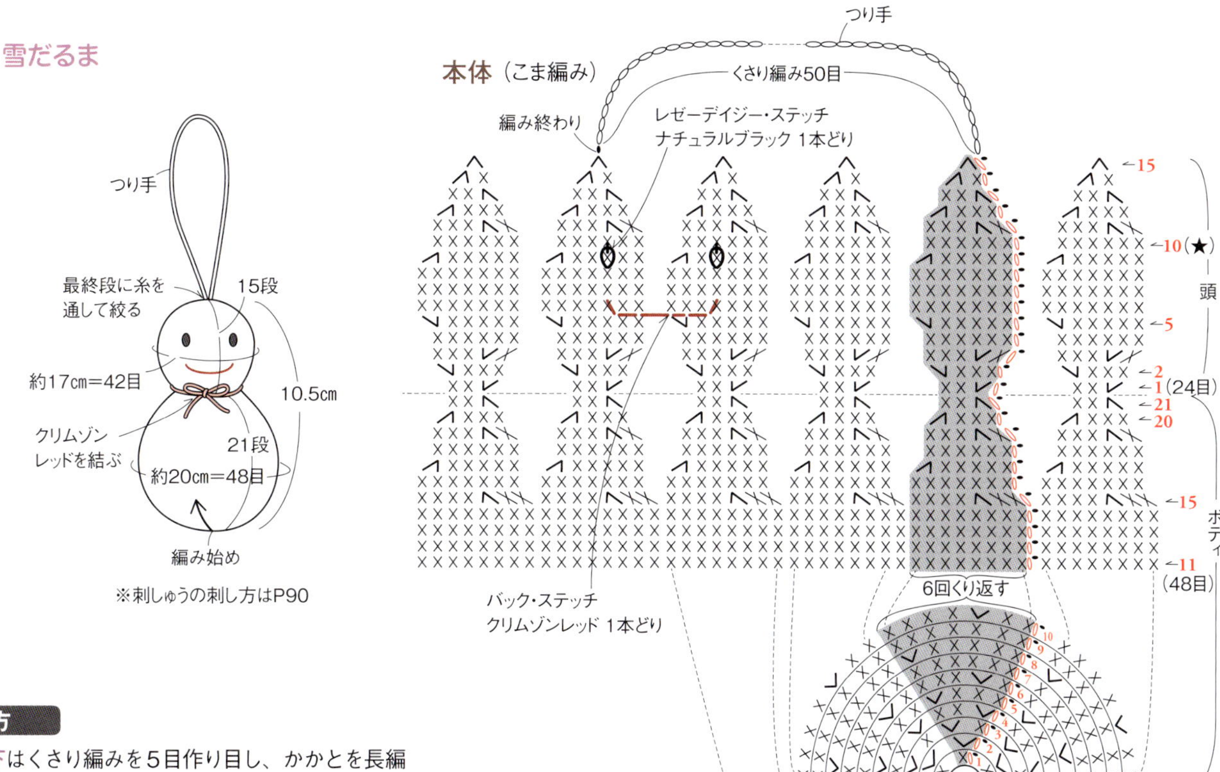

編み方

くつ下はくさり編みを5目作り目し、かかとを長編みで編む。指定の位置に糸をつけてくさり編みを13目作り目し、足首を長編みで編む。最終段は色をかえて編み、続けてつり手を編む。足首の反対側に甲側と底側を輪に編み、色をかえてつま先を編む。残った6目に糸を通して絞る。

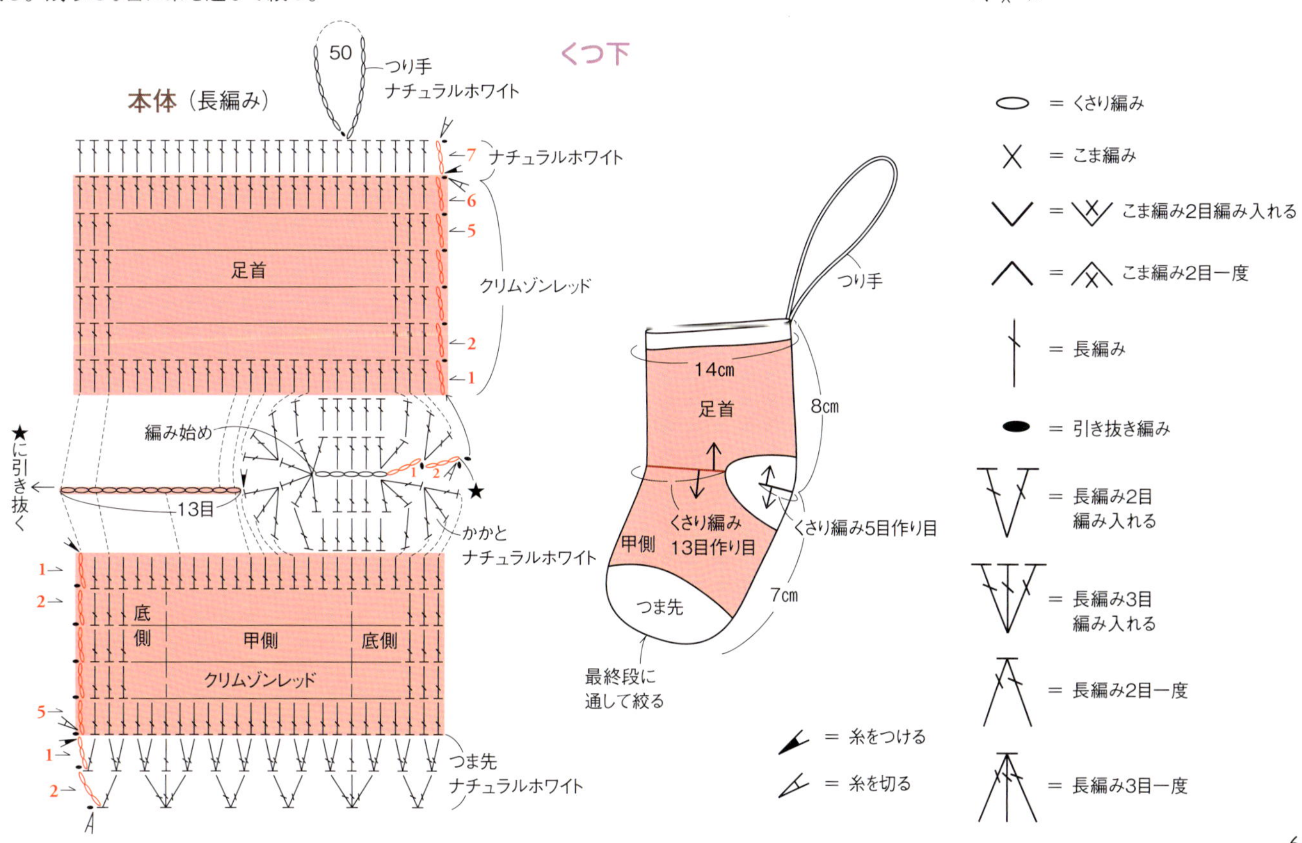

うさぎ・りす・ふくろうのあみぐるみ

P 63

でき上がりサイズ／図参照

材料と用具

糸 ハマナカ ポーム(25g玉巻)

うさぎ ベビーカラー ピンク(91)…………12g

りす ベビーカラー 淡オレンジ(92)………12g

《無垢綿》ベビー(11)…………………… 3g

ふくろう コットンリネン ベージュ(202)… 8g

コットンリネン オフホワイト(201)… 2g

針 ハマナカ アミアミ両かぎ針ラクラク……………… 5/0号

その他 ハマナカ オーガニックわたわた(H434-301)…各10g

直径6mmの山高ボタン(50g/H220-606-1)… 各2個

25番刺しゅう糸 黒(うさぎ、りすのみ) ……… 少々

ゲージ こま編み 7段＝3cm

編み方 糸は1本どり

各パーツは糸端を輪にする方法で作り目し、こま編みで図のように編む。ボディは綿をつめ、残った6目に糸を通して絞る。各パーツをボディにまつりつけ、山高ボタンをつけて刺しゅうをする。ふくろうの耳はボディに編みつける。

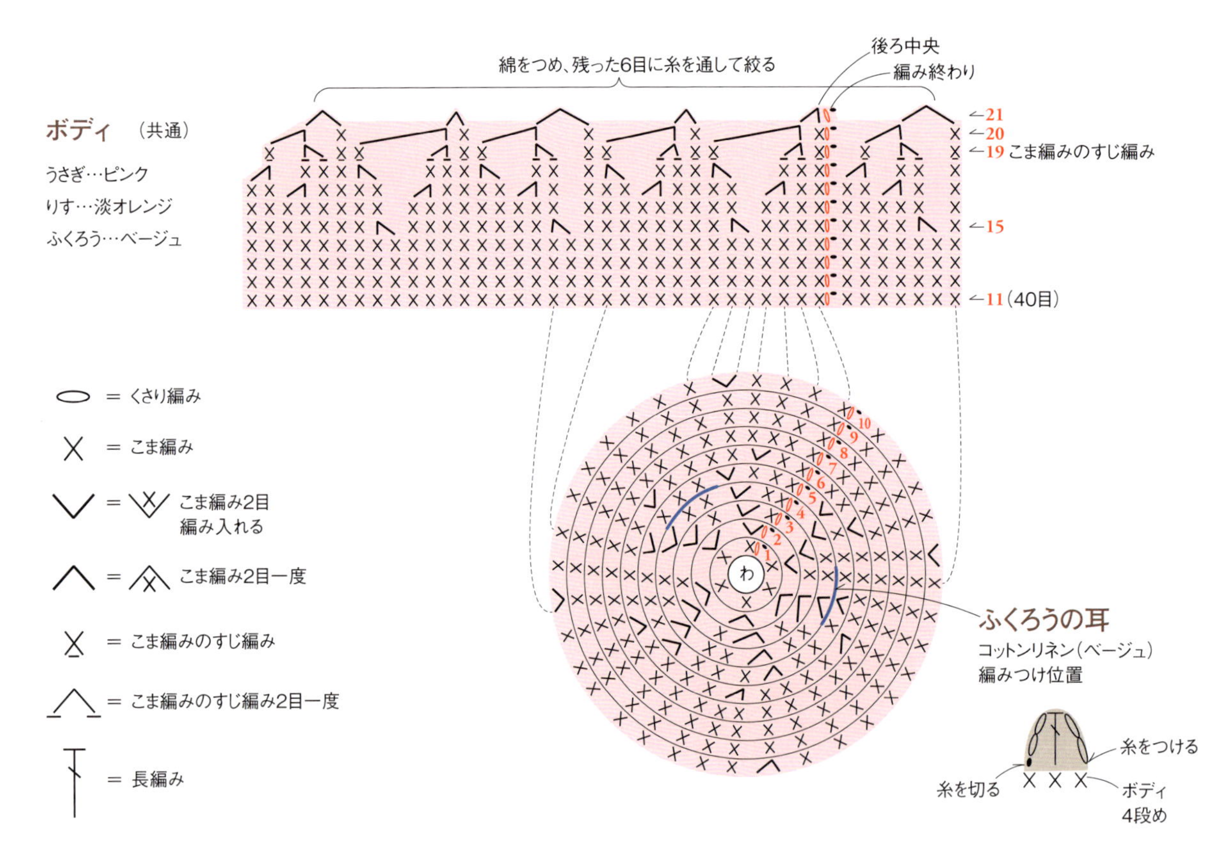

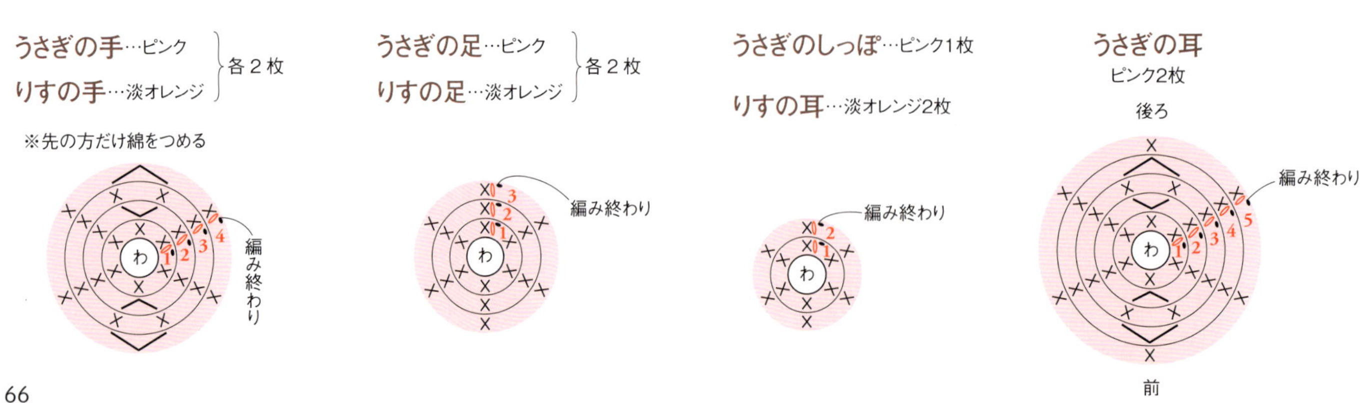

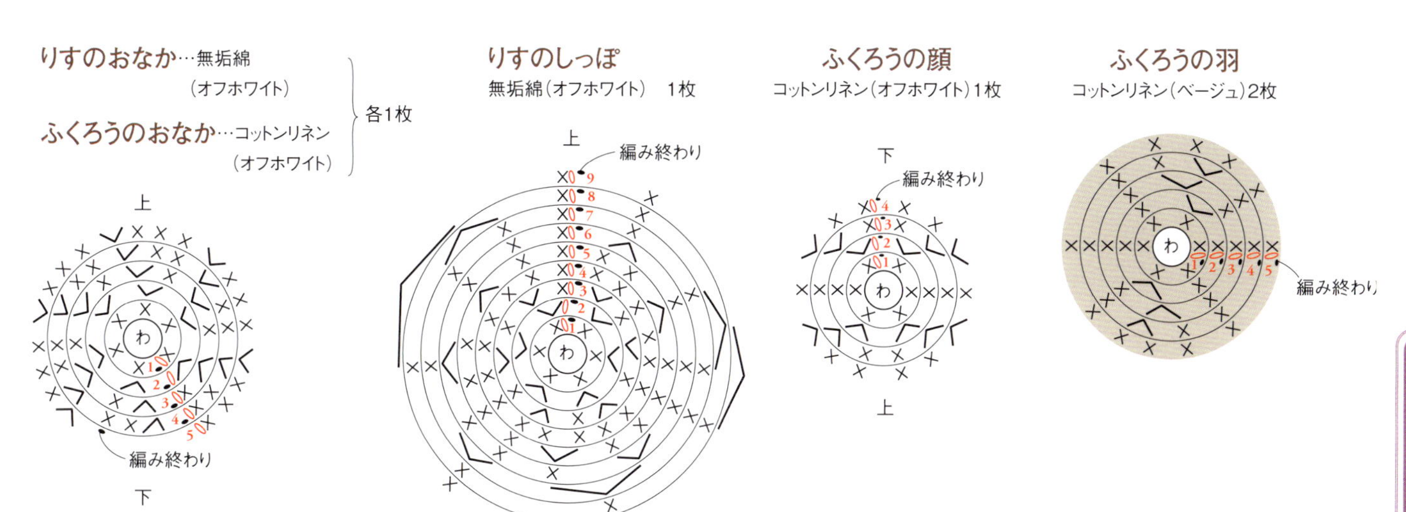

うさぎ　手、足、耳をまつりつけ、
目をつけ、鼻、口、へそを刺しゅうする

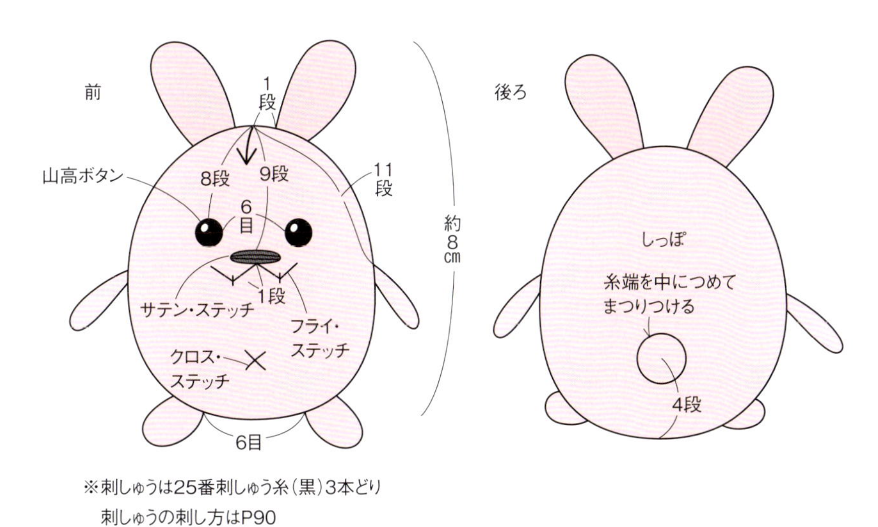

※刺しゅうは25番刺しゅう糸（黒）3本どり
刺しゅうの刺し方はP90

ふくろう　おなか、顔、羽をまつりつけ、
耳を編みつける
目をつけ、くちばしと羽毛を刺しゅうする

※刺しゅうの刺し方はP90

りす　おなか、手、足、耳をまつりつけ、目をつけ、鼻、口、へそを刺しゅうする
（顔とへその刺し方はうさぎと同じ）

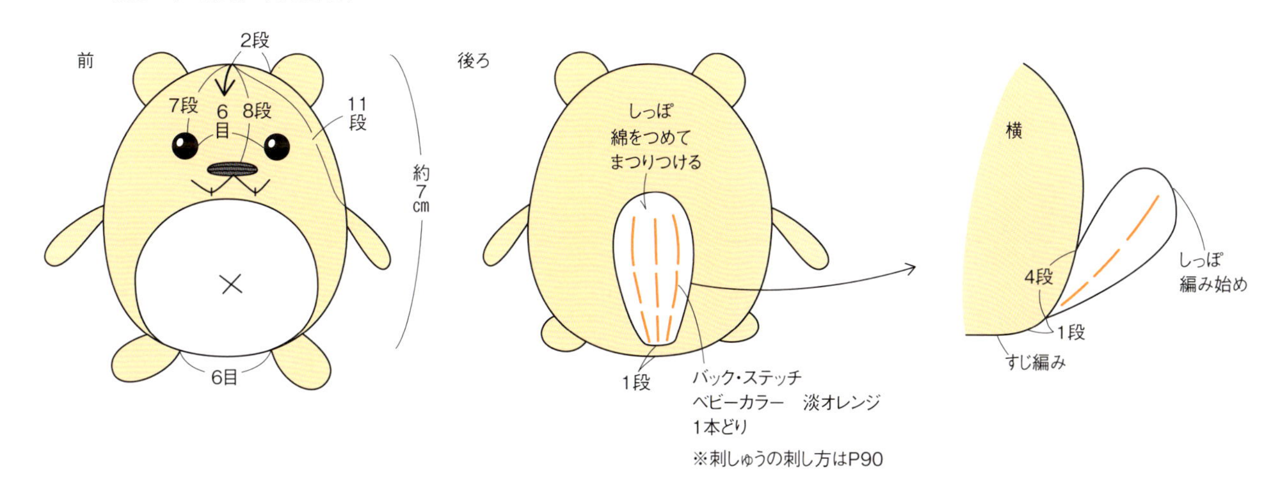

※刺しゅうの刺し方はP90

ベビーグッズ
ボール・くまのにぎにぎ・リング・ベビーシューズ

赤ちゃんへのプレゼントに贈りたいグッズいろいろ。
オーガニックコットンで編んでいるので、肌にやさしくて安心です。

デザイン»»ボール・くまのにぎにぎ・リング　岡まり子
ベビーシューズ　横山純子

糸»»ハマナカ ポームベビーカラー
ハマナカ ポーム コットンリネン
ハマナカ ポーム《無垢綿》ベビー
ハマナカ ポーム《彩土染め》

編み方»» ボール　P69　くまのにぎにぎ・リング　P70
ベビーシューズ　P71

ボール

P 68

でき上がりサイズ／直径12.5cm

材料と用具

糸　ハマナカ ポーム ベビーカラー（25g玉巻）
ピンク（91）、ミントブルー（97）、黄色（301）
…………………………………………… 各10g

針　ハマナカ アミアミ両かぎ針ラクラク…5/0号

その他　ハマナカ オーガニックわたわた
（50 g/H434-301）…………………… 少々

ゲージ　模様編み　20目、13段＝10cm角

編み方　糸は1本どり、指定の色で編む

糸端を輪にする方法で作り目し、模様編みで図のように編むが、途中で綿をつめて最終段の目を絞る。

＝くさり編み

＝こま編み

＝長編み

＝引き抜き編み

＝こま編み2目編み入れる

＝こま編み2目一度

＝長編み3目編み入れる

＝長編み3目編み入れる

＝長編み2目一度

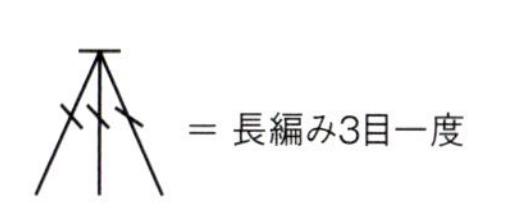

＝長編み3目一度

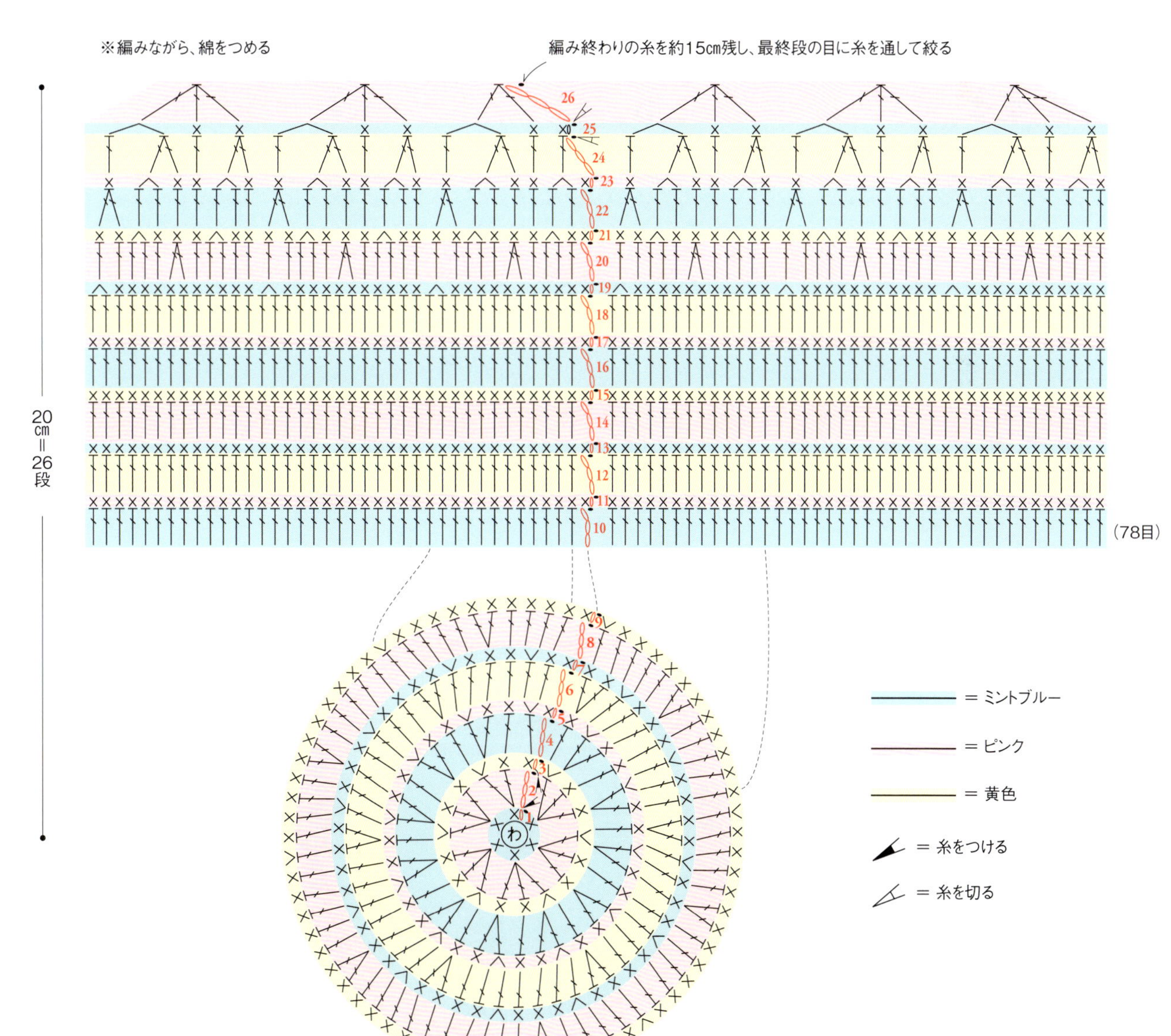

くまのにぎにぎ

P 68

できあがりサイズ／
長さ 11.5cm

材料と用具

糸 ハマナカ ポーム コットンリネン（25g玉巻）
　ベージュ（202）……………………… 6g
　オフホワイト（201）…………………少々

針 ハマナカ アミアミ両かぎ針ラクラク…5/0号

その他 ハマナカ オーガニックわたわた
　（50g/H434-301）…………… 少々
　こげ茶の中細程度の糸……………少々

ゲージ こま編み 2目、2段＝約1cm角

編み方 糸は1本どり、指定の配色で編む

本体は糸端を輪にし、こま編みで綿をつめながら編み、最終段の目を絞る。耳、鼻まわりを編んでとじつけ、顔を刺しゅうする。

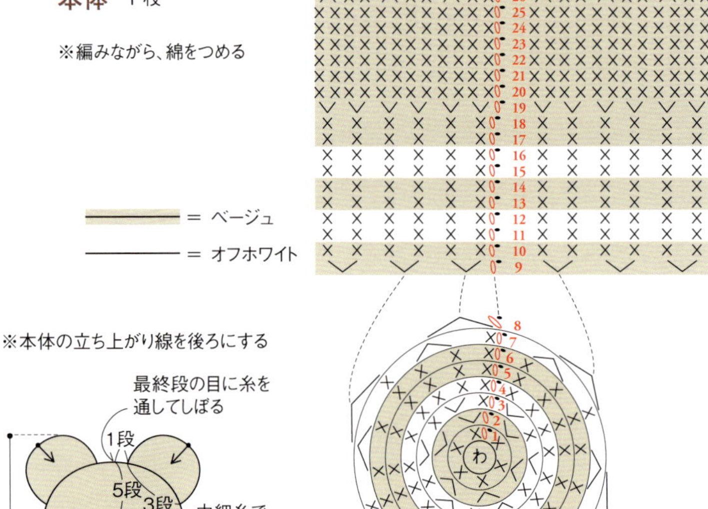

※本体の立ち上がり線を後ろにする

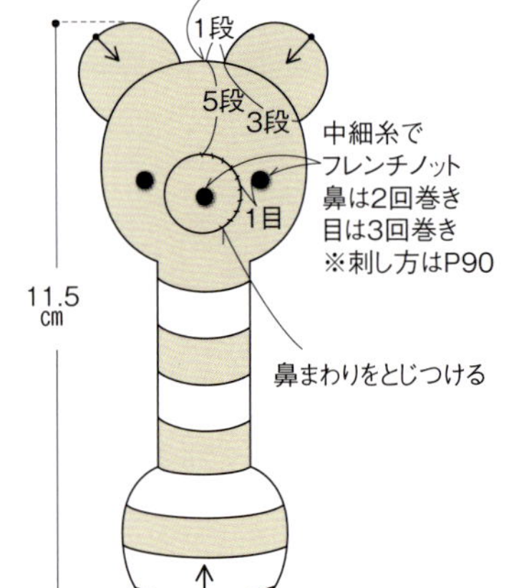

鼻まわり 1枚

耳 2枚

リング

P 68

できあがりサイズ／
直径8cm（ピコットを含む）

材料と用具

糸 ハマナカ ポーム コットンリネン（25g玉巻）
　ベージュ（202）…………………………5g
　オフホワイト（201）………………… 少々

針 ハマナカ アミアミ両かぎ針ラクラク… 5/0号

その他 ハマナカ オーガニックわたわた
　（50g/H434-301）…………… 少々

ゲージ こま編み 2目、2段＝約1cm角

編み方 糸は1本どり、指定の配色で編む

くさり編み26目を作り目して輪にし、こま編みで編む。作り目から目を拾い、反対側も同様に編む。リングを外表に合わせ、綿をつめながら2枚一緒に縁編みを編む。

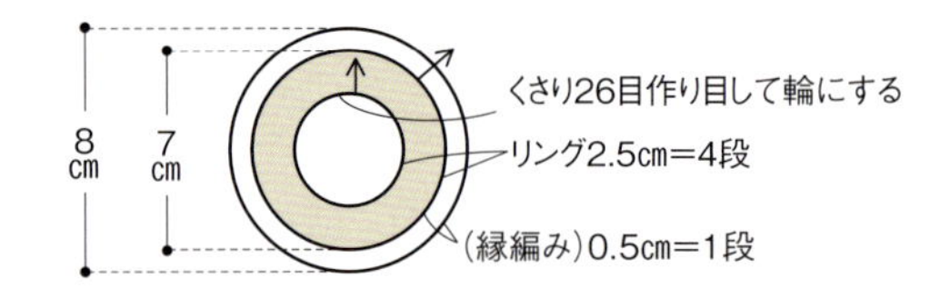

縁編みを編みながら、綿をつめる

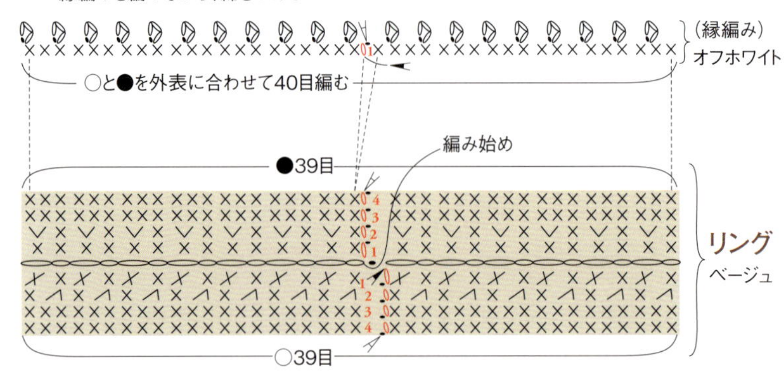

○ ＝ くさり編み

X ＝ こま編み

＝ こま編み2目編み入れる

＝ こま編み2目一度

● ＝ 引き抜き編み

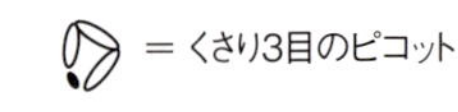
＝ くさり3目のピコット

ベビーシューズ

P 68

でき上がりサイズ／
足のサイズ10.5cm

材料と用具

糸 ハマナカ ポーム（25g玉巻）
《無垢綿》ベビー（11）…………………20g
《彩土染め》グレー（45）……………少々

針 ハマナカ アミアミ両かぎ針ラクラク…5/0号

その他 直径1.3cmのボタン………………… 2個

ゲージ こま編み 12目＝5.5cm、3段＝1.5cm

編み方 糸は1本どり、指定の配色で編む

底はくさり編み12目作り目し、こま編みで図のように編み、続けて側面を編む。ベルトを編みとじつける。もう1枚同じものを編む。ボタンをつける。

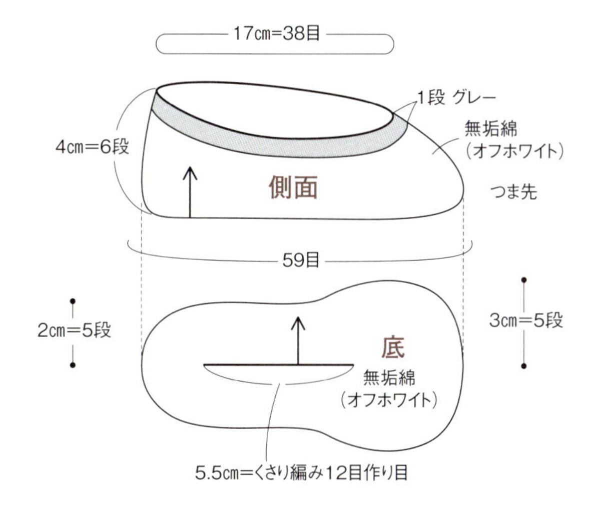

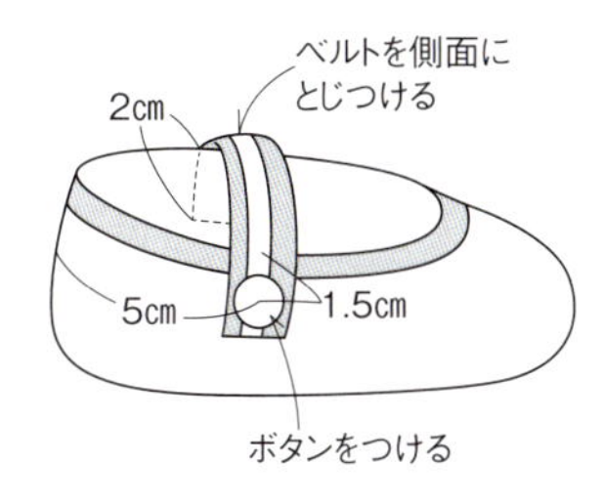

ベルト 2枚

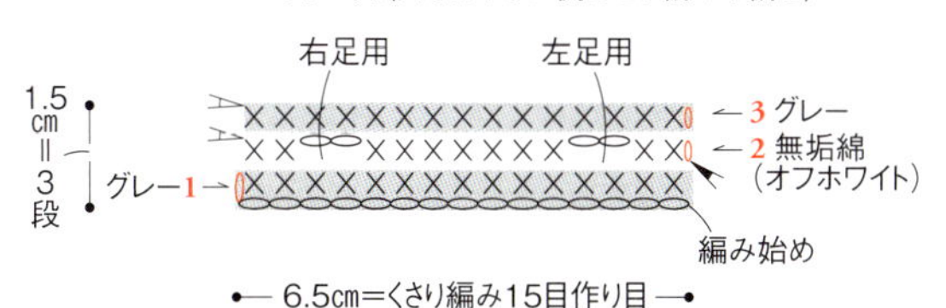

底と側面

底と側面の1～5段めは無垢綿（オフホワイト）、6段めはグレーで編む

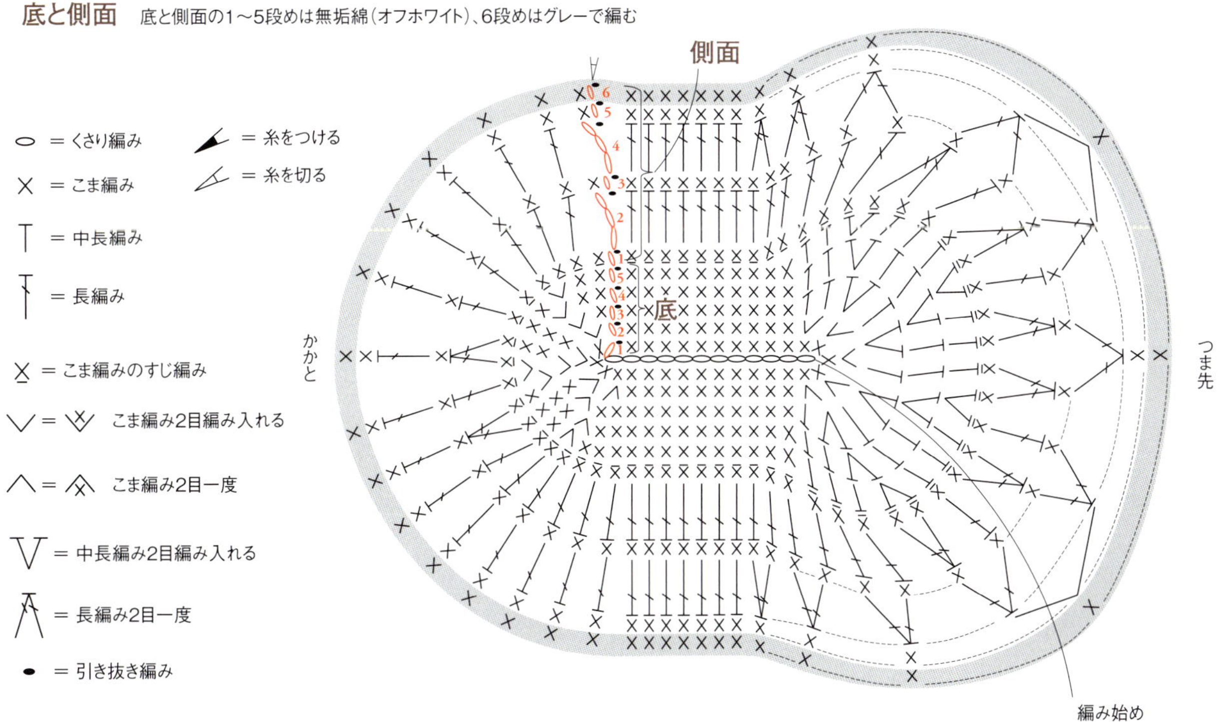

Part 3 おしゃれアイテム

ヘアアクセサリーやマフラー、ミトン、帽子、ショールなど、
あったかな秋冬ものから、さらりとした手触りの春夏ものまで、使えるアイテムをそろえました。

リボン

リボンモチーフは、後ろ側にヘアゴムをつけて髪飾りにしたり、
ブローチピンをつけて洋服やバッグにつけるのもおすすめです。

デザイン »» 橋本真由子
糸 »» ハマナカ ウオッシュコットン
編み方 »» P73

リボン

P 72

でき上がりサイズ／幅6cm

材料と用具

糸　ハマナカ ウオッシュコットン（40g玉巻）

A 茶色(23)……………………………5g

B パープル(18)………………………5g

C チェリーピンク(35)…………………5g

針　ハマナカアミアミ両かぎ針ラクラク … 4/0号

その他　リングヘアゴム ………………… 1個

ゲージ　うね編み　24目=10cm　9段＝3.5cm

編み方　糸は1本どり

本体はくさり編み30目を作り目して輪にし、毎段編み方向をかえながらうね編みで9段編む。リングはくさり編み12目を作り目し、こま編みで3段編む。図を参照してリボン形にまとめ、リングゴムを縫いつける。

寸法と編み方

※1段めはくさり編みの裏山をすくう

本体
（うね編み）

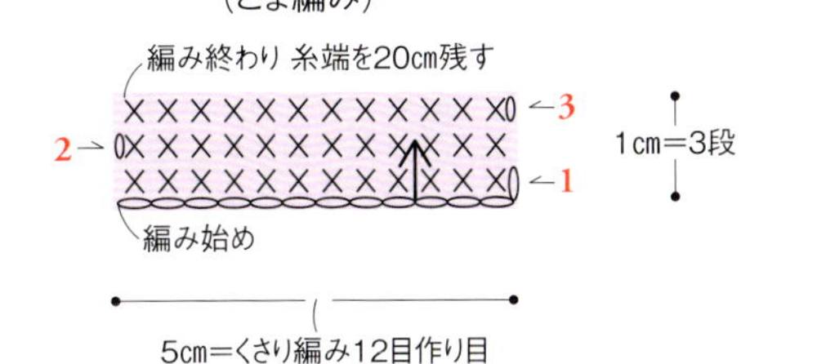

リング
（こま編み）

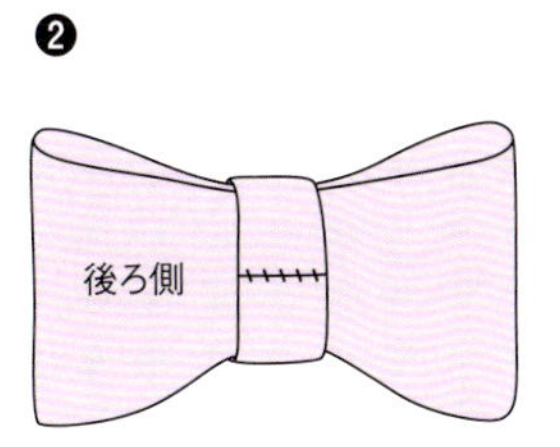

= くさり編み

= こま編み

= うね編み

= 引き抜き編み

まとめ方

❶

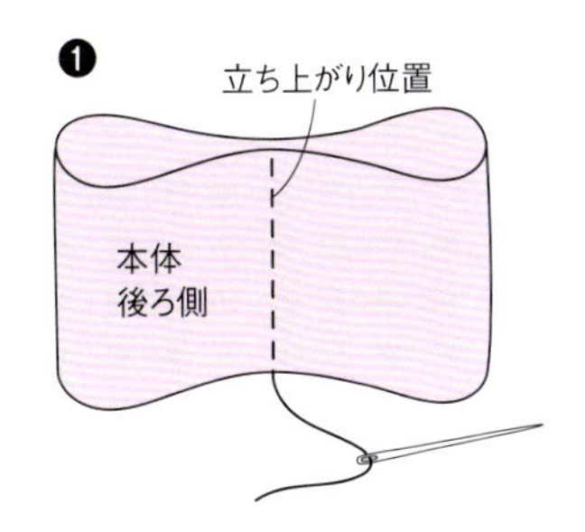

残しておいた糸端を使い、
2枚重ねてぐし縫いをして絞る

❷

後ろ側

リングを巻きつけて
全目の巻きかがりでとじる

❸

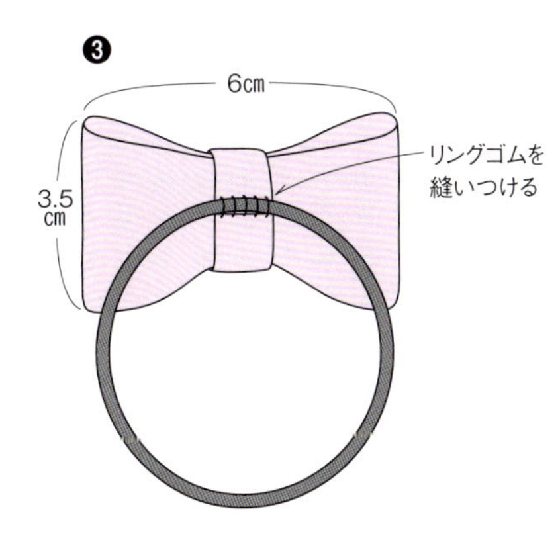

輪で往復に編む

1 くさり編みを30目編み、1目めの裏山に針を入れ、針に糸をかけて引き抜く。

2 1段めを編んだら、2段めの立ち上がりのくさり編み1目を編み、編み地を回して裏を向ける。

3 2段めは編み地の裏を見て編む。同様に1段ごとに編み地の向きをかえて編む。

シュシュ

人気のシュシュはヘアゴムを編みくるんで作るので、意外と簡単。
春夏用はラメ入りのリネン糸、
秋冬用はウールの糸で編みました。

デザイン »» 野口智子
糸 »» A　ハマナカ フラックスC《ラメ》
B、C　ハマナカ 純毛中細、ハマナカ アルパカモヘアフィーヌ
編み方 »» P75

シュシュ

P 74

でき上がりサイズ／A 幅4cm　B、C 幅5cm

材料と用具

糸　A ハマナカ フラックスC《ラメ》(25g玉巻)
　　オフホワイト(501)……………… 15g
　B ハマナカ 純毛中細(40g玉巻)
　　紫(18)……………………………… 10g
　ハマナカ アルパカモヘアフィーヌ(25g玉巻)
　　ピンク(11) …………………………5g
　C 純毛中細 グレー(27)……………… 10g
　アルパカモヘアフィーヌ イエロー(21)…5g

針　ハマナカ アミアミ両かぎ針ラクラク
　A……………………………… 3/0号
　B、C ……………………………… 4/0号

その他　リングヘアゴム………… 各1個

編み方　糸は1本どり、B、Cは指定の配色で編む

リングゴムを図のように編みくるみ、2段めからはそれぞれ指定の編み方で編む。

●リングゴムをこま編みで編みくるむ

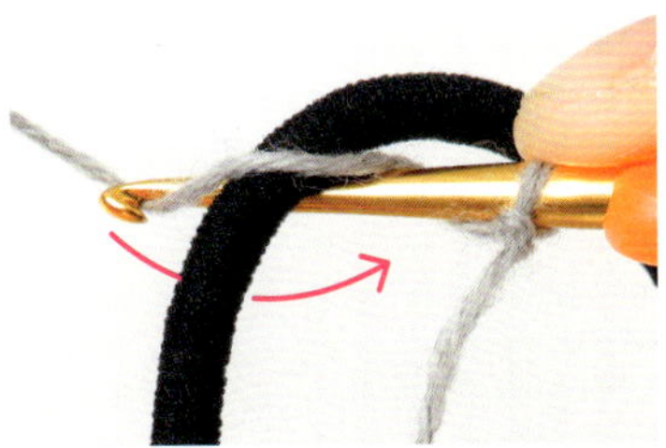

1　P2のくさり編みの1～3の要領で針に糸をかけ、ゴムの手前から針を入れて糸をかけて引き出す。

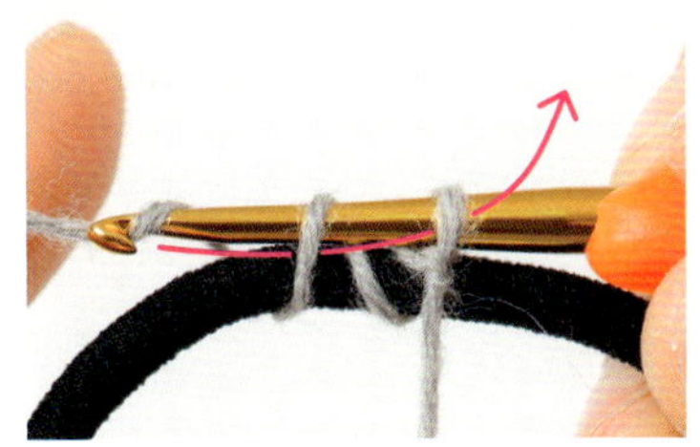

2　もう一度針に糸をかけて引き抜く。これをくり返す。

○ = くさり編み
× = こま編み
T = 中長編み
 = 長編み
 = くさり編み3目のピコット
● = 引き抜き編み
 = 糸をつける
 = 糸を切る

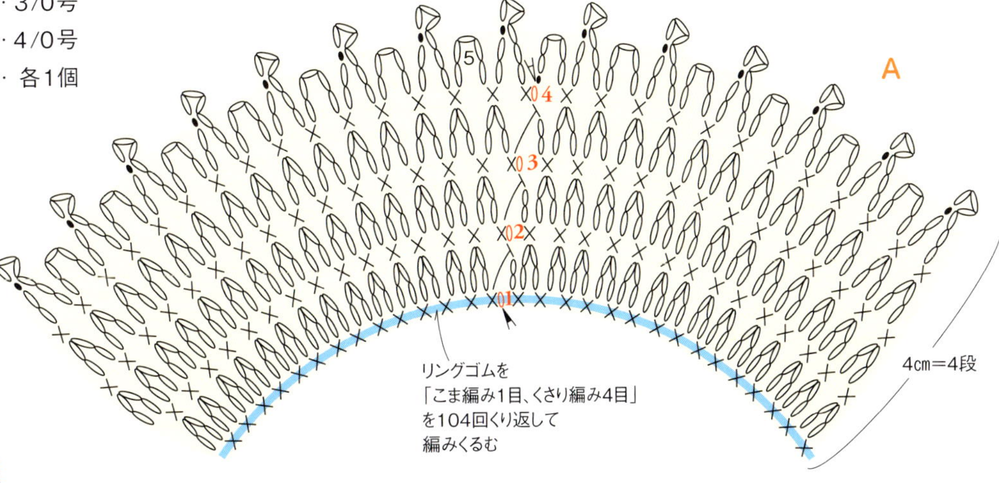

配色表

	1～5段	6、7段
B	紫	ピンク
C	グレー	イエロー

B、C

7
6
5
4
3
2
1

リングゴムを
こま編み104目で
編みくるむ

5cm=7段

ヘアバンド

ターバンタイプとリボンタイプの2種類。
リボンタイプはニットタイにもなります。 糸をかえれば子ども用に。

デザイン »» 野口智子
糸 »» A、B、C　ハマナカ フラックスK
D　ハマナカ アプリコ
編み方 »» P77

C D

できあがりサイズ／
A、B 頭まわり 52cm、幅(最大)7cm
C 幅6cm、長さ129cm
D 幅4.5cm、長さ101cm

材料と用具

糸 ハマナカ フラックスK(25g玉巻)
- Aグレー(208) ……………… 35g
- B紺(16) ……………… 25g
- ブルー(211) ……………… 15g
- Cチャコールグレー(201) ……………… 55g
- Dハマナカ アプリコ(30g玉巻)紫(8) … 30g

針 ハマナカ アミアミ両かぎ針ラクラク
- A、B、C ……………… 5/0号
- D ……………… 3/0号

ゲージ

A、B	長編み	20目=10cm	6段=5cm
C	模様編み	15目=6cm	15段=10cm
D	模様編み	15目=4.5cm	19段=10cm

編み方 糸は1本どり、Bは指定以外は紺で編む

A、B本体はくさり編み104目を作り目し、こま編みと長編みで編む。リングもくさり編み22目を作り目し、こま編みと長編みで編む。本体をかがって輪にとじ、本体にリングを巻きつけてかがる。

C、Dくさり編み15目を作り目し、模様編みで増減なく193段編む。

A、B

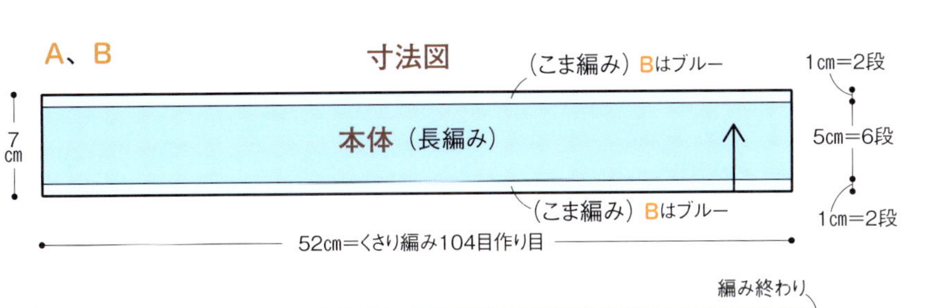

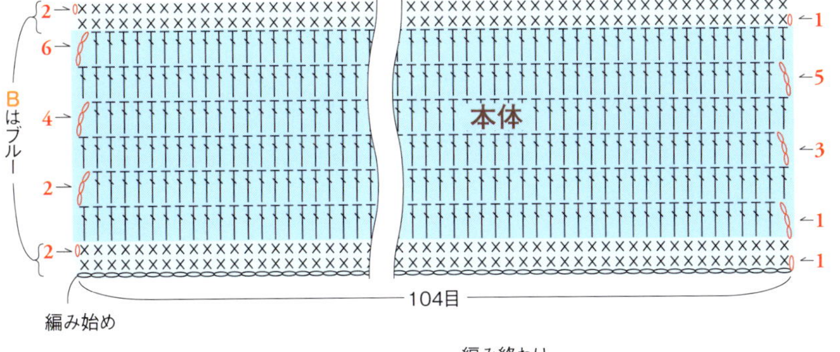

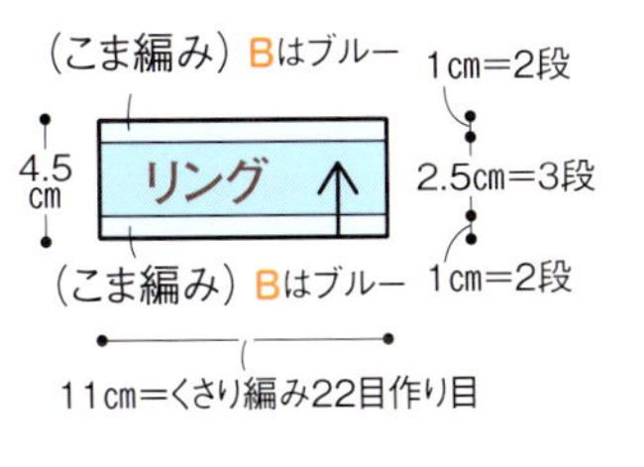

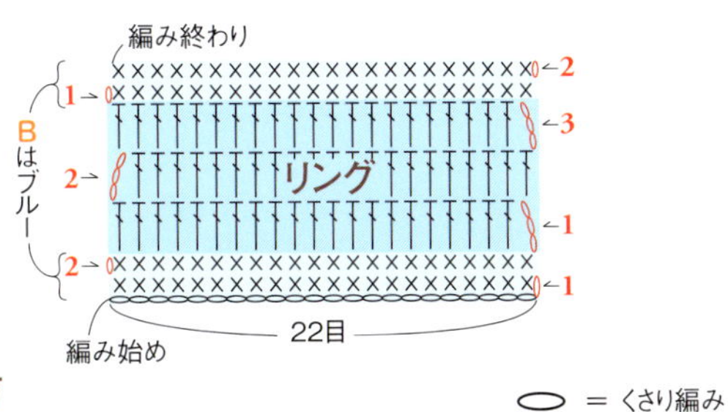

まとめ方

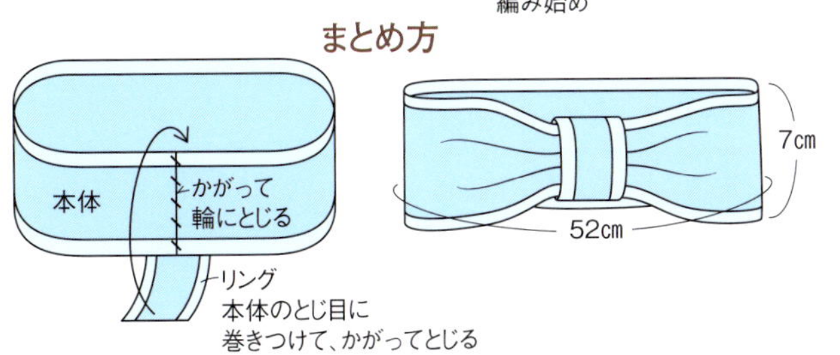

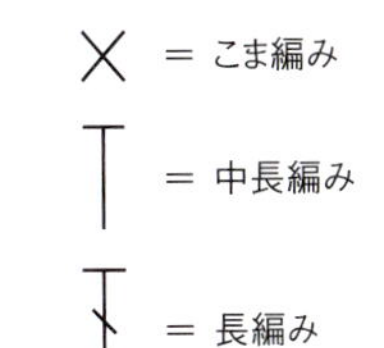

C、D 寸法と模様編み記号図

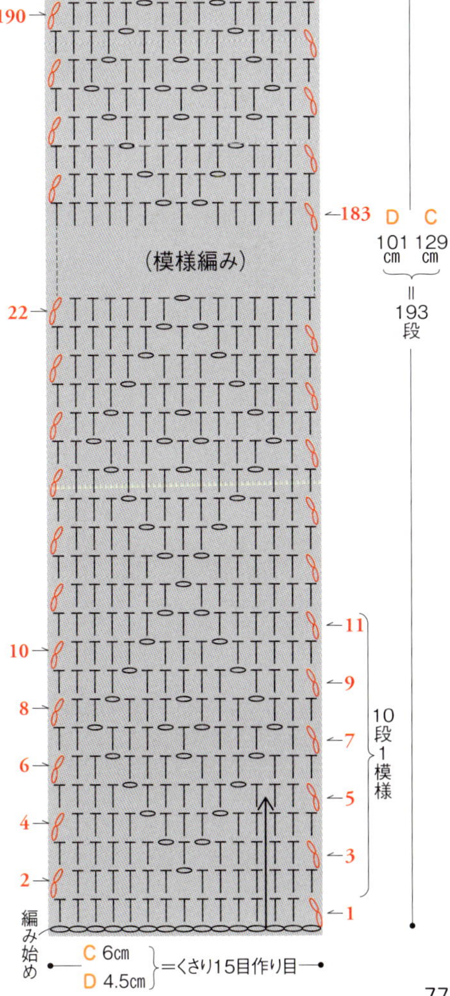

Part 3 おしゃれアイテム

ネックレス

パプコーン編みで編んだボールチェーン風ネックレス。
1本どりで編んだAは首の後ろで結ぶタイプ。
2本どりのBは二連にも長めの一連にもちょうどいい長さです。

デザイン »» 岡まり子
制作 B »» 大西ふたば
糸 »» ハマナカ フラックスK
編み方 »» P80

お花のヘアアクセサリー

小さな女の子にかんむりのように
巻いてあげると愛らしい印象。
花の個数を増やせば大人用にも。

デザイン »» 河合真弓
糸 »» ハマナカ ウオッシュコットン
編み方 »» P81

巻きバラのコサージュ

長編みの細長い編み地を
くるりと巻いて作る巻きバラ。
葉っぱや飾りをつけて組み立てれば完成です。

デザイン »» 河合真弓
糸 »» ハマナカ エクシードウールFL《合太》
編み方 »» P81

ネックレス

P 78

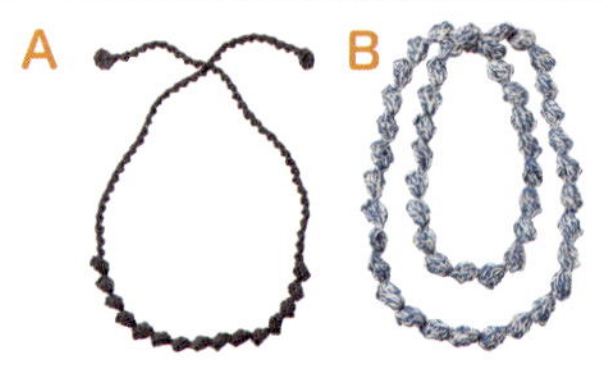

でき上がりサイズ／
A 長さ 88cm(飾りを含む) B 周囲125cm

材料と用具

糸 ハマナカ フラックスK(25g玉巻)
A チャコールグレー(201)……………………10g
B オフホワイト(11)、ブルー(211)…各15g

針 ハマナカ アミアミ両かぎ針ラクラク
…………………………A 5/0号 B 8/0号

ゲージ

パプコーン編み A 6段=10cm B 4段=10cm

編み方 糸はAは1本どり、Bはオフホワイトとブルー各1本を引きそろえて編む

A くさり編み1目を作り目し、飾りを編む。続けて飾りの反対側にこま編みを1目ずつ作り目しながら32段、パプコーン編みを15段、こま編みを32段、飾りを編む。

B くさり編み1目を作り目し、Aと同じ要領で1目ずつ作り目しながらパプコーン編みを50段編む。編み終わりを編み始めに引き抜き、輪にする。

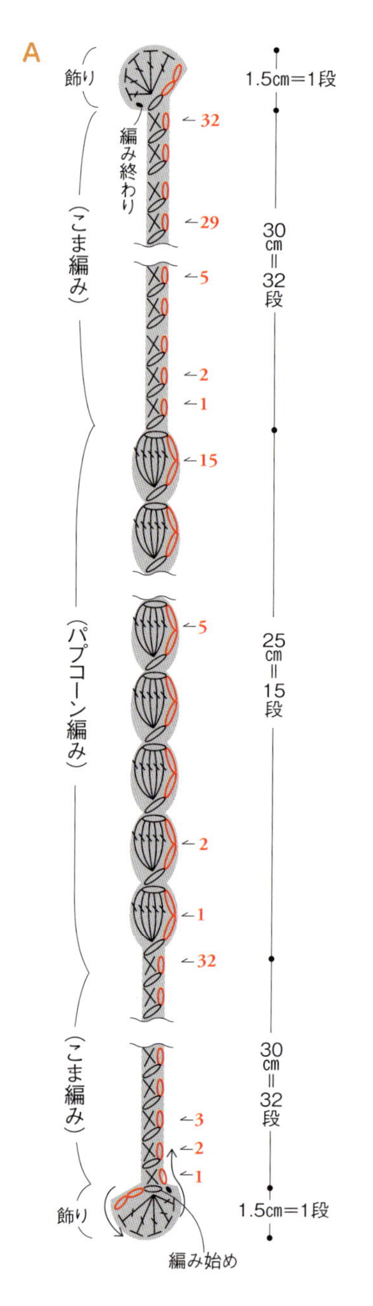

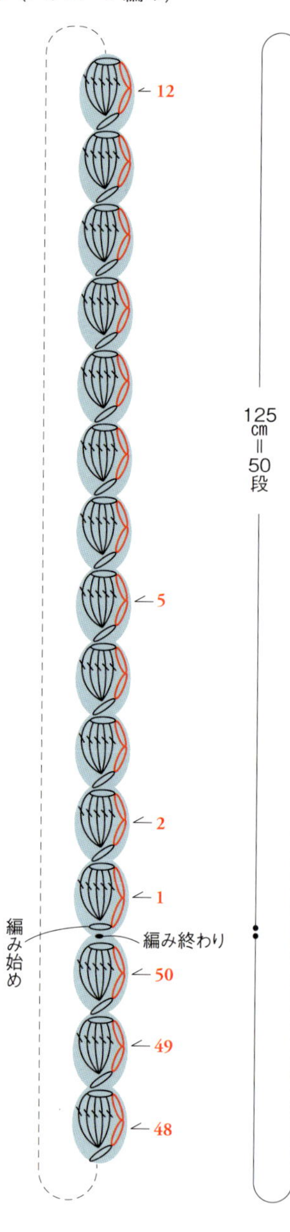

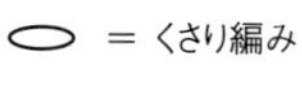

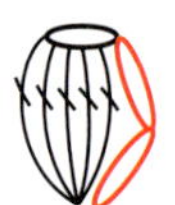

= こま編み

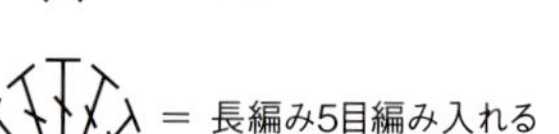

● = 引き抜き編み

長編み6目のパプコーン編み

1 立ち上がりのくさり編みを2目編み、同じところに長編みを5目編み入れる。

2 針を抜き、矢印のように1目めの長編みの頭から針を入れ直す。

3 矢印のように目を引き出す。

4 針に糸をかけ、くさり編みの要領で1目編む。

5 長編み6目のパプコーン編みのでき上がり。

お花のヘアアクセサリー

P 79

でき上がりサイズ／図参照

材料と用具

糸　ハマナカ ウオッシュコットン（40g玉巻）
　白（1）……………………………… 11g

針　ハマナカ アミアミ両かぎ針ラクラク…4/0号

モチーフの大きさ　直径3.3cm

編み方　糸は1本どり

モチーフは糸端を輪にする方法で作り目し、こま編みを6目編み入れる。2段めは図のように編み、糸を切る。同様に14枚編む。ひもはくさり編みを70目＋1目編み、「くさり編み3目、引き抜き編み1目」を5回、71目めのくさり編みに編み入れる。すべてのパーツが編めたら、割り糸で縫い合わせる。

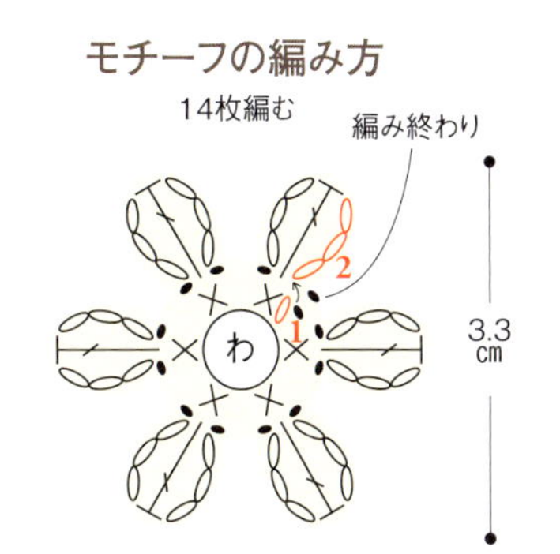

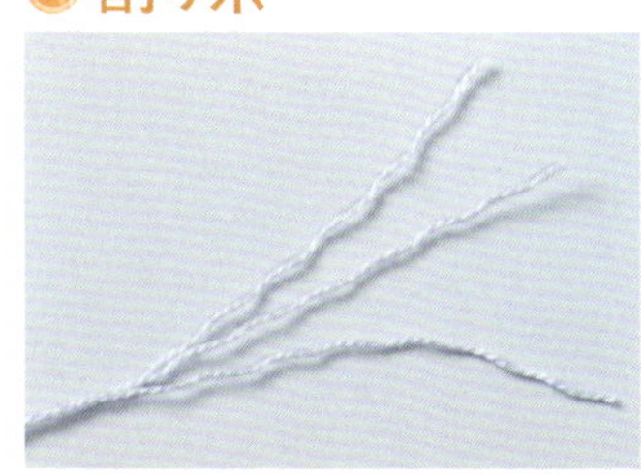

割り糸とは、糸を割って太さを細くしたもの。そのうちの1本を使う。

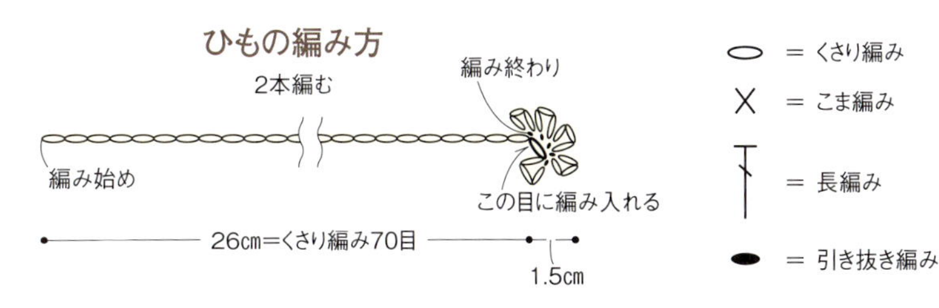

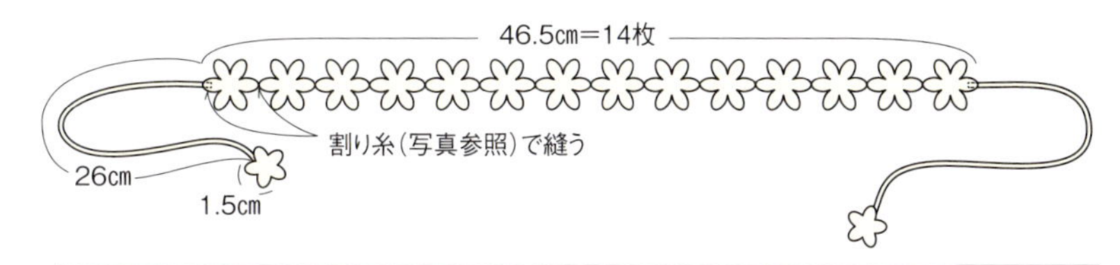

巻きバラのコサージュ

P 79

仕上がりサイズ／6cm（葉、飾りを除く）

材料と用具

糸　ハマナカ エクシードウールFL《合太》（40g玉巻）
　マゼンタピンク（214）……………… 5g
　緑（220）……………………………… 3g

針　ハマナカ アミアミ両かぎ針ラクラク…5/0号

その他　長さ3.5cmのコサージュピン……… 1個

ゲージ　長編み1段=1.5cm

編み方　糸は1本どり、指定の配色で編む

マゼンタピンクで花びらを1枚作り、巻きバラを作る。緑で葉を2枚、飾りを2枚、土台を1枚編む。巻きバラに葉と飾りをつける。裏側に土台をつけ、コサージュピンを縫いつける。

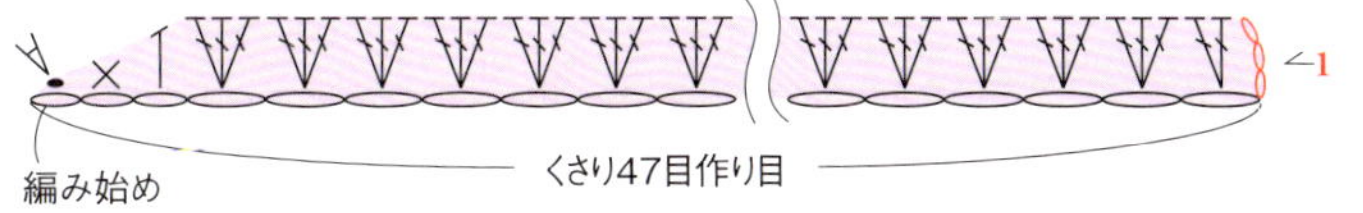

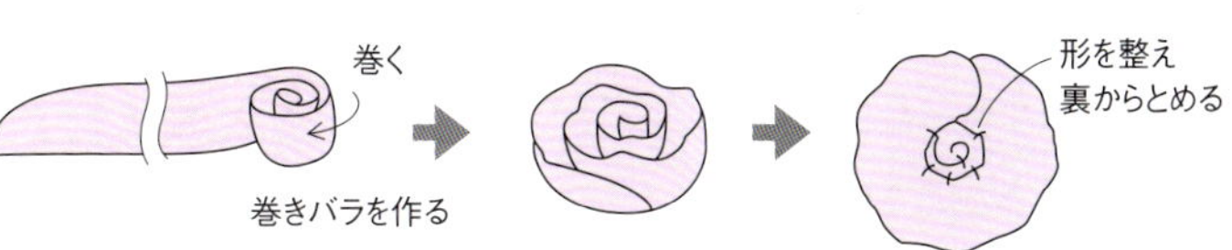

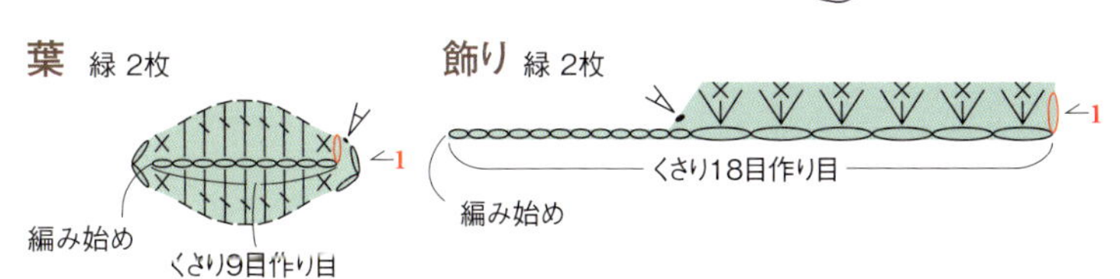

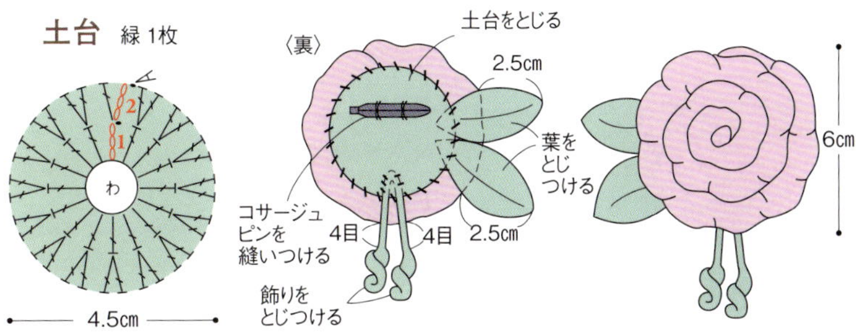

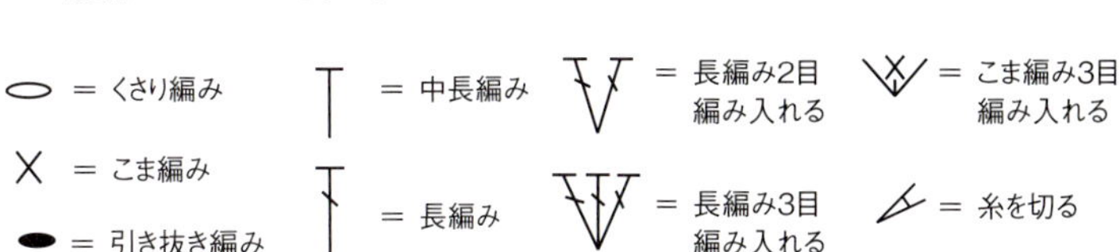

ティペット

もこもこのファーヤーンで編んだティペットは、
大人と子どもの2サイズ展開。
ファーヤーンなので、
編み目が多少そろわなくても目立ちません。

デザイン »» 河合真弓
糸 »» ハマナカ ルーポ
編み方 »» P84

スヌード

マフラーのように長く編んで
編み終わりと編み始めをつないで輪にします。
二重にぐるりと巻いて、
寒い冬の日をあたたかく。

デザイン »» 横山純子
糸 »» ハマナカ アルパカモヘアフィーヌ
編み方 »» P85

ネックウォーマー

少し太めのツィードヤーンで編んだ、
ネックウォーマー。
男の人にも似合うデザインなので、
プレゼントにも向いています。

デザイン »» 横山純子
糸 »» ハマナカ アランツィード
編み方 »» P86

マフラー

かぎ針編みのマフラーはフェミニンに
なりがちですが、
長編みの引き上げ編みでゴム編み風の
編み地にすれば、
ユニセックスで使えます。

デザイン »» 横山純子
糸 »» ハマナカ ソノモノアルパカウール
編み方 »» P87

ティペット

P 82

でき上がりサイズ／図参照

材料と用具

糸 ハマナカ ルーポ（40g玉巻）
　子ども用 ベージュ（3）…………………………30g
　大人用 茶色（9）………………………………55g

針 ハマナカ アミアミ両かぎ針ラクラク…10/0号

その他

子ども用 幅0.8cmのベルベットリボン…25cm×2本
大人用 幅1cmのベルベットリボン ………30cm×2本

ゲージ 長編み 9目、5段＝10cm角

編み方 糸は1本どり

くさり編みでそれぞれ指定の目数を作り目し、長編みで図のように増しながら編む。リボンを縫いつける。

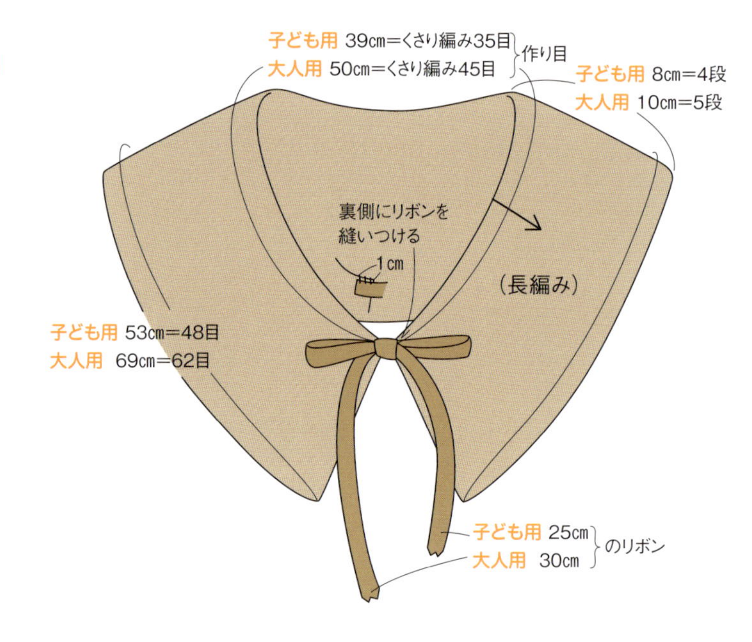

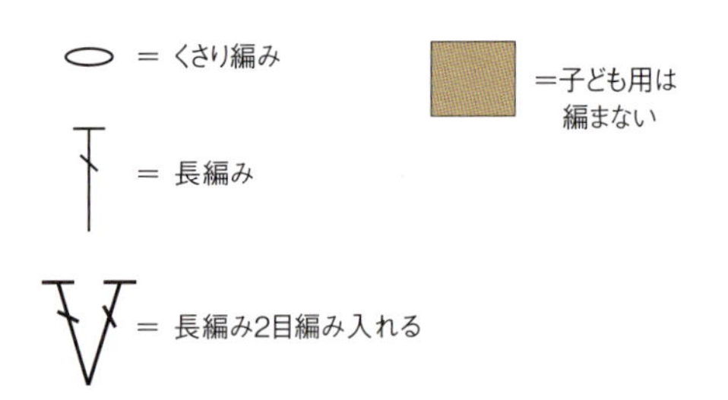

各段の目数と増し方

段	大人用		子ども用	
	目数	増し方	目数	増し方
5	62目	増減なし		
4	62目	増減なし	48目	増減なし
3	62目	2目増す	48目	2目増す
2	60目	増減なし	46目	増減なし
1	60目	15目増す	46目	11目増す

増し方記号図

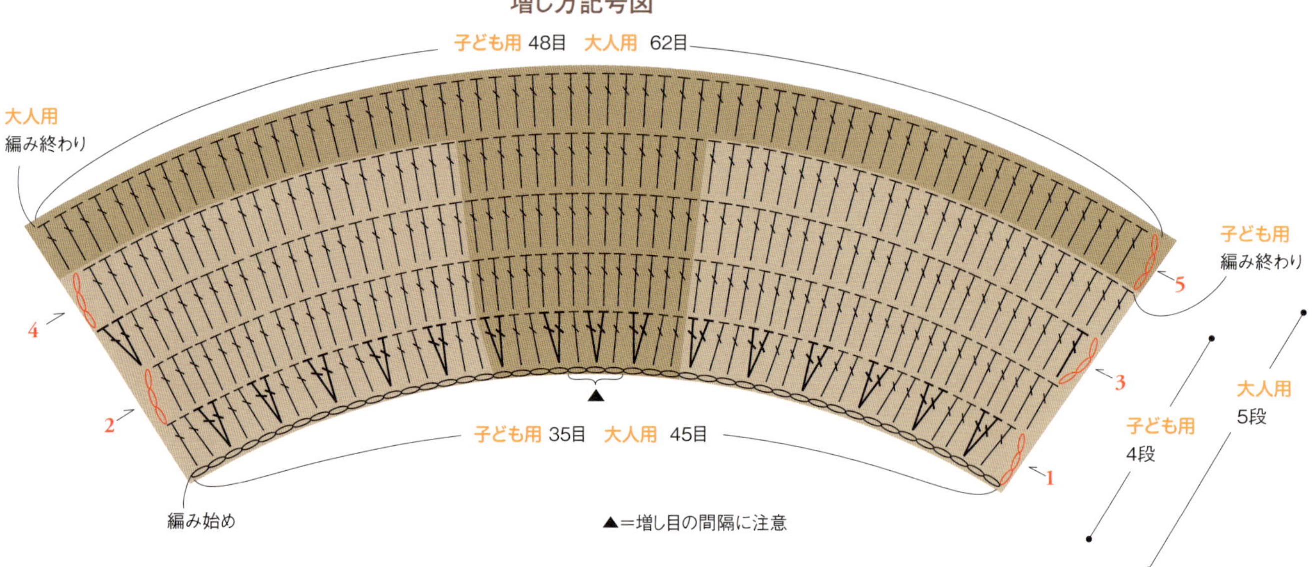

スヌード

P 82

でき上がりサイズ／
幅19㎝、周囲140㎝

材料と用具

糸 ハマナカ アルパカモヘアフィーヌ（25g玉巻）
オフホワイト（1）……………………80g

針 ハマナカ アミアミ両かぎ針ラクラク…5/0号

ゲージ 模様編み 4模様＝9.5㎝ 10.5段＝10㎝

編み方 糸は1本どり

くさり編み47目を作り目し、模様編みで148段編む。作り目と最終段を半目の巻きかがりで輪にはぎ合わせる。

寸法図

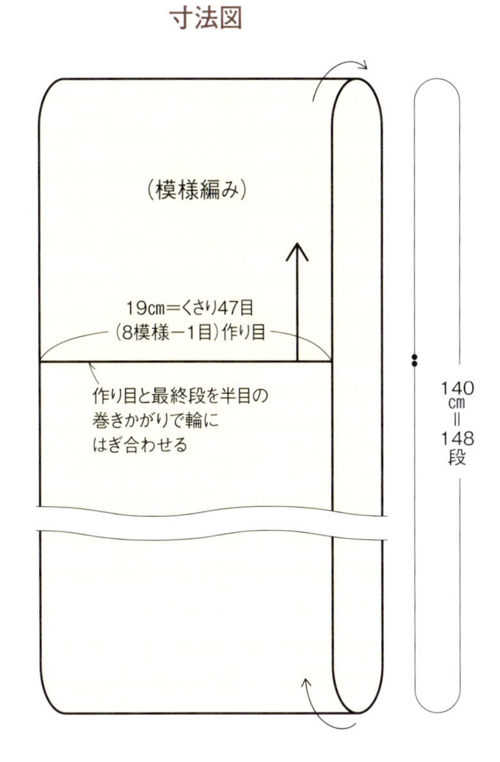

模様編み記号図

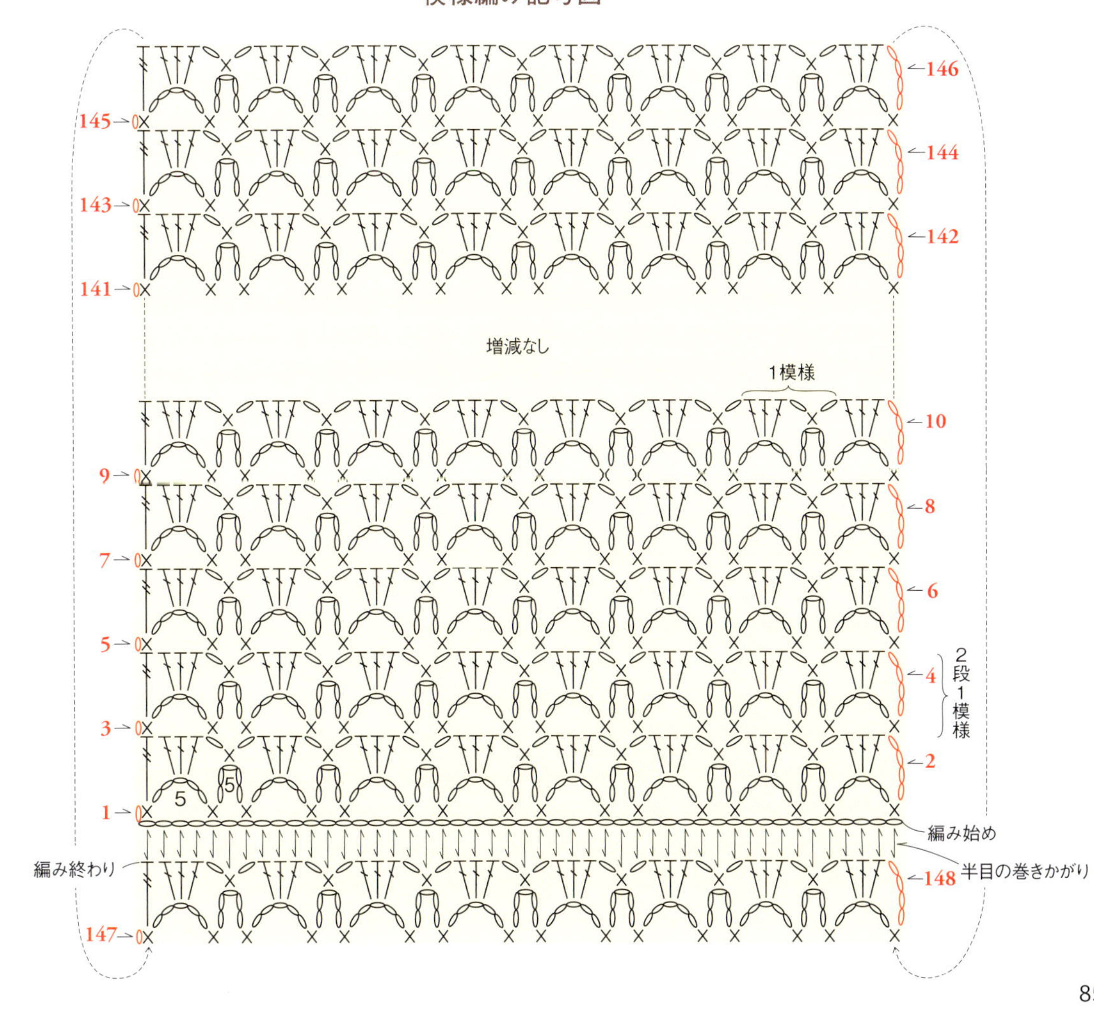

◯ ＝くさり編み
✕ ＝こま編み
長編み
長々編み

Part 3 おしゃれアイテム

ネックウォーマー

P 83

でき上がりサイズ／首まわり 54.5cm

材料と用具

糸 ハマナカ アランツィード（40g玉巻）
ベージュ（2）…………………………… 80g

針 ハマナカ アミアミ両かぎ針ラクラク …10/0号

その他 直径1.5cmのボタン……………… 5個

ゲージ 1模様（6目）＝4.5cm、8.5段＝10cm

編み方 糸は1本どり

くさり編み74目を作り目し、模様編みで15段編む。
指定の糸にボタンをつける。

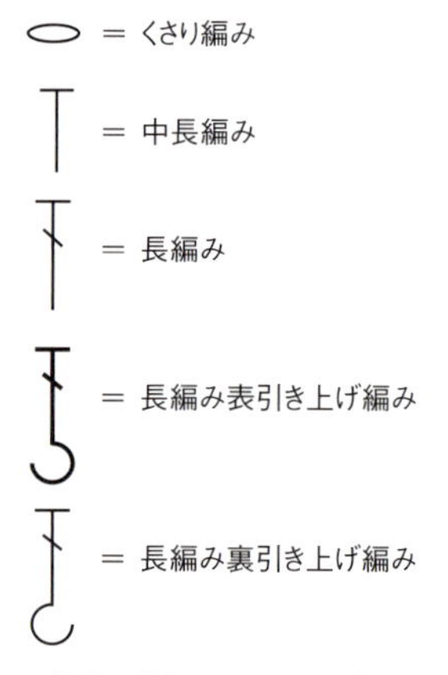

※偶数段（裏を見て編むとき）の
表引き上げ編みは裏引き上げ編みを、
裏引き上げ編みは表引き上げ編みを
編む（P47参照）

寸法図

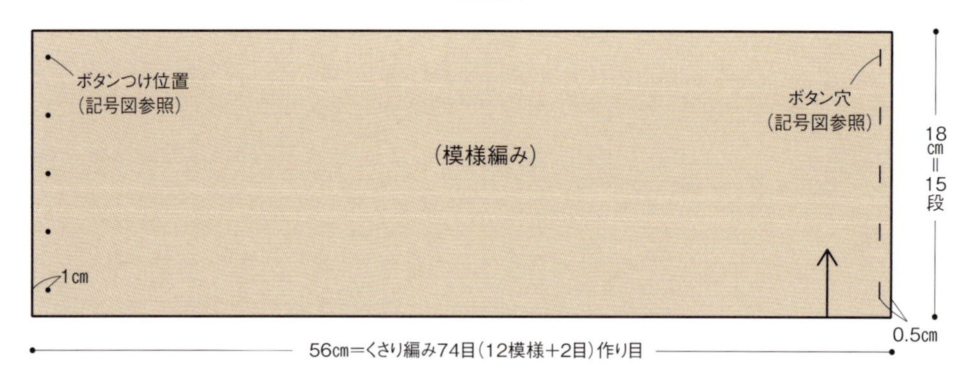

模様編み記号図

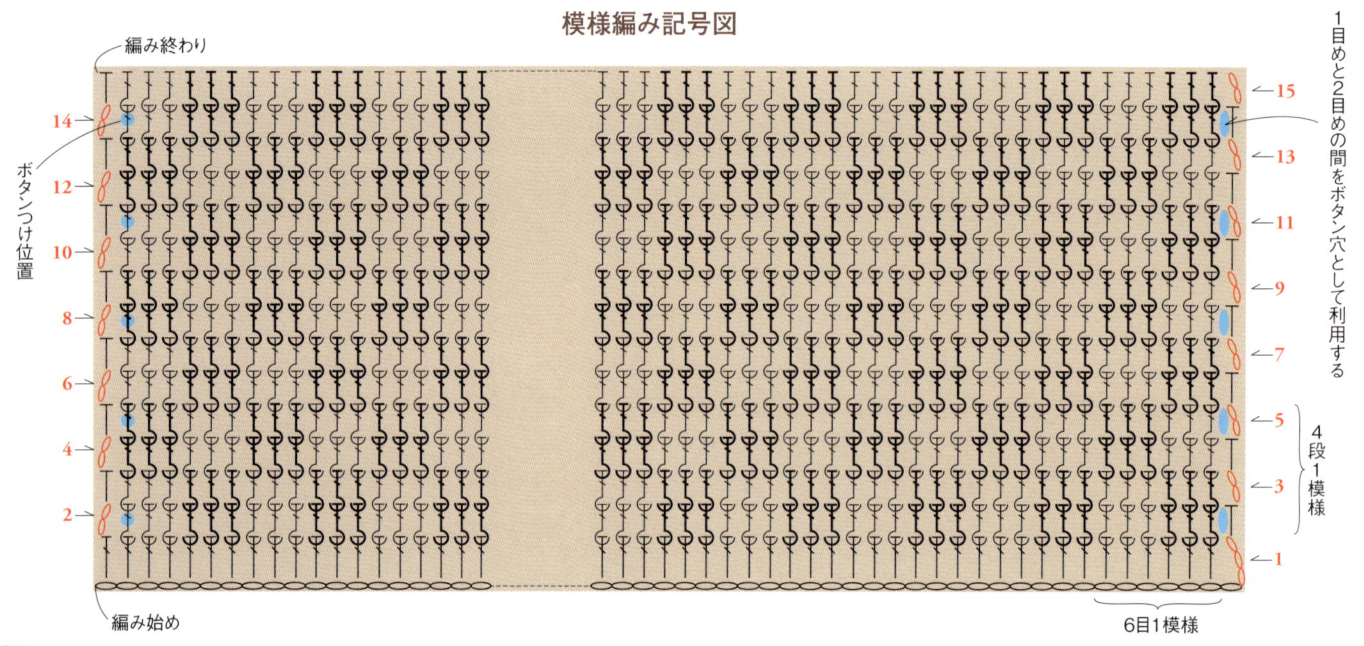

マフラー

P 83

でき上がりサイズ／
幅16cm
丈177cm(フリンジを含む)

材料と用具

糸 ハマナカ ソノモノアルパカウール(40g玉巻)
グレー濃淡のからみ糸(49)…250g

針 ハマナカ アミアミ竹製かぎ針……8mm

ゲージ

模様編み　12.5目、7段＝10cm角

編み方　糸は1本どり

くさり編み20目を作り目し、模様編みで110段編む。両側にフリンジを9カ所ずつつける。

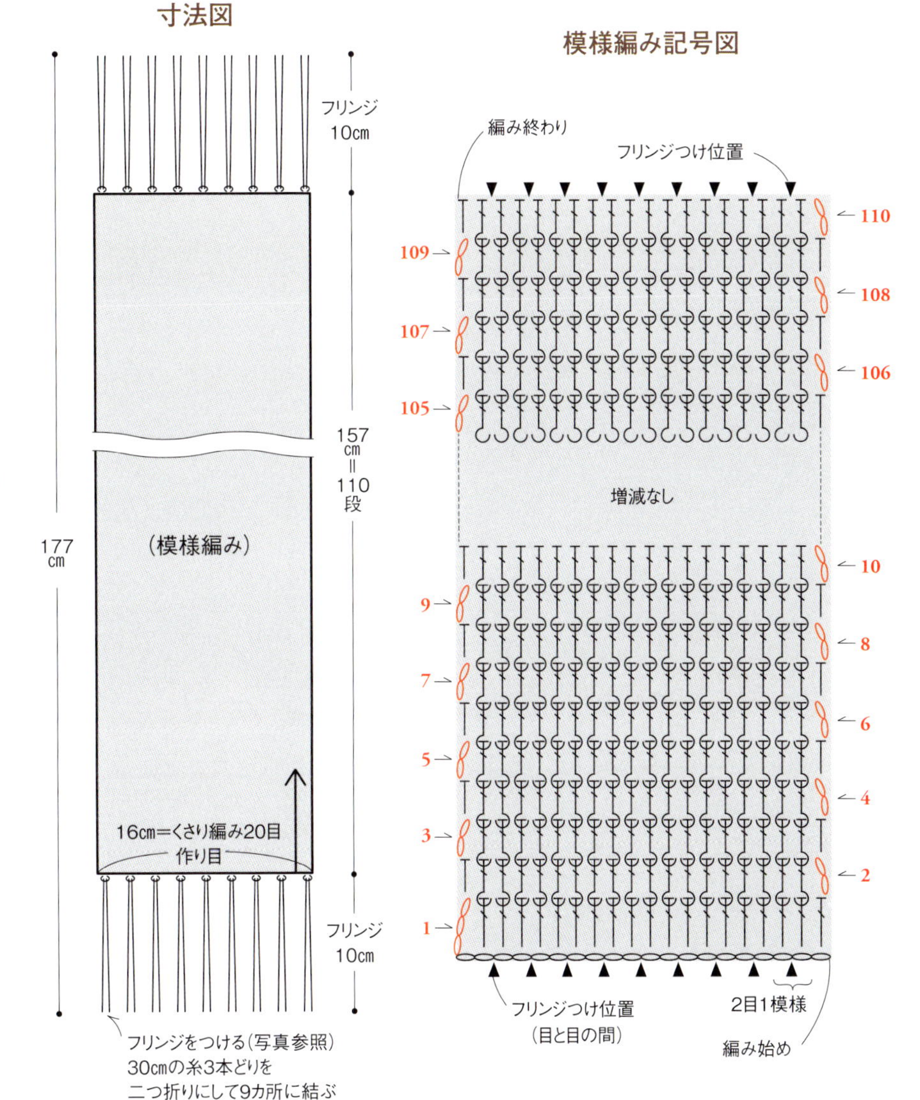

○ ＝ くさり編み

T ＝ 中長編み

＝ 長編み

＝ 長編み表引き上げ編み

＝ 長編み裏引き上げ編み

※奇数段(裏を見て編むとき)の表引き上げ編みは裏引き上げ編みを、
裏引き上げ編みは表引き上げ編みを編む
(P47参照)

フリンジのつけ方

1 フリンジつけ位置に針を入れ、フリンジ用の糸を二つ折りにして輪の部分を針にかけて引き出す。

2 糸端を矢印のように輪の中に通す。

3 糸を引き締め、糸端を切りそろえる。

ソックス

シンプルな編み地のソックスは、
カラフルな色をチョイスしたい。
アンクル丈、ミドル丈、
お好きな長さで編んでください。

デザイン »» 風工房
糸 »» ハマナカ コロポックル
編み方 »» P90

アームウォーマー

かぎ針でも引き上げ編みの交差をすることで、
ケーブル模様を作ることができます。
コツさえ覚えればそう難しくはないので、がんばって編んでみて。

デザイン »» すぎやまとも
糸 »» ハマナカ 純毛中細
編み方 »» P92

ソックス

P 88

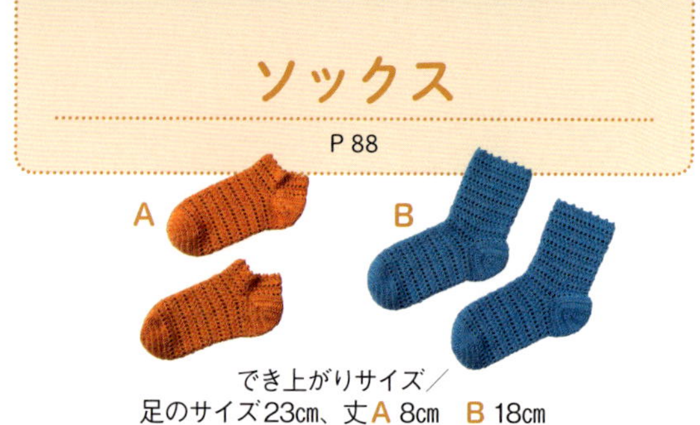

でき上がりサイズ／
足のサイズ23cm、丈A 8cm　B 18cm

材料と用具

糸　ハマナカ コロポックル（25g玉巻）
　Aオレンジ（6）……………………………60g
　Bターコイズブルー（20）……………85g

針　ハマナカ アミアミ両かぎ針ラクラク…3/0号

ゲージ　模様編み　30目、12.5段＝10cm角

編み方　糸は1本どり

つま先から編む。くさり編み15目を作り目し、長編みで図のように増しながら編む。甲側と底側は模様編みで輪に編む。かかとは図のように拾い目し、長編みで5段は減らし目をしながら、次の5段は増し目をしながら編む。かかとが編めたら足首を輪に拾い目し、模様編みでAは4段、Bは16段編み、縁編みを1段編む。かかとをとじ合わせる。同じものをもう1枚編む。

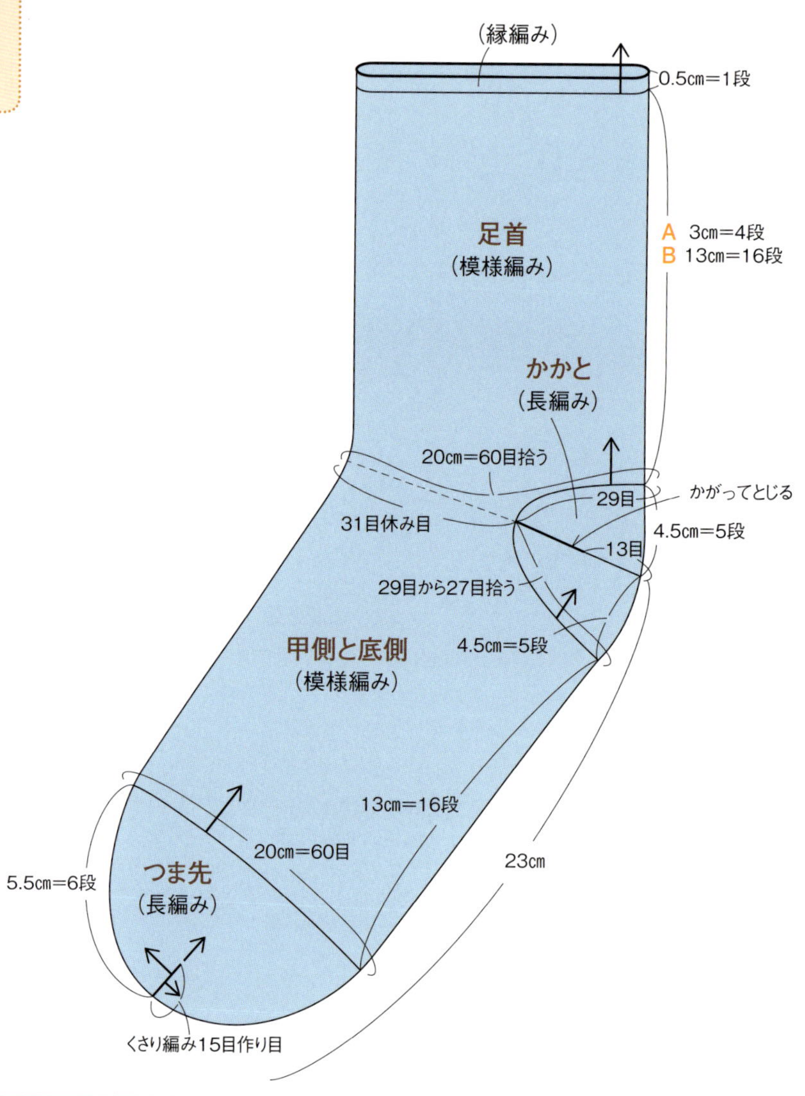

刺しゅうの刺し方

ストレート・ステッチ

ランニング・ステッチ

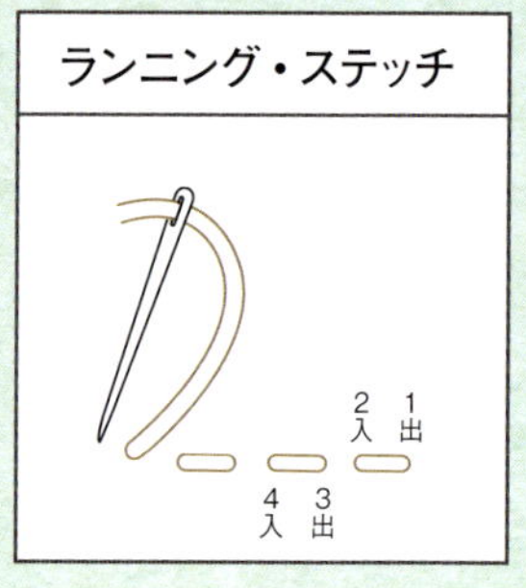

サテン・ステッチ

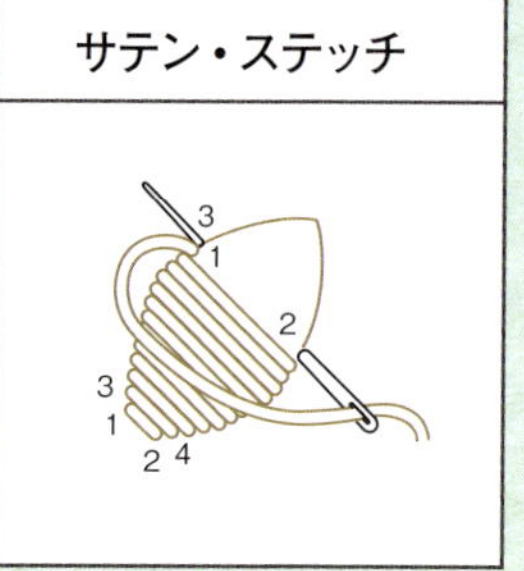

フレンチ・ノット

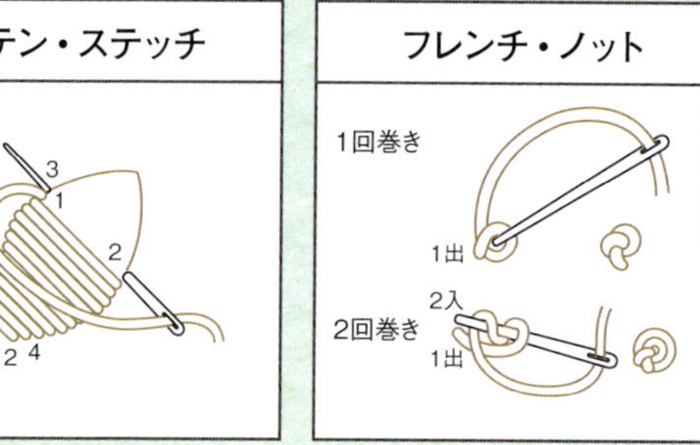

アウトライン・ステッチ

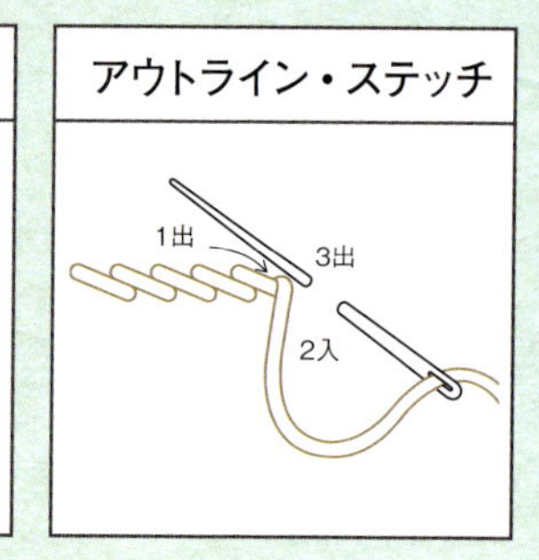

クロス・ステッチ

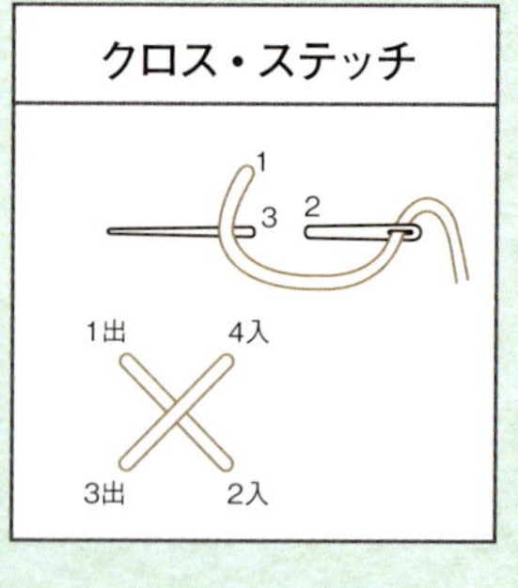

フライ・ステッチ

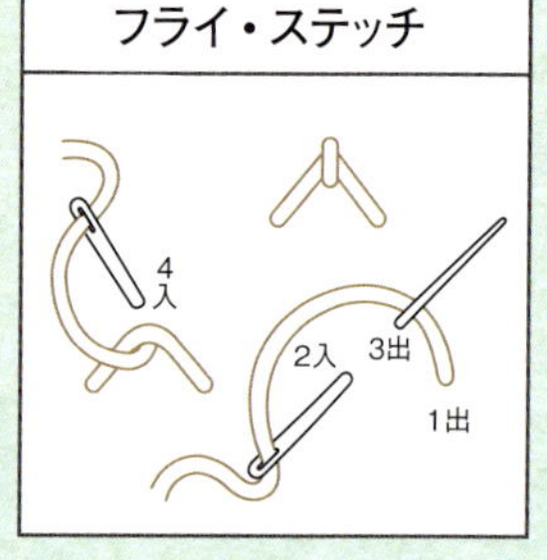

バック・ステッチ

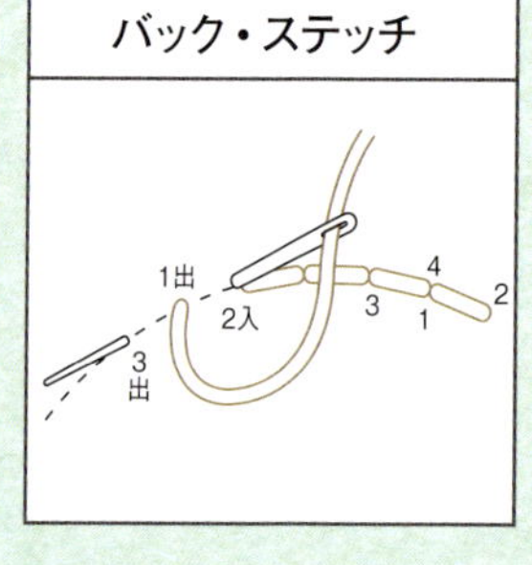

レゼーデイジー・ステッチ

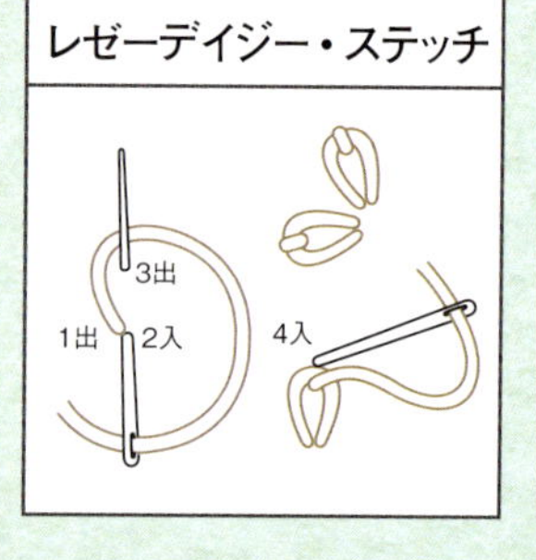

コーチング

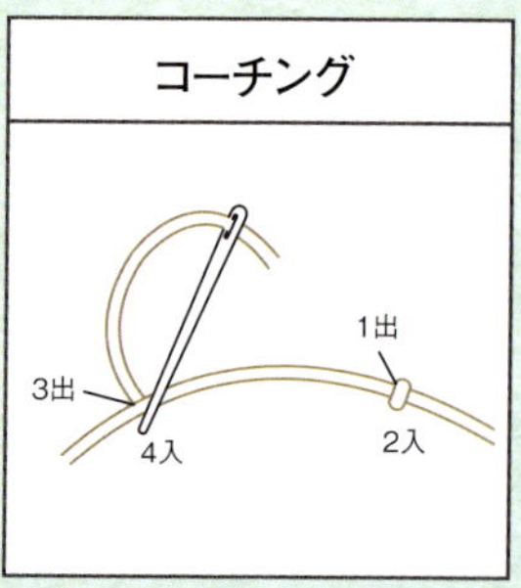

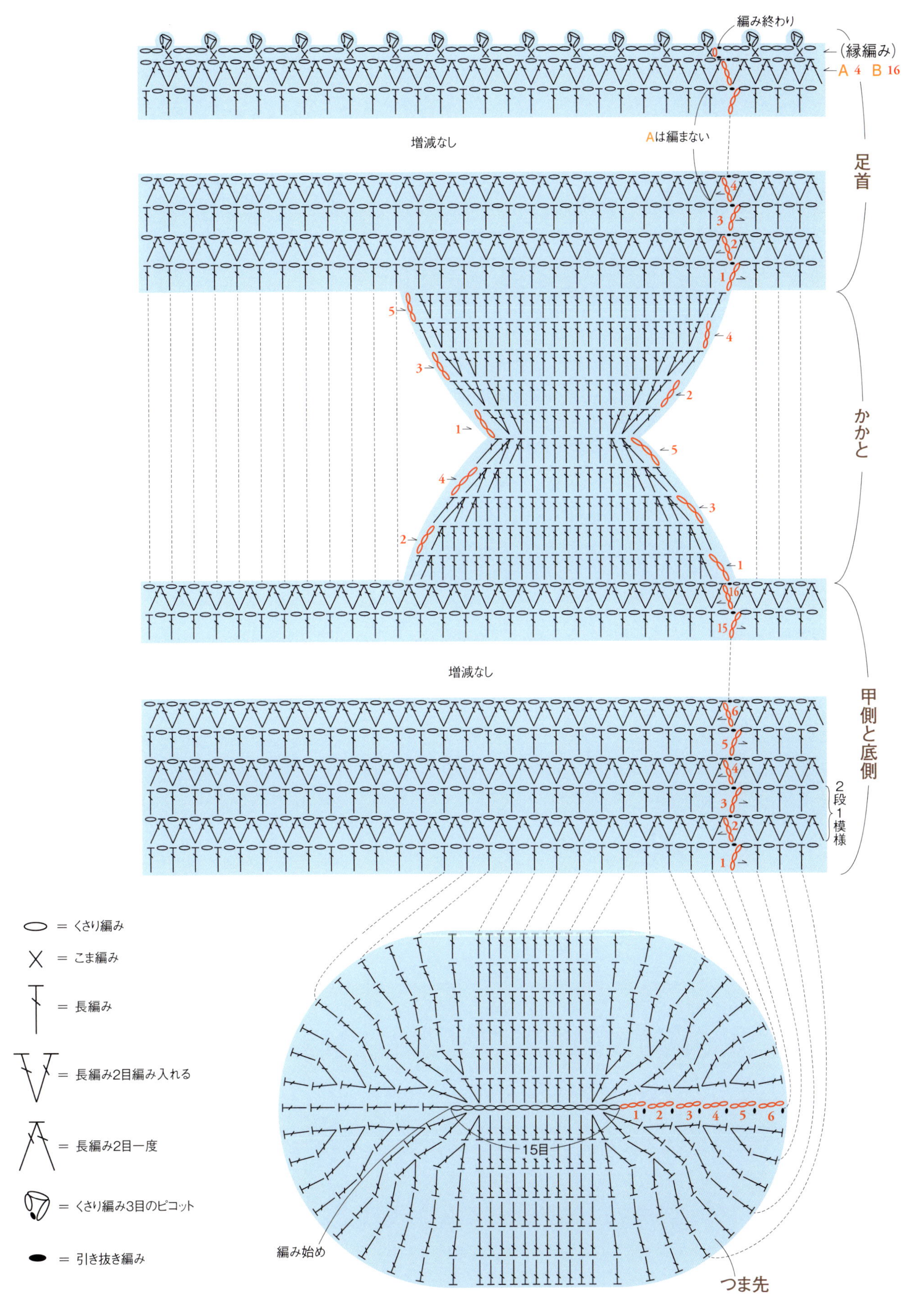

編み終わり
（縁編み）
A 4 B 16
足首
増減なし
Aは編まない
かかと
甲側と底側
増減なし
2段1模様
＝くさり編み
＝こま編み
＝長編み
＝長編み2目編み入れる
＝長編み2目一度
＝くさり編み3目のピコット
＝引き抜き編み
15目
編み始め
つま先

アームウォーマー

P 89

でき上がりサイズ／
筒まわり25cm、丈30cm

材料と用具

糸 ハマナカ 純毛中細（40g玉巻）グレー（27）… 120g

針 ハマナカ アミアミ両かぎ針ラクラク ……………3/0号

ゲージ

①模様編み　25.5目＝10cm、9段＝5cm

②模様編み　29目、16段＝10cm角

編み方　糸は1本どり

くさり編み64目を作り目して輪にし、①模様編みで3段編む。73目に増し目をし、②模様編みで45段編む。続けて折り返し分を48目に減らし目をして①模様編みで9段編む。もう1枚同じものを編む。

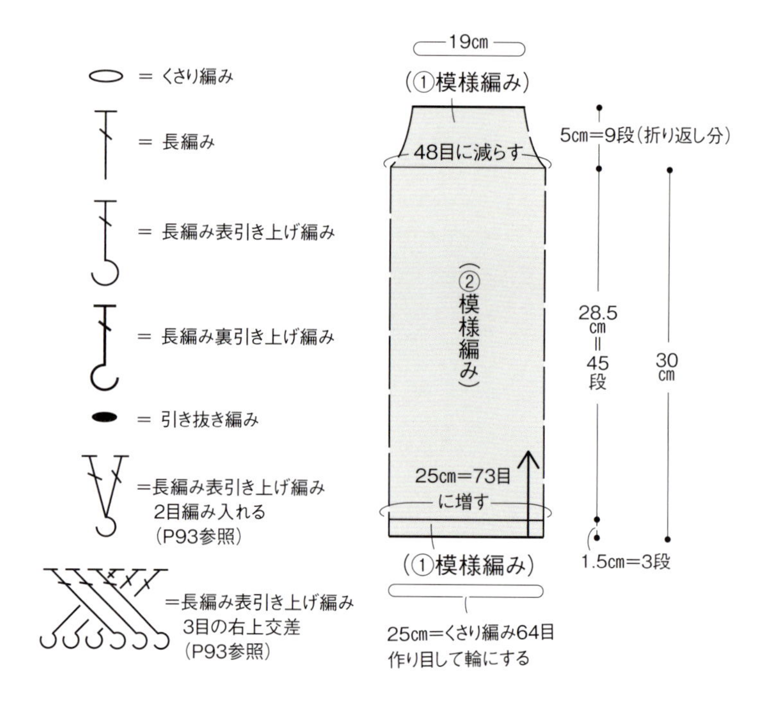

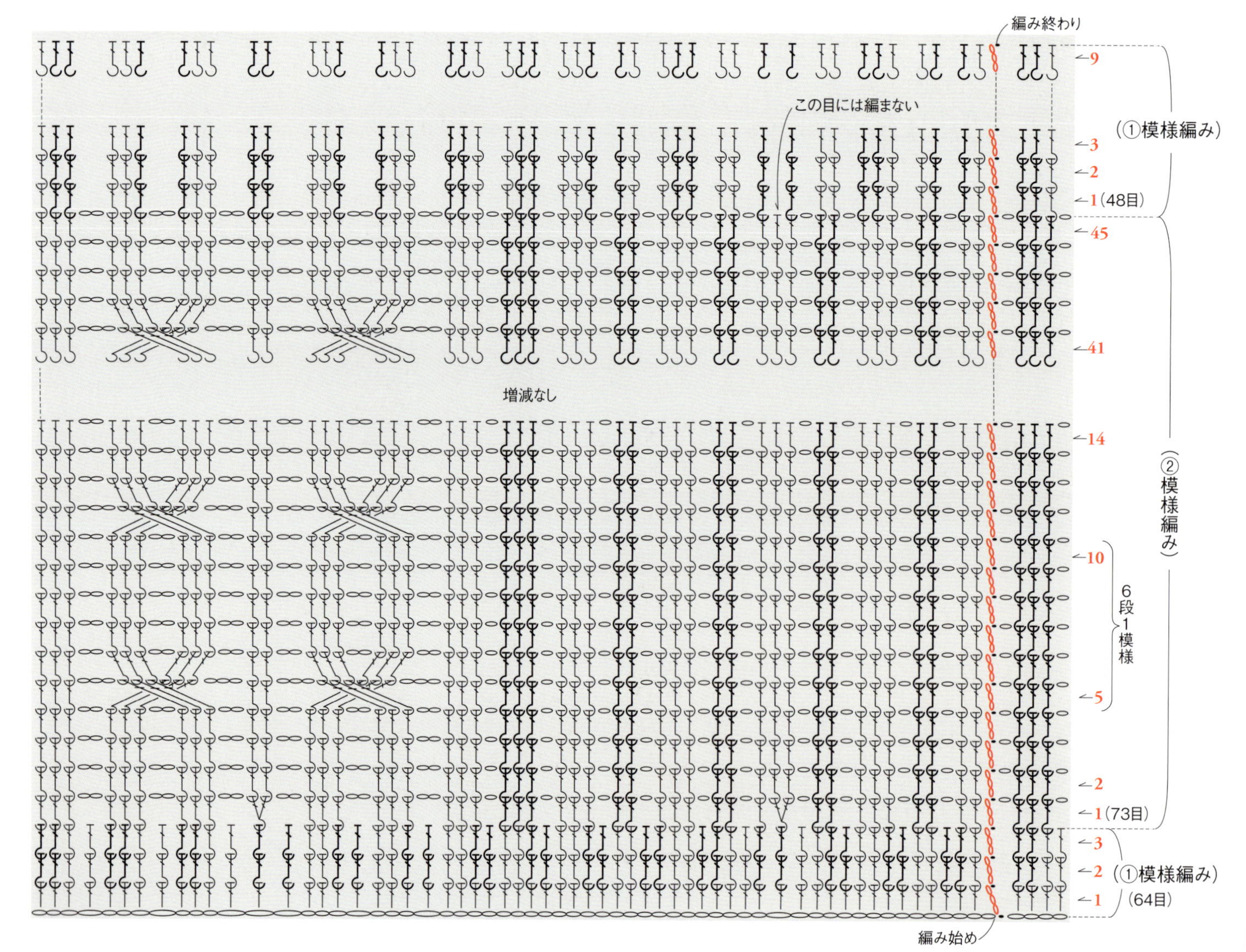

長編み表引き上げ編み２目編み入れる

1 針に糸をかけ、前段の足を矢印のようにすくう。

2 長編みと同じ要領で、糸を引き出して針に糸をかけて２つのループを引き抜く。

3 もう１回針に糸をかけ、２つのループを引き抜く。

4 長編み表引き上げ編みが１目編めた。

5 同じところに、1～3と同様に長編みの表引き上げ編みをもう１目編む。

6 長編みの表引き上げ編み２目編み入れるのでき上がり。

長編み表引き上げ編み３目の右上交差

1 図を参照し、先の目に長編み表引き上げ編みを編む。

2 長編み表引き上げ編みを全部で３目編む。

3 次の目は、先に編んだ３目の前側を通って矢印のように針を入れる。

4 長編み表引き上げ編みを１目編む。

5 同様に先に編んだ３目の前側を通って、長編み表引き上げ編みを全部で３目編む。

6 少し編んだところ。左の３目の上に右の３目が交差する。

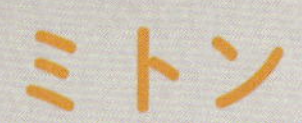

ミトン

色のきかせ方がおしゃれな、
こま編みのミトン。
親指の編み方はプロセス写真で
詳しく解説しているので、
はじめてさんも挑戦してみて。

デザイン »» すぎやまとも
糸 »» ハマナカ アメリー
編み方 »» P95

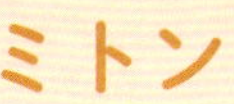

P 94

でき上がりサイズ／手のひらまわり 22㎝、丈26㎝

材料と用具

糸 A ハマナカ アメリー（40g玉巻）
グリーン（14）、ベージュ（21）、チャコールグレー（30）
……………………………………………各25g

B ハマナカ アメリー（40g玉巻）
チャコールグレー（30）…………………………40g
ベージュ（21）…………………………………25g
かわいい赤ちゃん（40g玉巻）赤（30）…………10g

針 ハマナカ アミアミ両かぎ針ラクラク …………6/0号

ゲージ こま編みのすじ編み 18目、17.5段＝10㎝角

編み方 糸は1本どりで、指定の配色で編む

くさり編み36目を作り目して輪にし、手首を模様編みで8段編む。40目に増し目をし、こま編みのすじ編みで甲側と手のひら側を輪に編むが、指定の位置に親指穴を作る。指先は図のように減らしながらこま編みで編み、残った目に糸を通して絞る。親指は拾い目し、図のように編んで残った目に糸を通して絞る。もう片方は親指穴の位置を対称にして編む。

配色表

部分		A	B
親指	こま編み	ベージュ	赤
	7〜9段		
	1〜6段	グリーン	
指先		ベージュ	チャコールグレー
甲側・手のひら側	17〜24段	ベージュ	
	1〜16段	グリーン	
手首		チャコールグレー	ベージュ

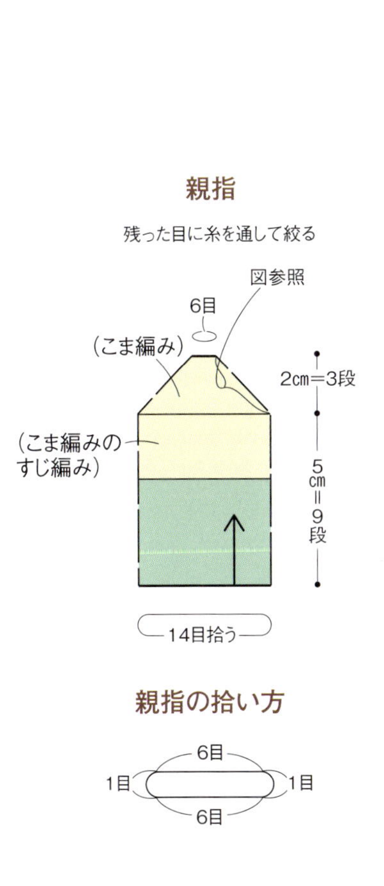

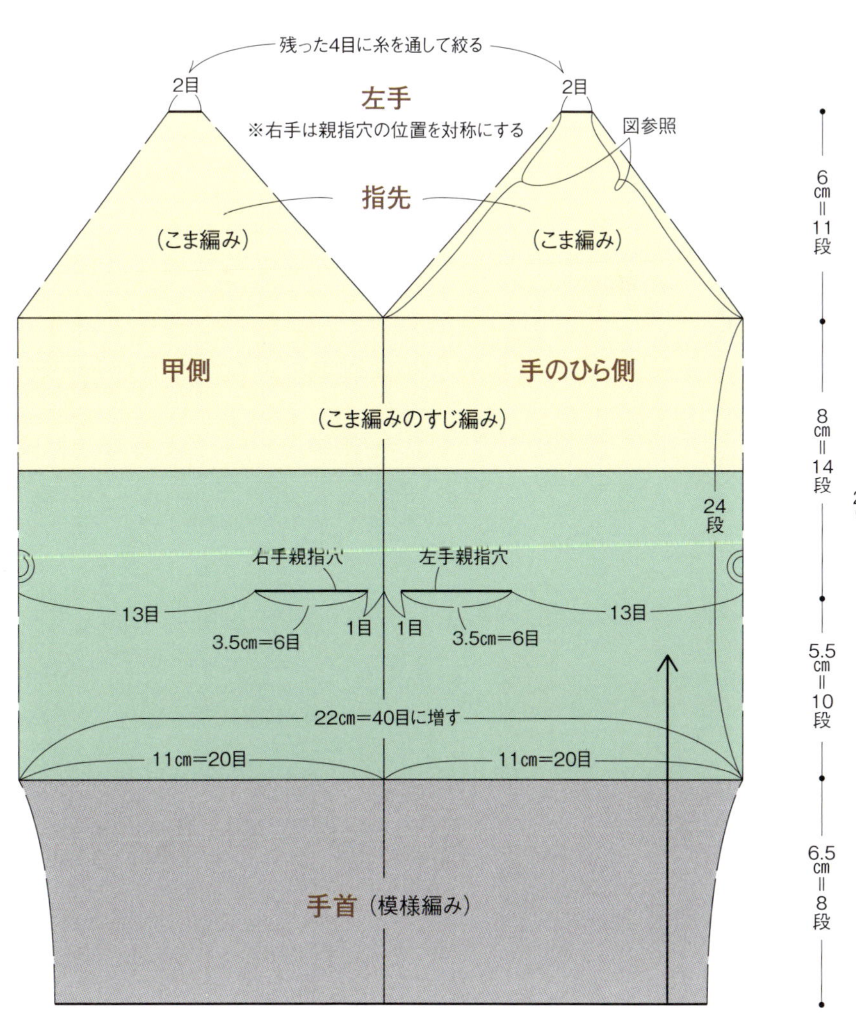

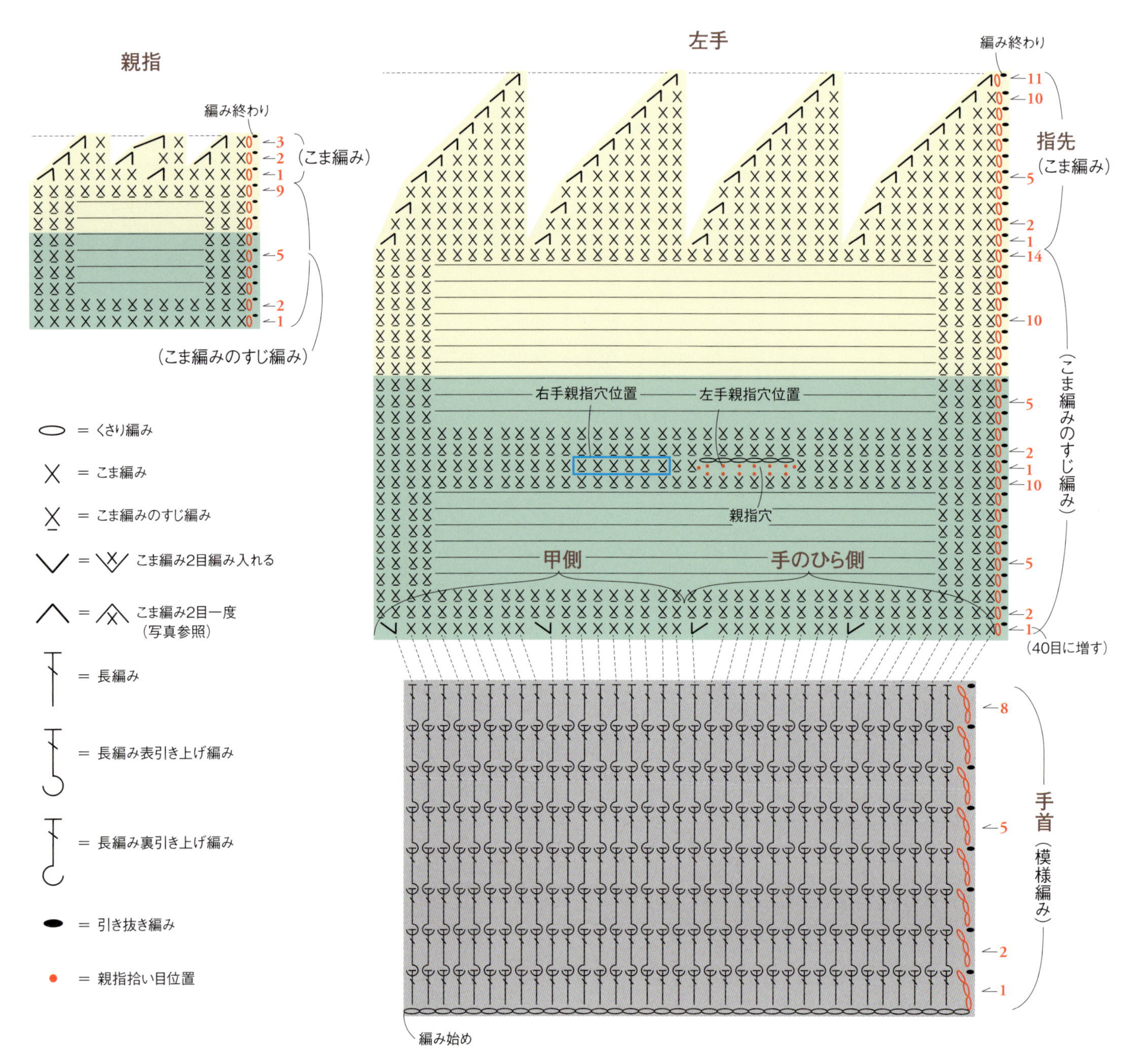

親指穴のあけ方

1 親指穴位置まで編んだら、くさり編みを6目編む。

2 前段の6目分あけたところにこま編みのすじ編みを編み、続きを編んでいく。

3 次の段のくさり編みのところは、くさりの半目と裏山をすくってこま編みを編む。

こま編み２目一度

1 こま編みと同様に糸を引き出す。

2 次の目に1と同様に糸を引き出し、糸をかけて２目を一度に編む。

3 こま編み２目一度のでき上がり。

指先に糸を通して絞る

1 残った４目の頭の外側の半目をとじ針ですくう。

2 糸を引いて絞る。

3 とじ針を絞った中央の穴に入れて裏側に出し、編み地に糸をくぐらせて糸を切る。

親指の編み方

※わかりやすいように糸の色をかえています。

1 親指穴のわきのこま編みの足に針を入れ、新しい糸をかけて引き出す。

2 立ち上がりのくさり編みを１目編み、同じところにこま編みを編む。

3 親指穴の下側のこま編みの頭をすくってこま編みを６目編む。

4 反対側のわきも、こま編みの足に針を入れ、こま編みを編む。

5 上側はくさり編みの残った半目をすくってこま編みを編む。

6 わきから１目ずつ、上下から６目ずつ、合計14目拾い、図を見ながら輪に編む。編み終わりの絞り方は、指先と同じ。

ハット

さらりとしたラフィア風の糸で編んだハットは、
春夏のお出かけにかかせません。
長めのブリムがしっかりと陽射しを避けてくれます。

デザイン »» 河合真弓
制作 »» 関谷幸子
糸 »» ハマナカ エコアンダリヤ
編み方 »» P100

大人用

子ども用

大人用

ベレー帽

玉編みと中長編みで編んだ
きれいなシルエットのベレー帽。
表裏を気にせずかぶれるのが、
子どもはうれしいですね。

デザイン »» 岡まり子
制作 »» 大西ふたば
糸 »» ハマナカ アメリー
編み方 »» P102

子ども用

ハット

P 98

でき上がりサイズ／
子ども用 頭まわり 51cm、深さ 15cm(3～5歳用)
大人用 頭まわり 54cm、深さ 17cm

材料と用具

糸 ハマナカ エコアンダリヤ(40g玉巻)
　子ども用 ベージュ(23) ………………70g
　大人用 ベージュ(23) ……………… 110g

針 ハマナカ アミアミ両かぎ針ラクラク…5/0号

ゲージ こま編み　16.5目、19段＝10cm角

編み方 糸は1本どり

糸端を輪にする方法で作り目し、こま編みを８目編み入れる。２段めからは図のように増し目をしながらクラウンを指定の段数編む。続けてブリムを図のように増し目をしながら編む。ひもをくさり編みで編み、二重に巻いて両わきを共糸で止め、後ろ中央(立ち上がり位置)で結ぶ。

サイズ調整の方法

頭まわりを大きく、または小さくしたいときは、針の号数を変えて編みます。深さはクラウンの増減のない段数をかぶりながら調整するとよいでしょう。

子ども用

増し方記号図

5回くり返す
編み終わり
ブリム
21回くり返す
4回くり返す
増減なし
クラウン
わ

目数と増し方

	段	目数	増し方
ブリム	6〜10	125目	増減なし
	5	125目	10目増す
	4	115目	増減なし
	3	115目	10目増す
	2	105目	増減なし
	1	105目	21目増す
クラウン	19〜29	84目	増減なし
	18	84目	4目増す
	16･17	80目	増減なし
	15	80目	8目増す
	13･14	72目	増減なし
	12	72目	毎段8目増す
	11	64目	
	10	56目	増減なし
	9	56目	毎段8目増す
	8	48目	
	7	40目	増減なし
	6	40目	毎段8目増す
	5	32目	
	4	24目	増減なし
	3	24目	毎段8目増す
	2	16目	
	1	8目編み入れる	

○ ＝ くさり編み
× ＝ こま編み
V ＝ こま編み2目編み入れる
● ＝ 引き抜き編み

大人用

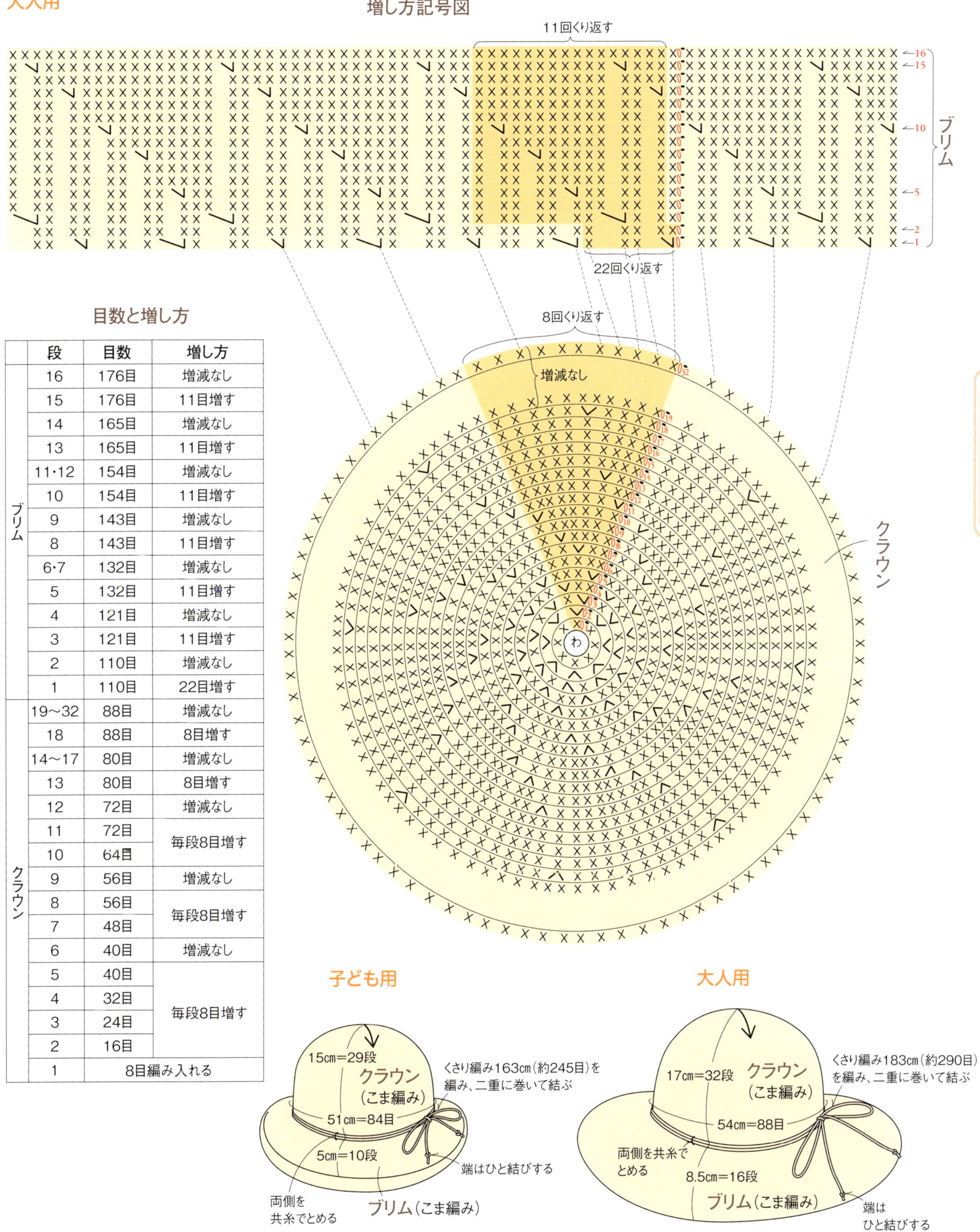

目数と増し方

	段	目数	増し方
ブリム	16	176目	増減なし
	15	176目	11目増す
	14	165目	増減なし
	13	165目	11目増す
	11・12	154目	増減なし
	10	154目	11目増す
	9	143目	増減なし
	8	143目	11目増す
	6・7	132目	増減なし
	5	132目	11目増す
	4	121目	増減なし
	3	121目	11目増す
	2	110目	増減なし
	1	110目	22目増す
クラウン	19〜32	88目	増減なし
	18	88目	8目増す
	14〜17	80目	増減なし
	13	80目	8目増す
	12	72目	増減なし
	11	72目	毎段8目増す
	10	64目	
	9	56目	増減なし
	8	56目	毎段8目増す
	7	48目	
	6	40目	増減なし
	5	40目	毎段8目増す
	4	32目	
	3	24目	
	2	16目	
	1	8目編み入れる	

ベレー帽

P 99

できあがりサイズ／
大人用 頭まわり52cm、深さ19.5cm
子ども用 頭まわり48.5cm、深さ18cm（3～5歳用）

材料と用具

糸 ハマナカ アメリー（40g玉巻）
大人用 チャコールグレー（30）………85g
子ども用 パープル（18）………………75g
針 ハマナカ アミアミ両かぎ針ラクラク…7/0号

ゲージ 模様編み　18.5目、12.5段＝10cm角

編み方 糸は1本どり

糸端を輪にする方法で作り目し、模様編みで図のように増し目をしながらトップクラウンを指定の段数編む。続けてサイドクラウンを増減しないで8段編む。さらに続けて縁編みをこま編みで指定の目数に減らして編む。

大人用

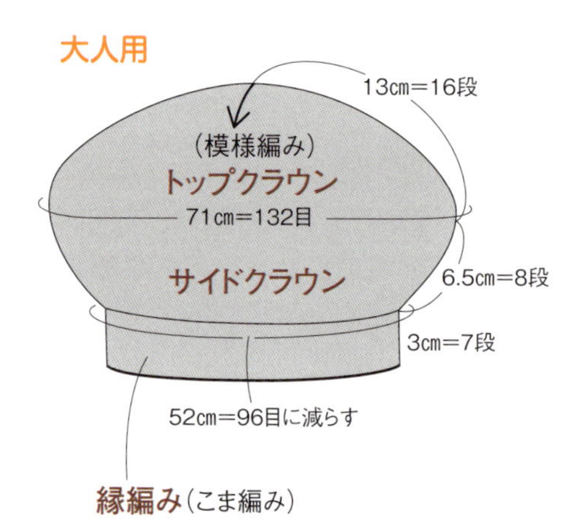

子ども用

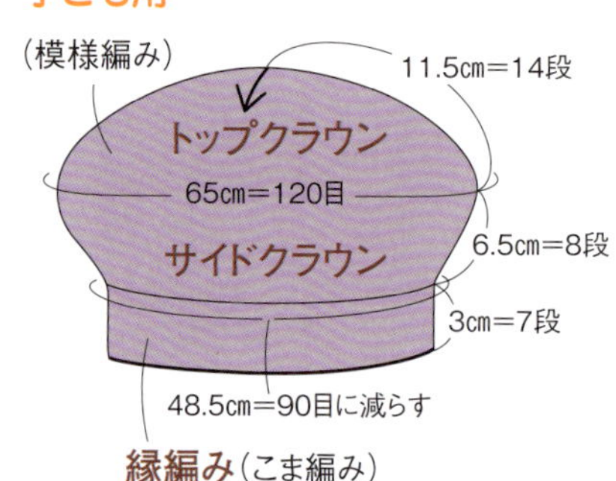

大人用のトップクラウンの目数と増し方

段	目数	増し方
16	132目	毎段6目増す
15	126目	
14	120目	
13	114目	
12	108目	
11	102目	
10	96目	
9	90目	
8	84目	
7	78目	
6	72目	毎段12目増す
5	60目	
4	48目	
3	36目	
2	24目	6目増す
1	18目編み入れる	

※子ども用は14段めまで大人用と同じに編む

子ども用

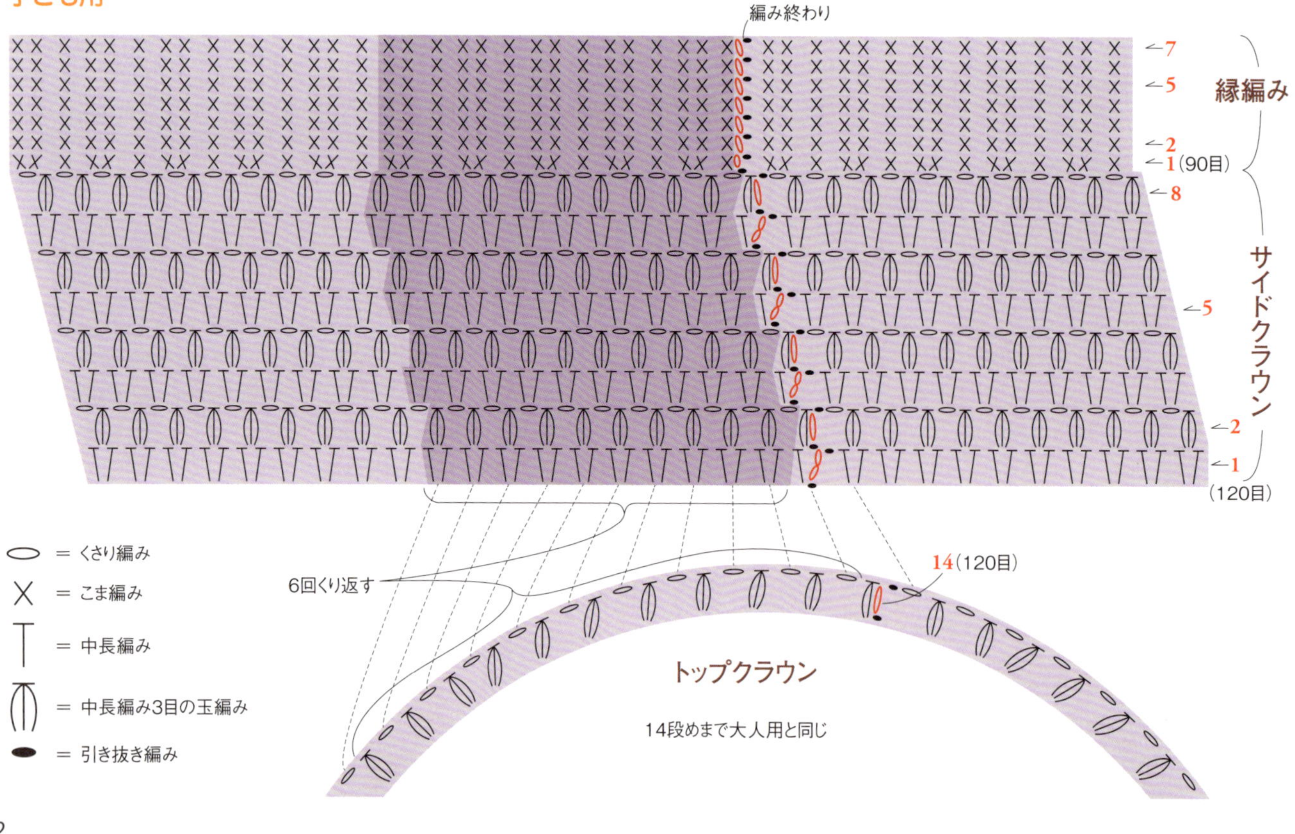

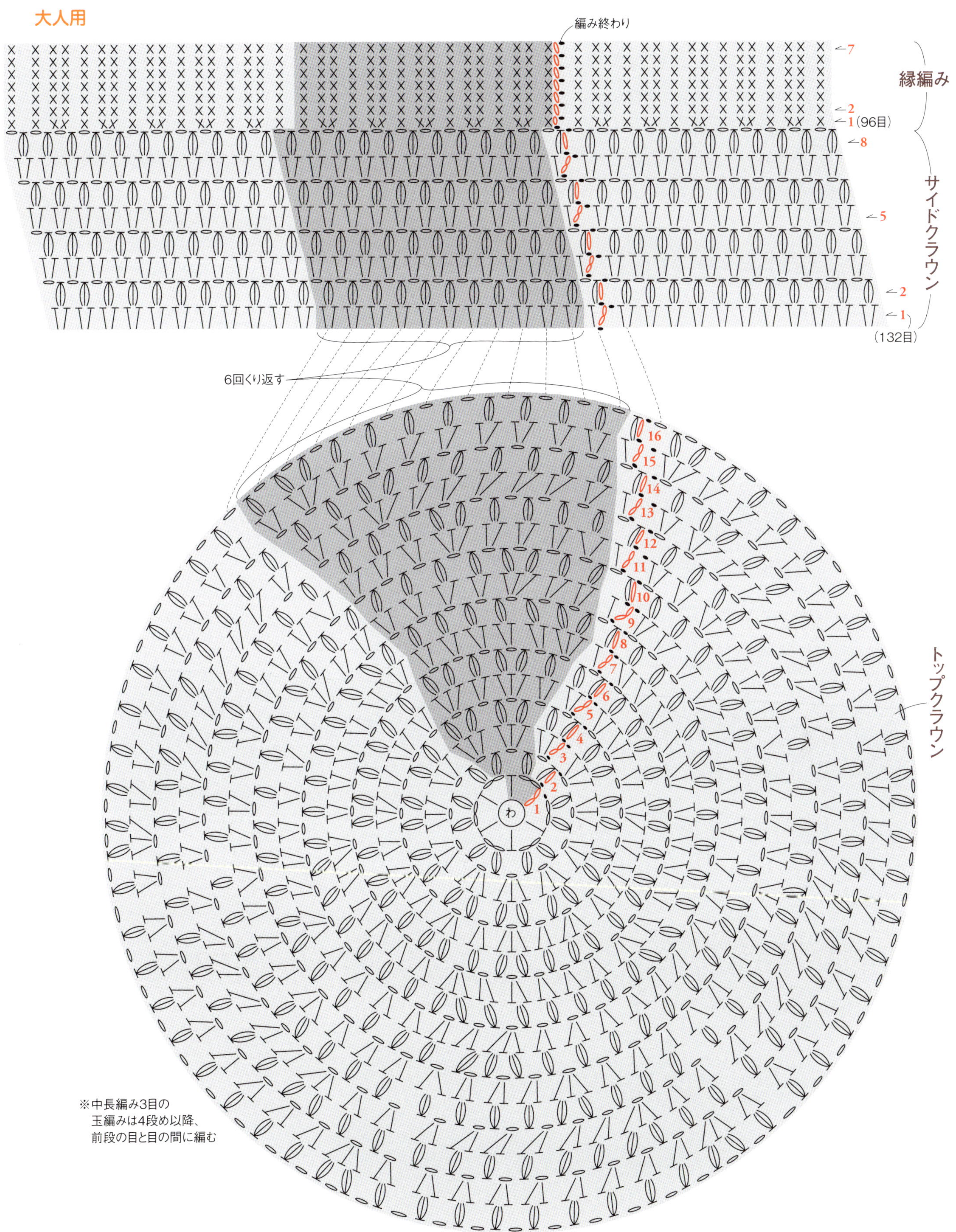
大人用
編み終わり
縁編み
7
2
1(96目)
8
5
サイドクラウン
2
1
(132目)
6回くり返す
16
15
14
13
12
11
10
9
8
7
6
5
4
3
2
1
わ
トップクラウン
※中長編み3目の
玉編みは4段め以降、
前段の目と目の間に編む

ストール

大判のストールは羽織ったり、
首に巻いたり一枚あると便利。
編むのに少し時間はかかりますが、
流行に左右されず長く使える
デザインなのでがんばってみて。

デザイン »» 風工房
糸 »» ハマナカ エクシードウールFL《合太》
編み方 »» P105

ストール

P 104

でき上がりサイズ／
47cm×172cm

材料と用具

糸 ハマナカ エクシードウールFL《合太》（40g玉巻）
ベージュ（231）……………………… 350g

針 ハマナカ アミアミ両かぎ針ラクラク …… 5/0号

ゲージ

模様編み　1模様＝5cm　1模様（6段）＝7cm

編み方　糸は1本どり

くさり編み109目を作り目し、模様編みで146段編む。続けてまわりに縁編みを1段編む。

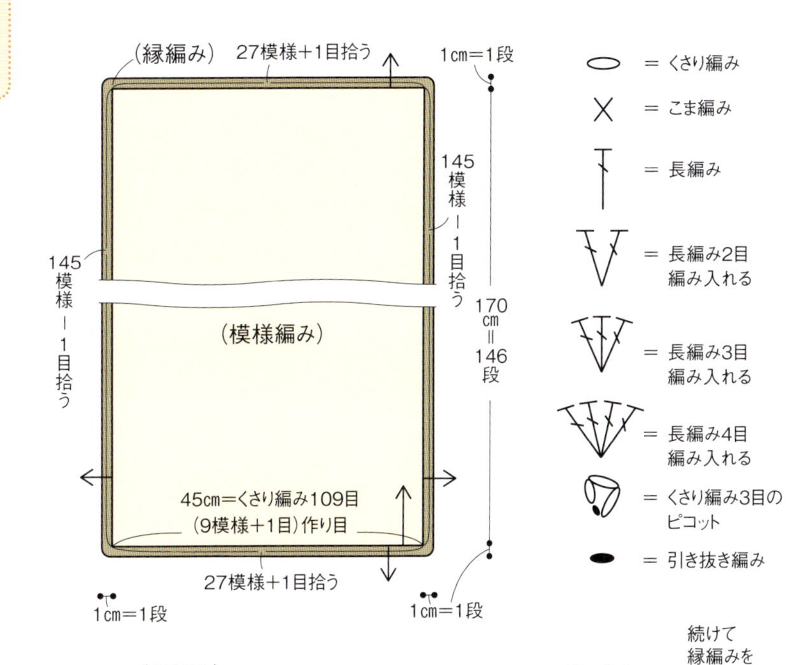

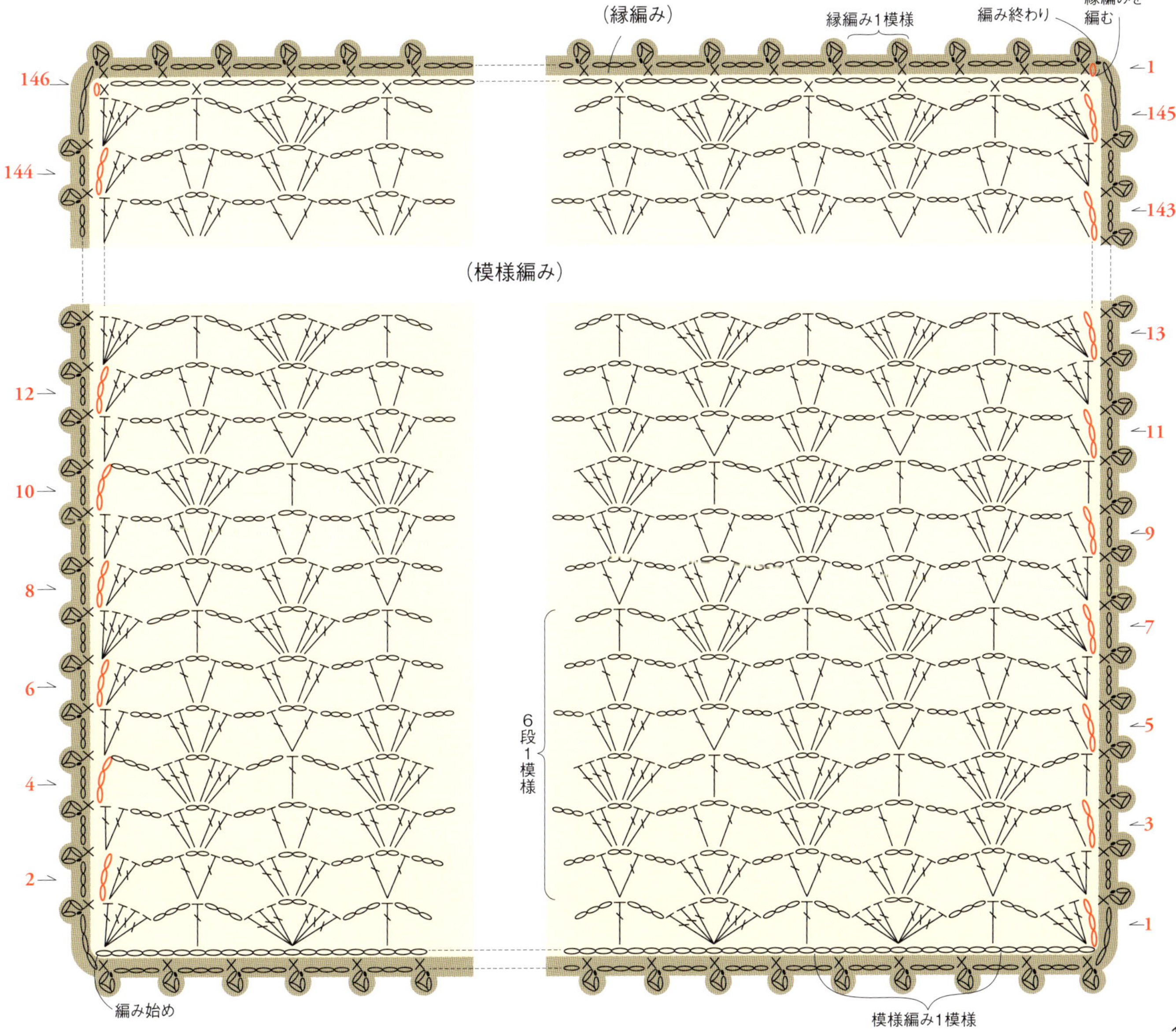

Part 3
おしゃれアイテム

ポンチョ

かぎ針編みに慣れてきたら、少し大きなものにもチャレンジ。
ポンチョは年齢を問わず活躍します。
子ども用にはボンボン、大人用にはフリンジをつけてアクセントにしました。

デザイン »» 川路ゆみこ
糸 »» ハマナカ ソノモノアルパカウール《並太》
編み方 »» 子ども用　P108　大人用　P110

大人用

ポンチョ（子ども用）

P 106

でき上がりサイズ／
着丈29㎝（80㎝サイズ）

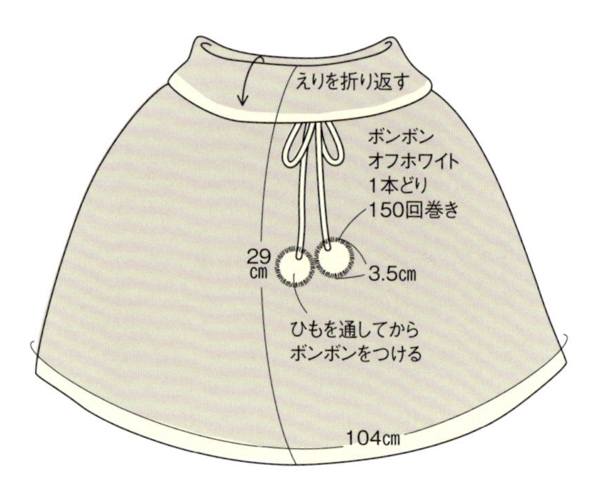

材料と用具

糸 ハマナカ ソノモノアルパカウール《並太》（40g玉巻）
ベージュ（62）…………120g
オフホワイト（61）………40g

針 ハマナカ アミアミ両かぎ針ラクラク…………………………6/0号

ゲージ

模様編み 1模様（7目）＝3.5㎝
2模様（4段）＝3.5㎝

編み方

糸は1本どり、指定以外ベージュで編む

くさり編み91目を作り目して輪にし、えりぐり側から模様編みで図のように増しながら31段編む。色をかえて1段編み、続けて縁編みを編む。えりは前後身ごろの裏側を見てネット編みで輪に編み、色をかえて縁編みを1段編む。オフホワイトでひもを編んでえりぐりに通し、ひも先にボンボンをつける。

ひも オフホワイト

編み終わり
編み始め
105㎝＝220目

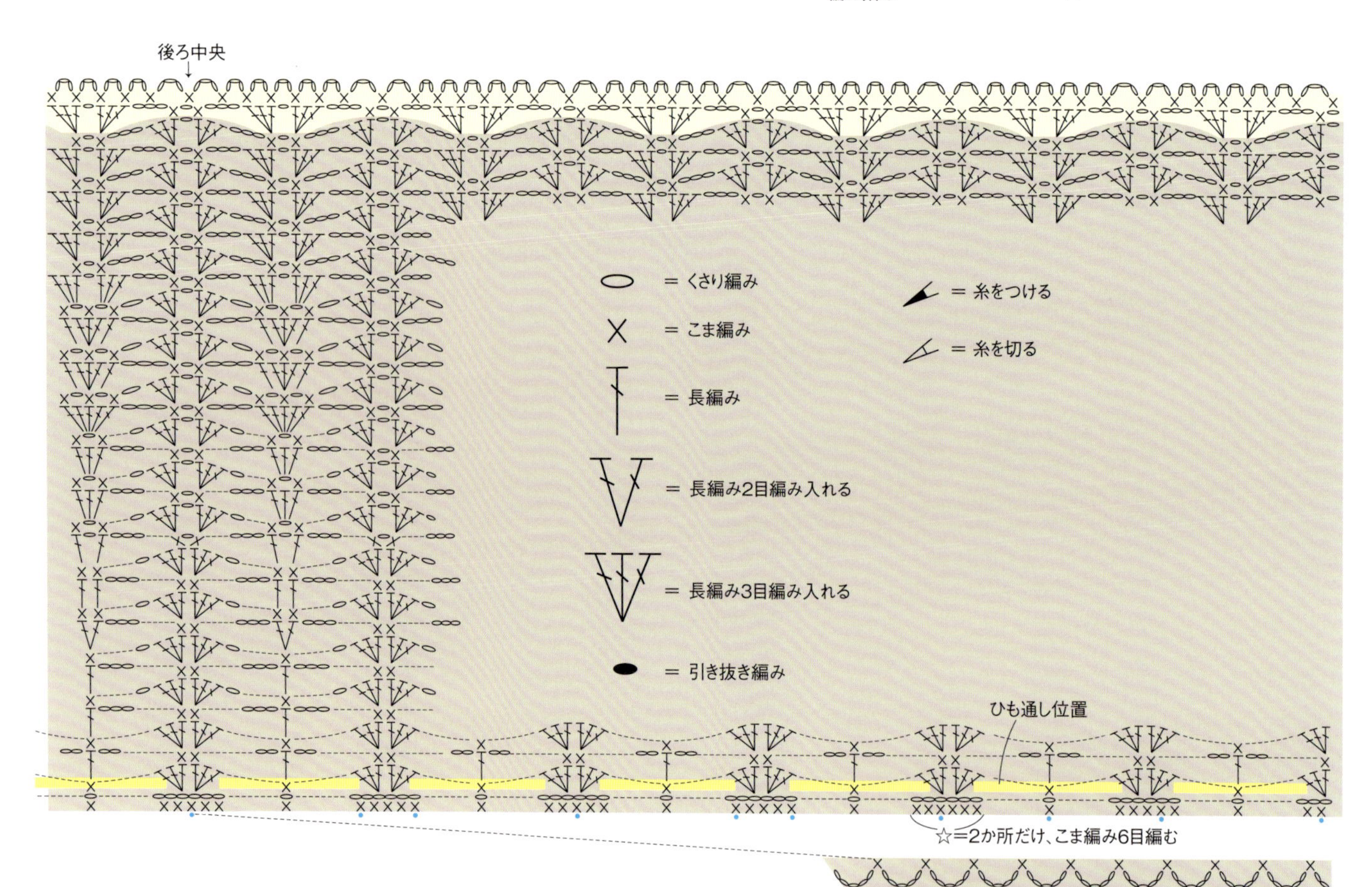

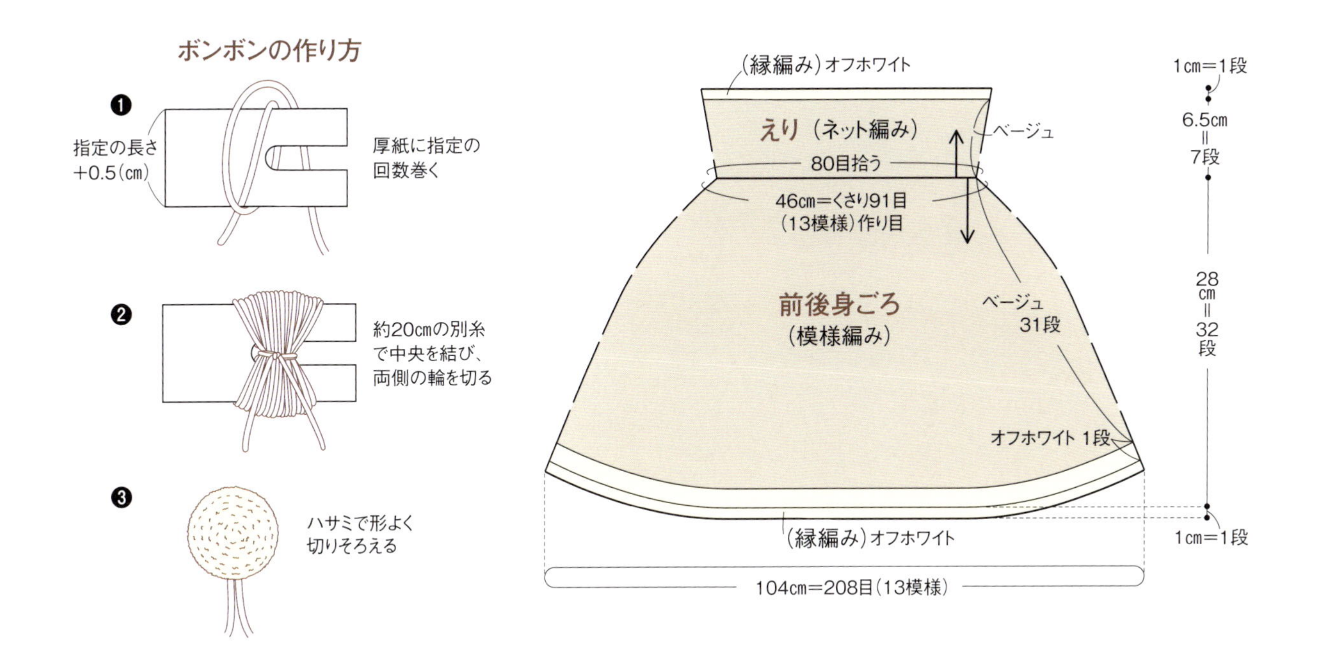
ボンボンの作り方
❶
指定の長さ
+0.5(cm)
厚紙に指定の
回数巻く
❷
約20cmの別糸
で中央を結び、
両側の輪を切る
❸
ハサミで形よく
切りそろえる
(縁編み)オフホワイト
えり(ネット編み)
ベージュ
80目拾う
46cm=くさり91目
(13模様)作り目
前後身ごろ
(模様編み)
ベージュ
31段
オフホワイト 1段
(縁編み)オフホワイト
104cm=208目(13模様)
1cm=1段
6.5cm
=
7段
28
cm
=
32
段
1cm=1段

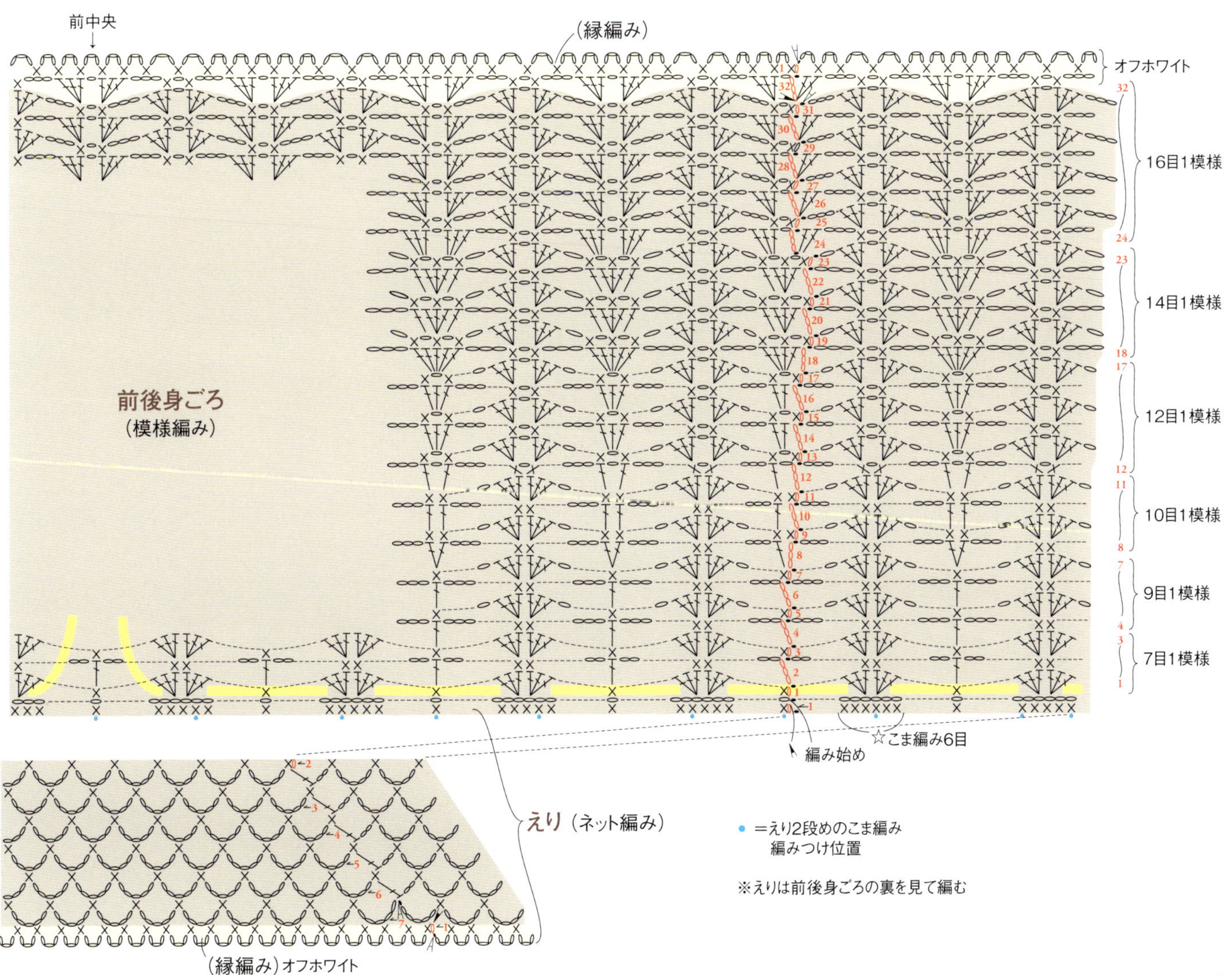
前中央
(縁編み)
オフホワイト
16目1模様
14目1模様
12目1模様
10目1模様
9目1模様
7目1模様
前後身ごろ
(模様編み)
☆こま編み6目
編み始め
えり(ネット編み)
(縁編み)オフホワイト
●=えり2段めのこま編み
編みつけ位置
※えりは前後身ごろの裏を見て編む

ポンチョ（大人用）

P 107

でき上がりサイズ／
着丈48.5cm（フリンジを含む）

材料と用具

糸　ハマナカ ソノモノアルパカウール《並太》（40g玉巻）
　　チャコールグレー（65）……………………310g

針　ハマナカ アミアミ両かぎ針ラクラク …………6/0号

ゲージ

模様編み　1模様（7目）＝3.5cm　（18目）＝8.5cm
　　　　　2模様（4段）＝3.5cm

編み方

糸は1本どり

くさり編み126目を作り目して輪にし、えりぐり側から模様編みで図のように増しながら44段編む。えりは前後身ごろの裏側を見てネット編みで輪に編む。すそにフリンジをつける。ひもを編んでえりぐりに通し、ひも先をひと結びする。

＝くさり編み
＝こま編み
＝中長編み
＝長編み
＝長編み2目編み入れる
＝長編み3目編み入れる
＝引き抜き編み
＝糸をつける
＝糸を切る

ひも

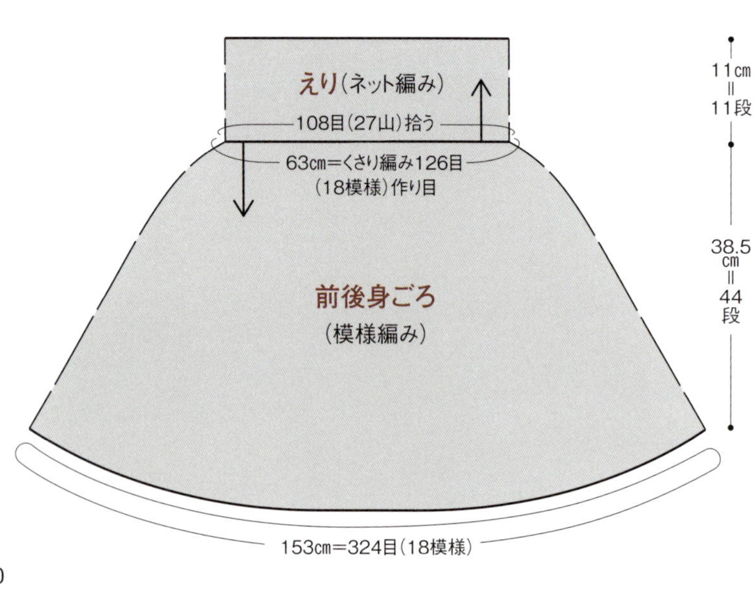

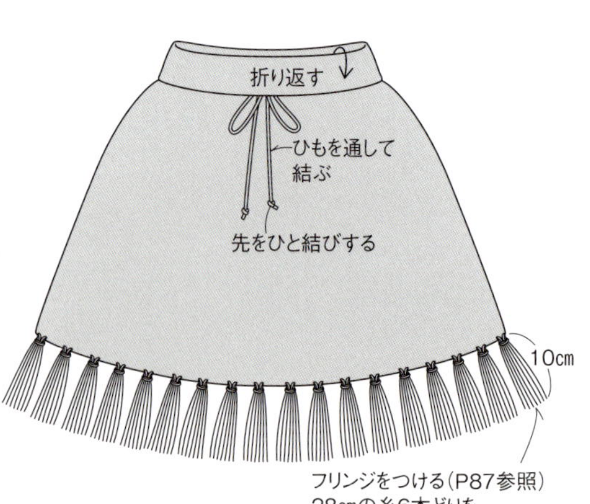

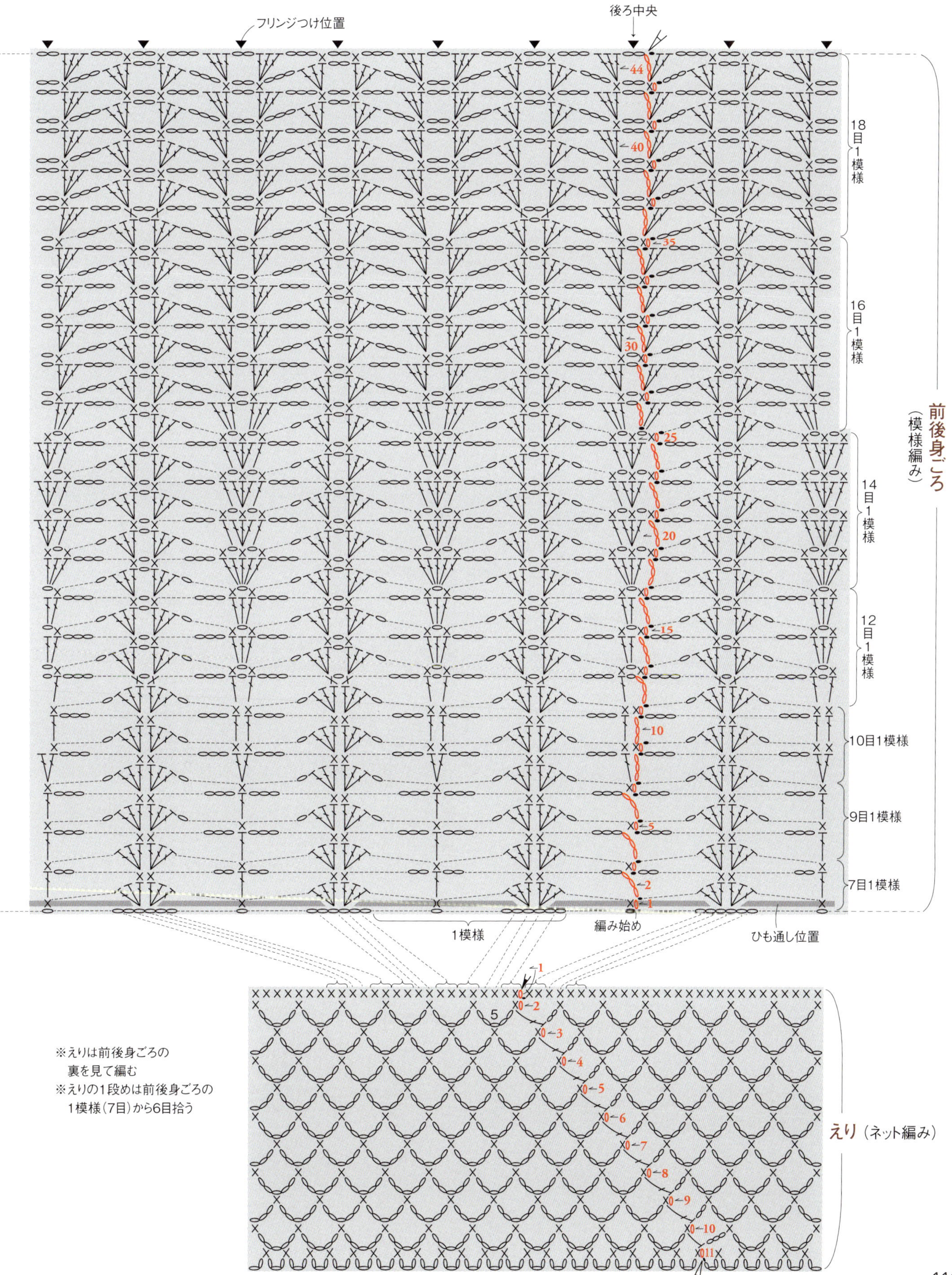

Part 3
おしゃれアイテム

※えりは前後身ごろの裏を見て編む
※えりの1段めは前後身ごろの1模様(7目)から6目拾う

Part 4 モチーフつなぎ

モチーフとは丸や四角に編んだパーツ。それをつなぎ合わせることをモチーフつなぎといい、
つなぎ方次第でいろいろなアイテムになります。色合わせで印象がかわるので、アレンジも楽しんで。

小さな花のドイリー

2段で編める小さな花モチーフを編みながらつないでいきます。
同じモチーフを白1色と、白×からし色の2色で編みました。

デザイン ››› 遠藤ひろみ
糸 ››› ハマナカ フラックスC
編み方 ››› P114

小さな花のドイリー

P112、113

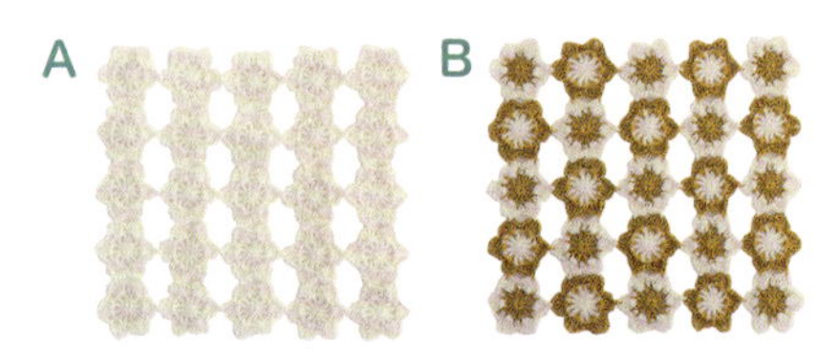

でき上がりサイズ／ 22cm×19cm

材料と用具

糸 ハマナカ フラックスC(25g玉巻)
A オフホワイト(1)……………………………20g
B オフホワイト(1)、からし色(105) … 各10g

針 ハマナカアミアミ両かぎ針ラクラク … 4/0号

モチーフの大きさ 一辺が2.2cmの六角形

編み方 糸は1本どり、糸はAはオフホワイト、Bは指定の配色で編む

モチーフは糸端を輪にする方法で作り目をし、図のように編む。2枚めからは2段めで引き抜き編みでつなぎながら編む。

Aのモチーフの編み方

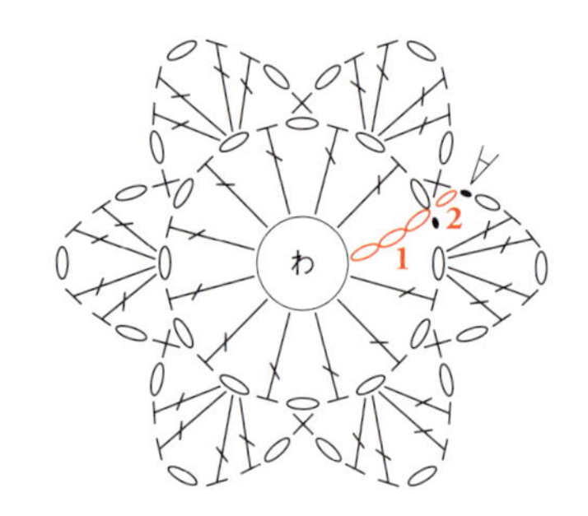

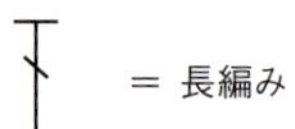

＝くさり編み

＝こま編み

＝長編み

＝引き抜き編み

＝糸を切る

＝糸を切る

＝引き抜き編みで編みながらつなぐ（P115参照）

Bのモチーフの編み方

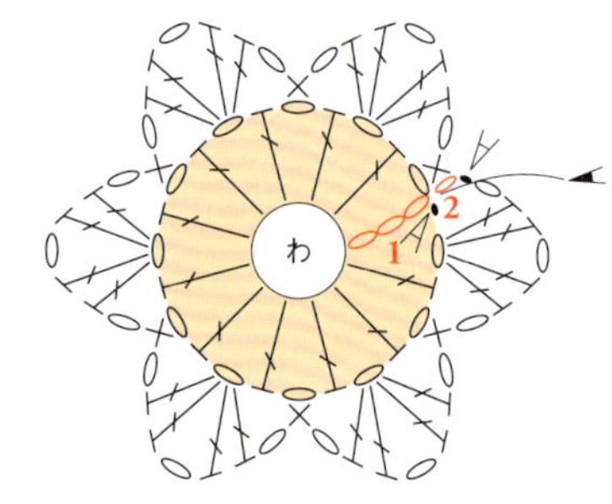

Bのモチーフの編み方記号図とつなぎ方

※Aも同様につなぐ

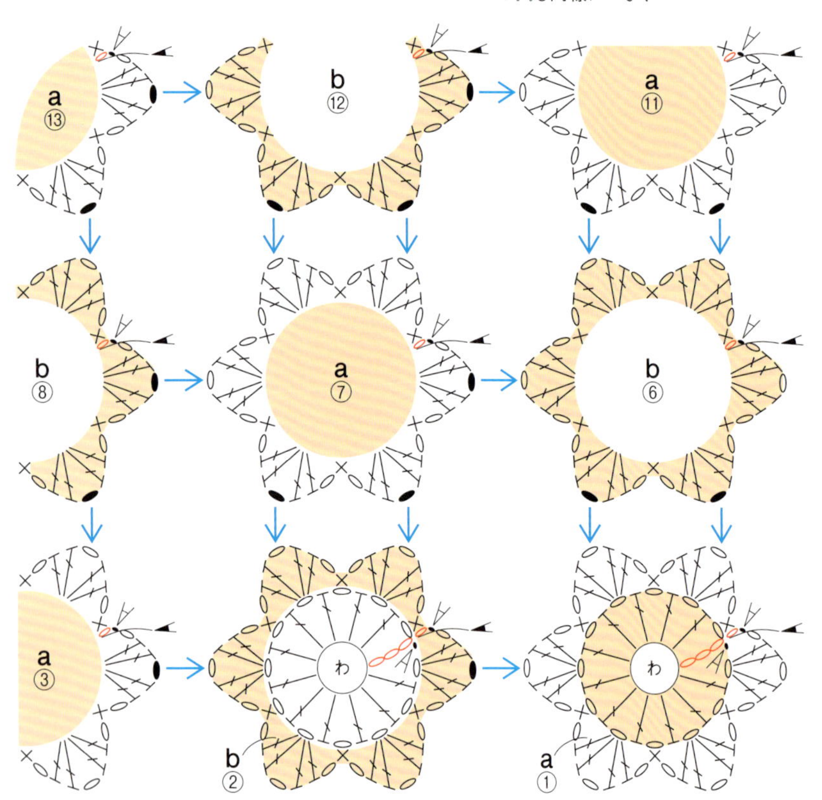

寸法配置図

（モチーフつなぎ）25枚

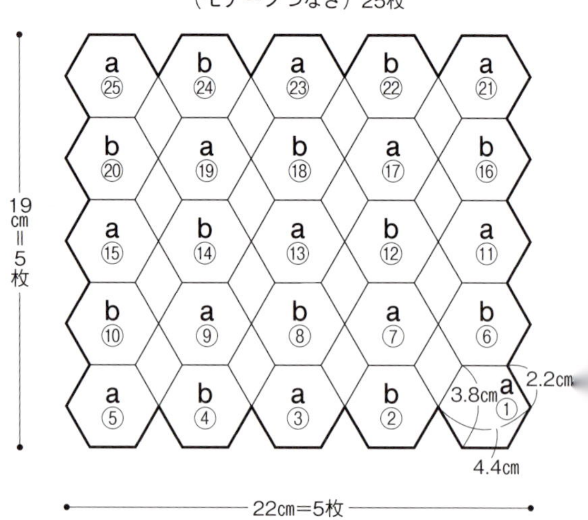

※①〜㉕の順に編みつなぐ

モチーフの配色と枚数

枚数		配色	
		1段め	2段め
A	25枚	オフホワイト	
B	a 13枚	からし色	オフホワイト
	b 12枚	オフホワイト	からし色

●モチーフの糸のかえ方と糸始末

1 モチーフの1段めが編めたら、糸端を10cm残して切る。

2 進行方向に糸端を沿わせ、2段めの糸にかえて1段めのくさり編みを束にすくって、糸を引き出す。

3 1段めの糸端を編みくるみながら、立ち上がりのくさり1目を編む。

4 2～3模様編んだら1段めの残った糸端を切る。

5 2段めを編み終わったところ。

6 2段めの編み終わりと編み始めの糸はとじ針に通し、編み地の裏側に糸をくぐらせて切る。

●引き抜き編みで編みながらつなぐ

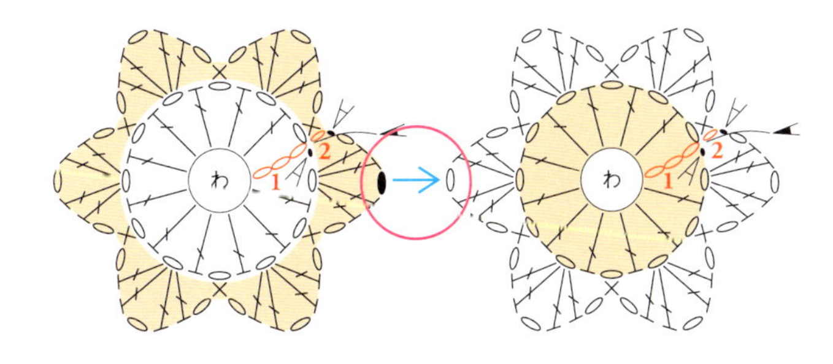

1 2枚めのモチーフの引き抜き編みでつなぐ手前までできたら、1枚めのモチーフのくさり編みを束にすくう。

2 糸をかけ、矢印のように引き抜く。

3 引き抜き編みでつながったところ。

4 続けて編み進む。

かごカバー

小さな丸モチーフをつなぎ合わせた愛らしいかごカバー。
モチーフのサイズや枚数を自分でアレンジすることもできるので、
手持ちのかごに合わせても。

デザイン »» 遠藤ひろみ
糸 »» ハマナカ ねんね
編み方 »» P117

かごカバー

P 116

でき上がりサイズ／
49.5cm×43.5cm

材料と用具

糸 ハマナカ ねんね（30g玉巻）
白（1）、ベージュ（3）…………………各30g
グレー（11）、イエロー（4）…………各10g
水色（7）、パープル（10）…………… 各 5 g

針 ハマナカアミアミ両かぎ針ラクラク……5/0号

モチーフの大きさ 直径5.5cm

編み方 糸は1本どり、指定の配色で編む
モチーフはくさり編み5目を作り目して輪にし、こま編みを12目編み入れる。2段めからは図のように編む。2枚めからは4段めで引き抜き編みでつなぎながら編む。

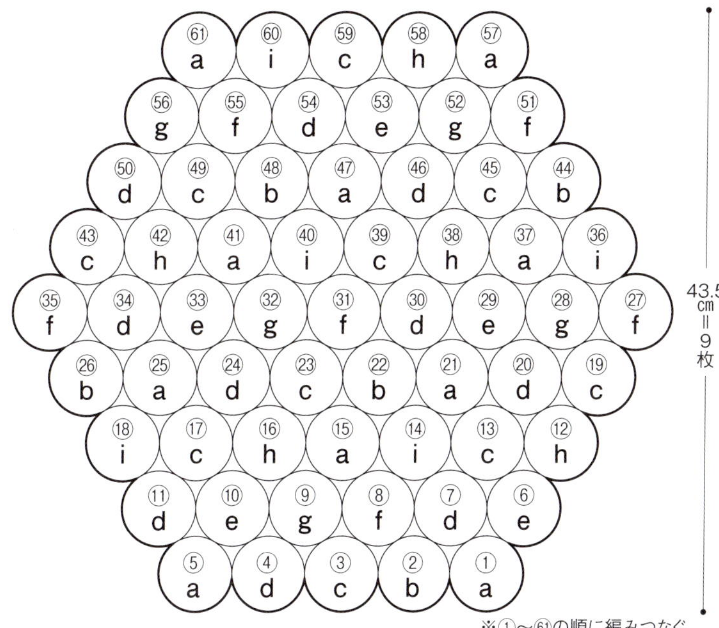

モチーフの配色と枚数

枚数	配色			
	1段め	2段め	3段め	4段め
a 10枚	グレー	イエロー	白	ベージュ
b 5枚	パープル	グレー		
c 10枚	パープル	イエロー		
d 10枚	グレー	水色		
e 5枚	イエロー	パープル		
f 6枚	水色	イエロー		
g 5枚	パープル	水色		
h 5枚	グレー	パープル		
i 5枚	水色	グレー		

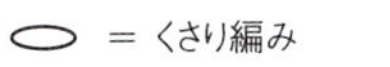

○ ＝くさり編み
× ＝こま編み
＝長編み
● ＝引き抜き編み
← ＝引き抜き編みで編みながらつなぐ（P115参照）

Part 4 モチーフつなぎ

多色使いのひざかけ

まるで花畑のようなカラフルな色合わせが楽しいひざかけです。
モチーフの最終段で、こま編みでつなぎながら編んでいきます。

デザイン »» 遠藤ひろみ
糸 »» ハマナカ アメリー
編み方 »» P120

2色のひざかけ

初心者でもかんたんに編めるスクエアモチーフのひざかけ。
モチーフがかわいい雰囲気なので、
シックな色を選んで甘過ぎないように仕上げました。

デザイン »» すぎやまとも
糸 »» ハマナカ ねんね
編み方 »» P122

多色使いのひざかけ

P 118

でき上がりサイズ／85cm×57cm

材料と用具

糸 ハマナカ アメリー（40g玉巻）
キャメル(8) ………… 80g
ナチュラルブラウン(23)、
ベージュ(21)……… 各50g
マスタードイエロー(3)… 40g
コーラルピンク(27)…… 30g
スプリンググリーン(33)、
グレー(22)……… 各25g
クリムゾンレッド(5)…… 20g
ピーチピンク(28)……… 15g
グラスグリーン(13)…… 10g

針 ハマナカアミアミ両かぎ針
ラクラク ………… 6/0号

モチーフの大きさ 一辺が4cmの六角形

編み方 糸は1本どり、指定の配色で編む
モチーフは糸端を輪にする方法で作り目し、図のように編む。2枚めからは最終段でこま編みでつなぎながら編む。モチーフを全部編みつないだら、まわりに縁編みを1段編む。

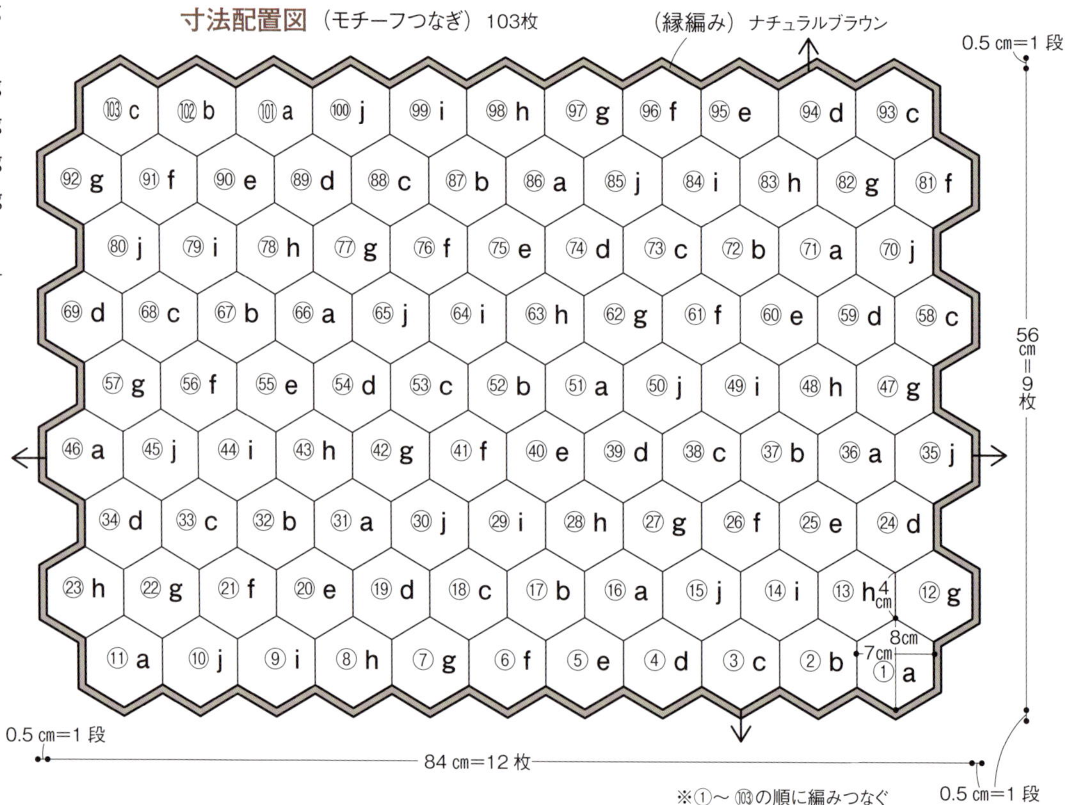

※①～⑩③の順に編みつなぐ

○ ＝くさり編み
× ＝こま編み
長編みの記号 ＝長編み
中長編み5目の玉編みの記号 ＝中長編み5目の玉編み
● ＝引き抜き編み

モチーフの編み方

※2段めのこま編みは前段の目と目の間に編む
※毎段糸を切る

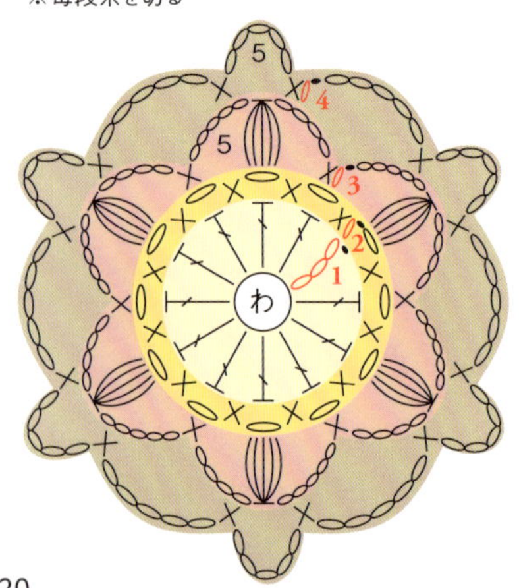

モチーフの配色と枚数

枚数	配色			
	1段め	2段め	3段め	4段め
a 11枚	ベージュ	マスタードイエロー	コーラルピンク	キャメル
b 9枚	グラスグリーン	ベージュ	スプリンググリーン	
c 11枚	ナチュラルブラウン	クリムゾンレッド	ピーチピンク	
d 11枚	コーラルピンク	ベージュ	ナチュラルブラウン	
e 9枚	ベージュ	グラスグリーン	マスタードイエロー	
f 10枚	スプリンググリーン	ベージュ	グレー	
g 12枚	ナチュラルブラウン	コーラルピンク	ベージュ	
h 10枚	スプリンググリーン	ベージュ	クリムゾンレッド	
i 9枚	マスタードイエロー	ベージュ	ナチュラルブラウン	
j 11枚	グレー	コーラルピンク	マスタードイエロー	

モチーフのつなぎ方と縁編み

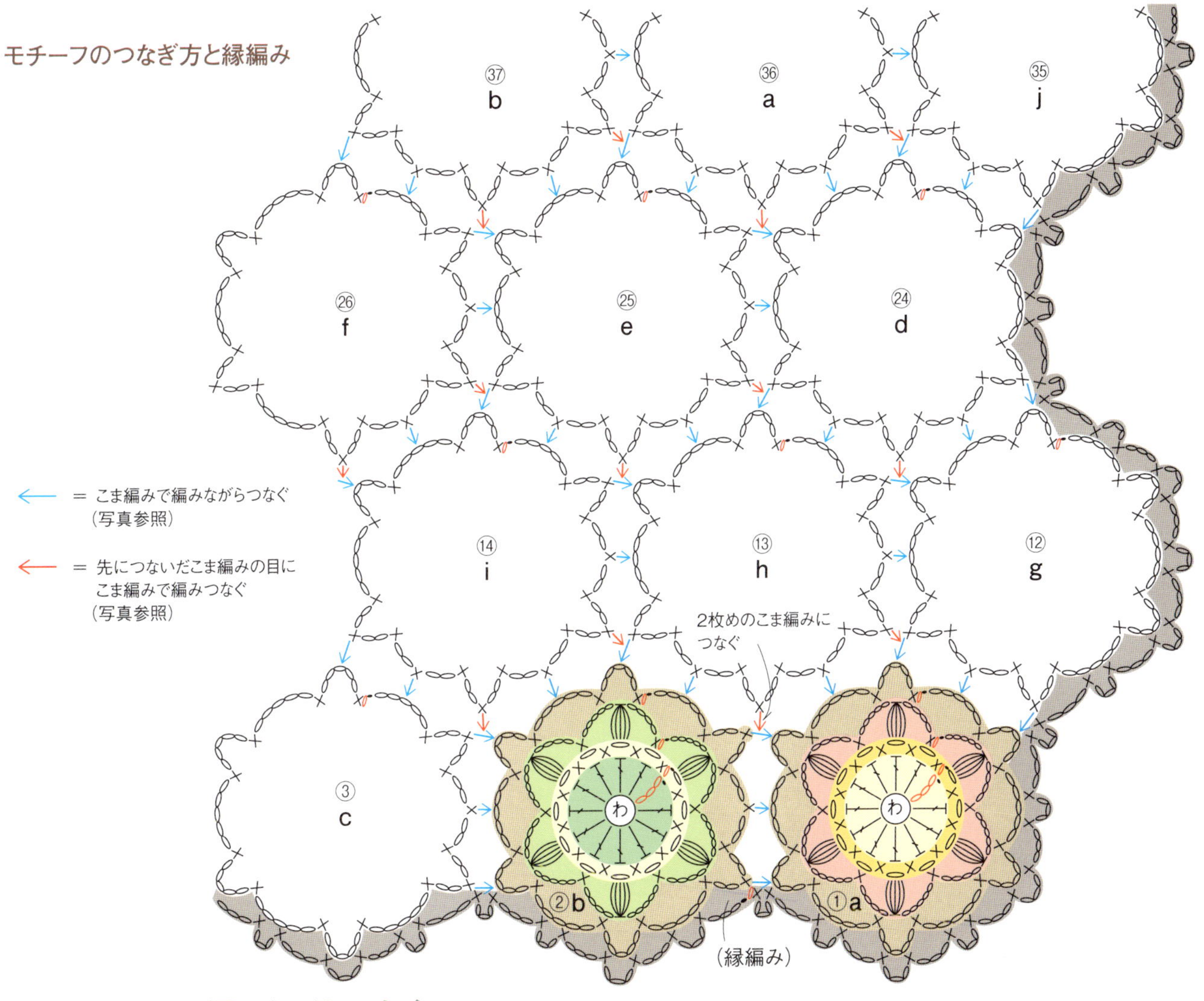

こま編みで編みながらつなぐ

1 2枚めのモチーフのこま編みでつなぐ手前までできたら、1枚めのモチーフのくさり編みを束にすくう。

2 針に糸をかけ、引き出す。

3 針に糸をかけて引き抜く。こま編みでつながったところ。

先につないだこま編みの目にこま編みでつなぐ

1 先につないだこま編みの目につなぐときは、こま編みの足2本に矢印のように針を入れる。

2 こま編みを編む。

3 続けて編んでいく。

2色のひざかけ

P119

でき上がりサイズ／104.5㎝×66.5㎝

材料と用具

糸　ハマナカ ねんね（30g玉巻）
　紺（12）……………………………………260g
　オフホワイト（2）…………………………180g

針　ハマナカアミアミ両かぎ針ラクラク……　6/0号

モチーフの大きさ　9.5㎝角

編み方　糸は2本どり、指定の配色で編む

モチーフはくさり編み6目を作り目して輪にし、くさり編み3目で立ち上がって長編みを15目編み入れる。2段めからは図のように編む。2枚めからは最終段で先に編んだモチーフに図のようにつなぎながら編む。

寸法配置図

（モチーフつなぎ）　77枚

⑦⑦	⑦⑥	⑦⑤	⑦④	⑦③	⑦②	⑦①	⑦⓪	⑥⑨	⑥⑧	⑥⑦
⑥⑥	⑥⑤	⑥④	⑥③	⑥②	⑥①	⑥⓪	⑤⑨	⑤⑧	⑤⑦	⑤⑥
⑤⑤	⑤④	⑤③	⑤②	⑤①	⑤⓪	④⑨	④⑧	④⑦	④⑥	④⑤
④④	④③	④②	④①	④⓪	③⑨	③⑧	③⑦	③⑥	③⑤	③④
③③	③②	③①	③⓪	②⑨	②⑧	②⑦	②⑥	②⑤	②④	②③
②②	②①	②⓪	⑲	⑱	⑰	⑯	⑮	⑭	⑬	⑫
⑪	⑩	⑨	⑧	⑦	⑥	⑤	④	③	②	①

66.5㎝＝7枚
9.5㎝
9.5㎝
104.5㎝＝11枚

※①〜⑦⑦の順に編みつなぐ

モチーフの編み方記号図

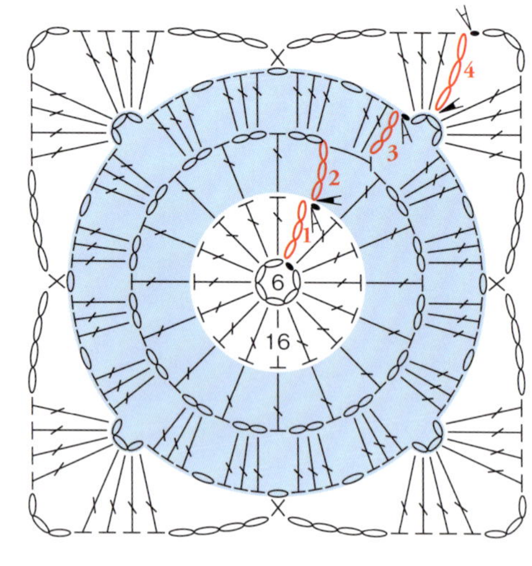

――＝オフホワイト
――＝紺

くさり編み
こま編み
中長編み
長編み
引き抜き編み
糸をつける
糸を切る

モチーフのつなぎ方

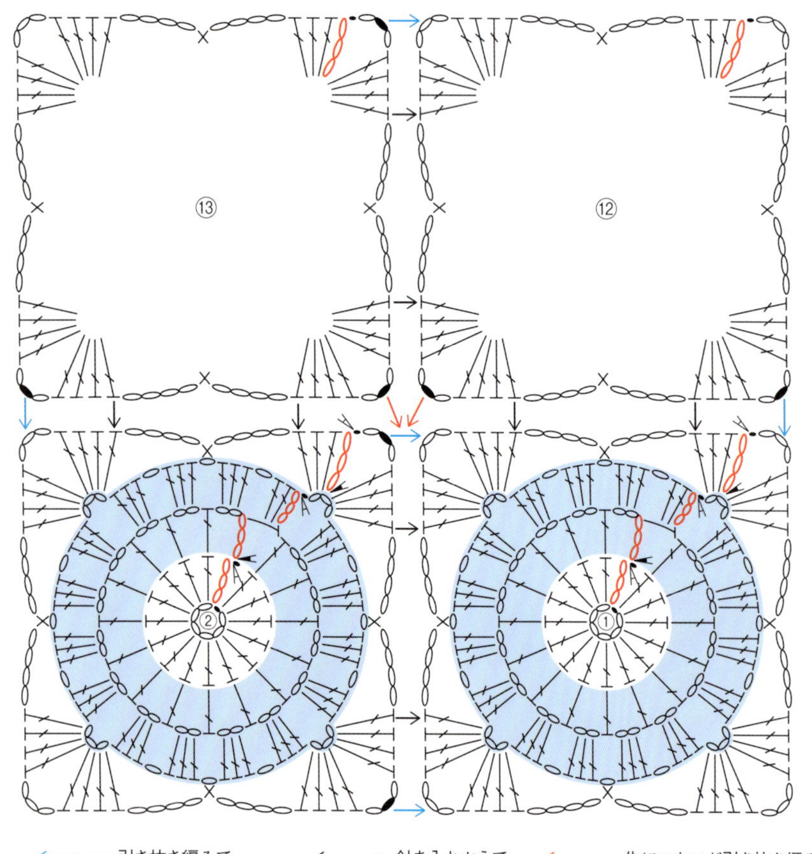

←＝引き抜き編みで編みながらつなぐ（P115参照）

←＝針を入れかえて長編みでつなぐ（P123参照）

←＝先につないだ引き抜き編みの目に引き抜き編みでつなぐ（P123参照）

針を入れかえて長編みでつなぐ

※わかりやすいように糸の色をかえています。

1 2枚めのモチーフの長編みでつなぐ手前までできたら針をはずし、1枚めのモチーフの長編みの頭から、矢印のように針を入れかえる。

2 針にかかっている目を引き出す。

3 針に糸をかけて長編みを編む。

4 長編みを編んだところ。

5 続けてくさり編みとこま編みで次の長編みでつなぐ手前まで編む。

6 1〜3と同様に針を入れかえて長編みを編む。

7 長編みを編んだところ。

8 モチーフが2枚つながった。

先につないだ引き抜き編みの目に引き抜き編みでつなぐ

1 先につないだ引き抜き編みの目につなぐときは、引き抜き編みの足2本に矢印のように針を入れる。

2 針に糸をかけて引き抜く。

3 引き抜いてつながったところ。

ボックスティッシュカバー

ブルーとホワイトのさわやかな2色のモチーフを、上面と側面で色をかえて配置。
モチーフを全部編んでから最後につなぎ合わせて、形を作ります。

デザイン »» 遠藤ひろみ
糸 »» ハマナカ フラックス Tw
編み方 »» P126

クッション

編みやすくてかわいい長編みのグラニーモチーフを、
半目の巻きかがりでつなぎ合わせました。
巻きかがった糸もアクセントになっています。

デザイン »» 岡まり子
制作 »» 大西ふたば
糸 »» ハマナカ エクシードウール FL《合太》
編み方 »» P128

ボックスティッシュカバー

P 124

でき上がりサイズ／ 24cm×12cm×6cm

材料と用具

糸 ハマナカ フラックスTw(25g巻玉)
オフホワイト(701)、ブルー(705)……各25g

針 ハマナカアミアミ両かぎ針ラクラク… 3/0号

モチーフの大きさ 6cm角

編み方 糸は1本どり、指定の配色で編む

モチーフは糸端を輪にする方法で作り目し、図のように指定の枚数編む。寸法配置図を参照し、①～⑪の順にモチーフを外表に合わせてこま編みとくさり編みでつなぐ。

寸法配置図

(モチーフつなぎ) 20枚

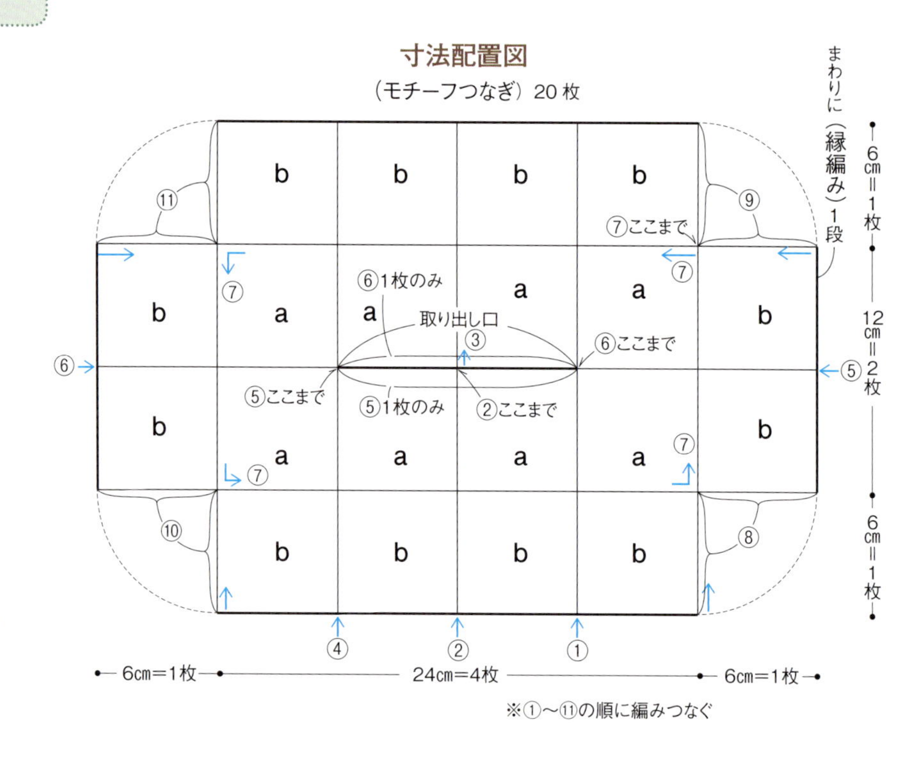

※①～⑪の順に編みつなぐ

モチーフの編み方

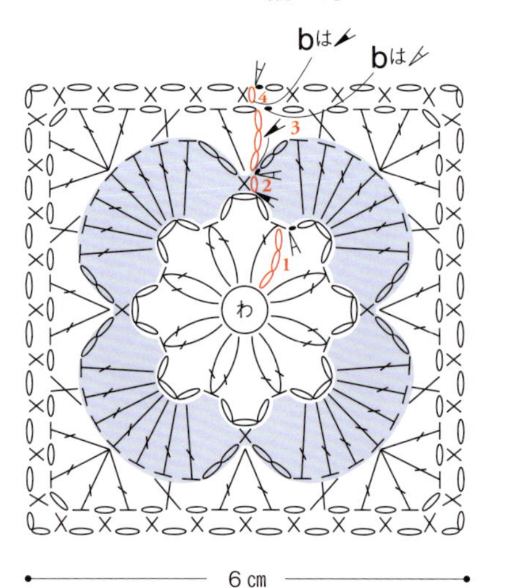

モチーフの配色と枚数

枚数	配色			
	1段め	2段め	3段め	4段め
a 8枚	オフホワイト	ブルー	オフホワイト	オフホワイト
b 12枚	ブルー	オフホワイト	ブルー	オフホワイト

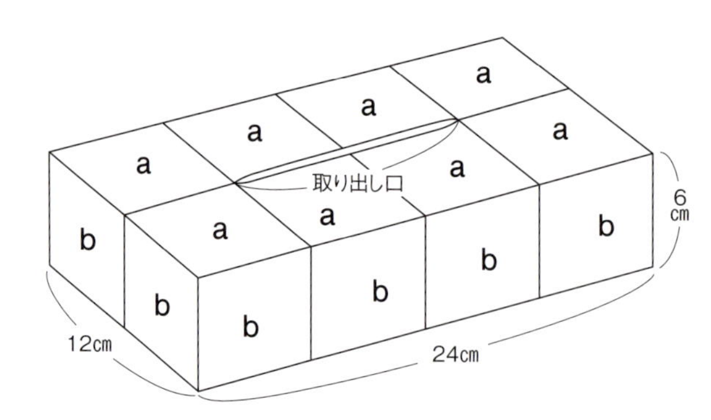

= くさり編み
= こま編み
= 長編み
= 引き抜き編み

= 長編み2目の玉編み

= 糸をつける
= 糸を切る

モチーフのつなぎ方

1 モチーフを外表に合わせ、2枚一緒にこま編みとくさり編みを編む。

2 次のモチーフに移るときも、糸は切らずに続けて編む。

3 縦方向につなぐときは、先につないだ横方向の目の上に糸を渡して同様に編む。

モチーフのつなぎ方と縁編み

※モチーフを外表に合わせ①～⑪の順にブルーでつなぐ（P126参照）

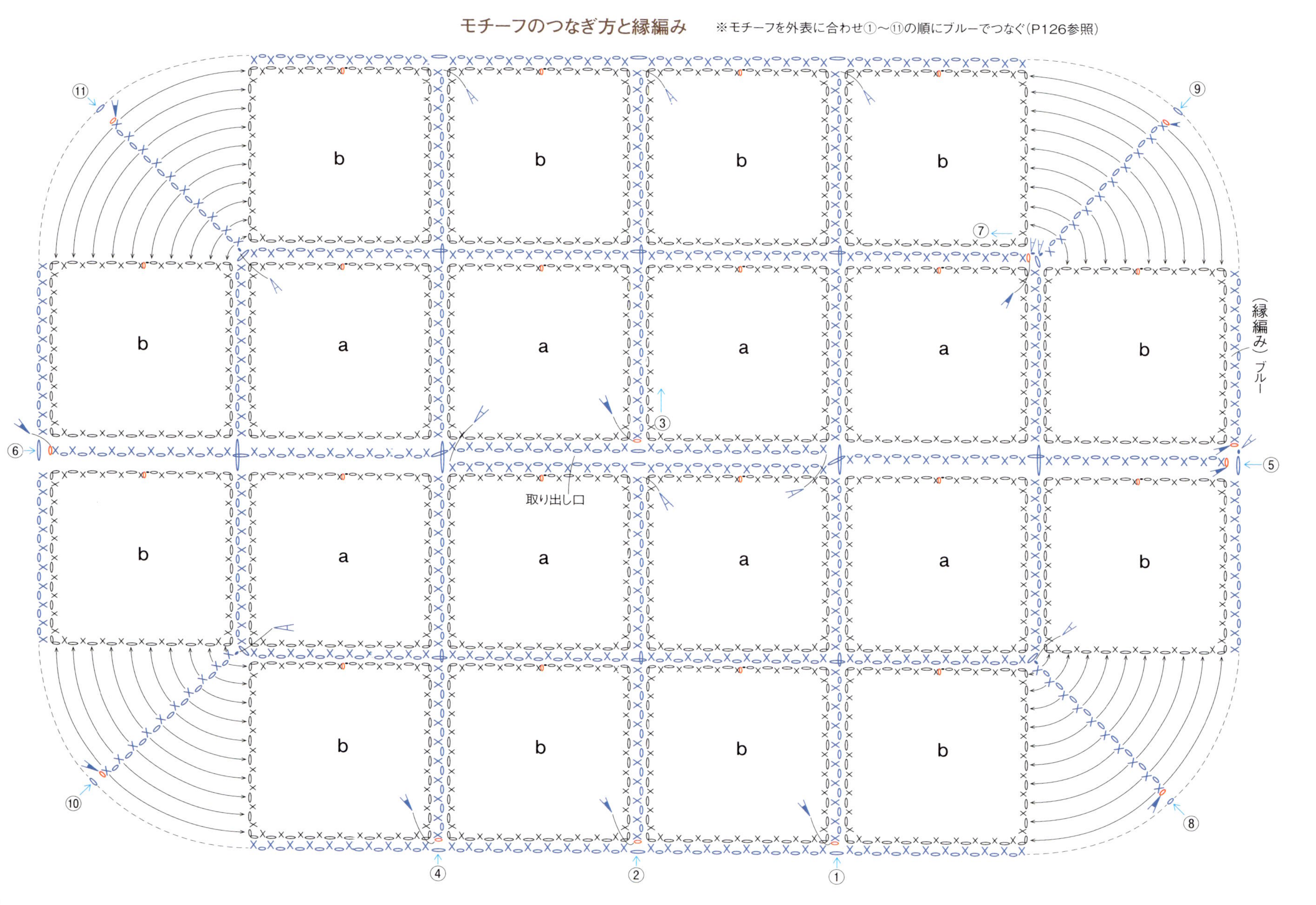

クッション

P 125

でき上がりサイズ／35cm角

材料と用具

糸　ハマナカ エクシードウールFL《合太》(40g玉巻)
黄緑(218)、紺(226)、ターコイズブルー(242)
……………………………………………各50g
オフホワイト(201)…………………………30g

針　ハマナカアミアミ両かぎ針ラクラク……5/0号

その他　35cm角のヌードクッション ……………… 1個

モチーフの大きさ　7cm角

編み方　糸は１本どり、指定の配色で編む

モチーフは糸端を輪にする方法で作り目し、図のように指定の枚数を編む。寸法配置図を参照し、①～③の順にモチーフを半目の巻きかがりでつなぐ。ヌードクッションを入れ、④の巻きかがりをする。

寸法配置図

（モチーフつなぎ）50枚

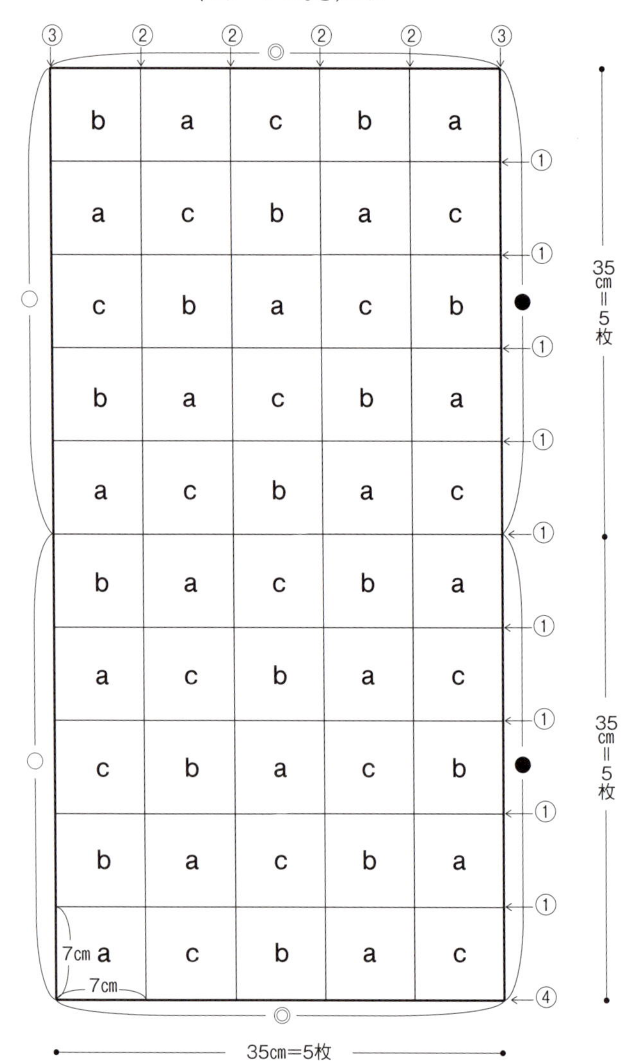

モチーフの編み方

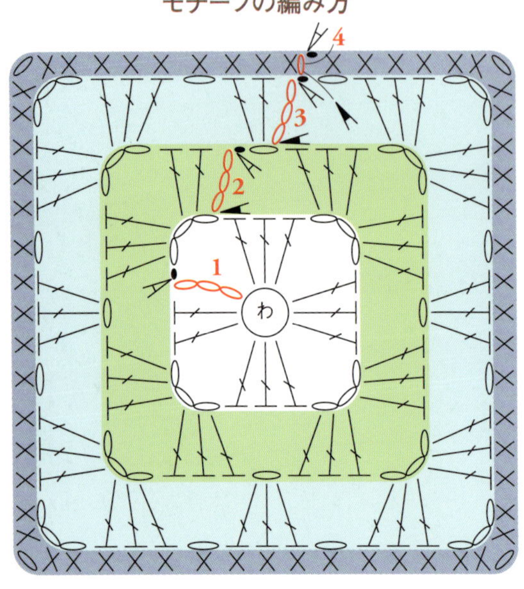

モチーフのつなぎ方

かがり糸は黄緑

①、②の順に半目の巻きかがりで1目ずつつなぐ(P129参照)

③は外表に二つ折りにして合印(○・●)を巻きかがり

④はヌードクッションを入れてから合印(◎)を巻きかがり

モチーフの枚数と配色

枚数	配色			
	1段め	2段め	3段め	4段め
a 18枚	オフホワイト	黄緑	ターコイズブルー	紺
b 16枚	黄緑	ターコイズブルー	紺	オフホワイト
c 16枚	オフホワイト	紺	黄緑	ターコイズブルー

○ ＝ くさり編み

X ＝ こま編み

T ＝ 長編み

● ＝ 引き抜き編み

＝ 糸をつける

＝ 糸を切る

半目の巻きかがりでつなぐ

1 横方向からつなぐ。かがり糸をとじ針に通し、モチーフ2枚を突き合わせに並べる。2枚めのモチーフの角のくさり目の裏側から針を出す。

2 1枚めのモチーフの角のくさり目に針を入れ、2枚めの角のくさり目にもう一度出す。

3 1枚めの角から2目めの内側半目に針を入れ、2枚めの角から2目めの内側半目をすくう。

4 同様に1枚めと2枚めの内側の半目をすくっていく。

5 一針ごとに糸を引くとよい。

6 次のモチーフに移るときも、糸は切らずに続けてかがる。

7 同様に横方向を全部つないでく。

8 横方向を全部つないだら、縦方向を同じ要領でつなぐ。

9 モチーフが4枚交差するところは、先につないだ横方向の糸の上に渡して同様につなぐ。

10 同様に縦方向を全部つないでいく。

11 横、縦方向を全部つないだら、外表に二つ折りにして合印を巻きかがる。3辺がつながったら、ヌードクッションを入れ、巻きかがる。

ラグマット

麻糸のさらりとした質感が気持ちいいラグマットです。
大きなスクエアモチーフを半目の巻きかがりでつなぎ合わせます。

デザイン »» 河合真弓
制作 »» 遠藤陽子
糸 »» ハマナカ コマコマ
編み方 »» P131

ラグマット

P 130

でき上がりサイズ／ 60cm×36cm

材料と用具

糸 ハマナカ コマコマ（40g玉巻）
ベージュ（2）…………………………210g
レッド（7）……………………………80g

針 ハマナカアミアミ両かぎ針ラクラク…8/0号

モチーフの大きさ 12cm角

編み方 糸は1本どり、指定の配色で編む

モチーフは糸端を輪にする方法で作り目し、1～6段めはベージュ、7段めはレッドで図のように15枚編む。寸法配置図を参照し、モチーフをレッドで横方向を半目の巻きかがりでつなぐ。縦方向も同様につなぐ。

○ ＝ くさり編み
X ＝ こま編み
X̲ ＝ こま編みのすじ編み
T ＝ 中長編み
● ＝ 引き抜き編み
＝ 糸をつける
＝ 糸を切る

モチーフの編み方

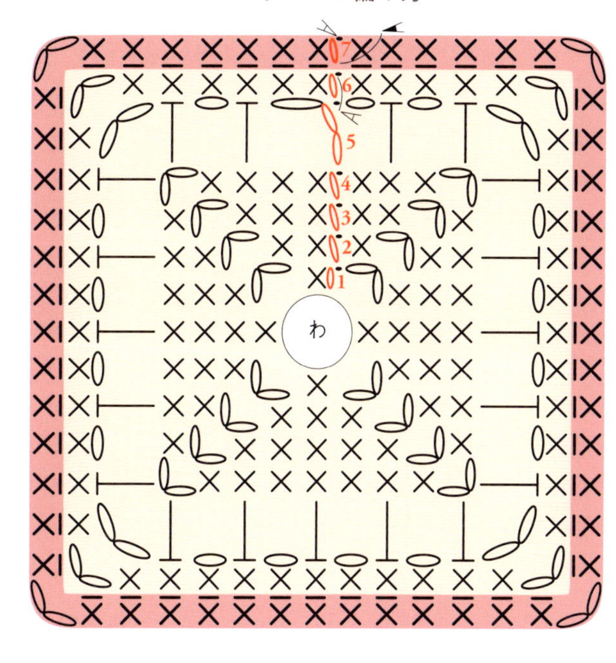

寸法配置図

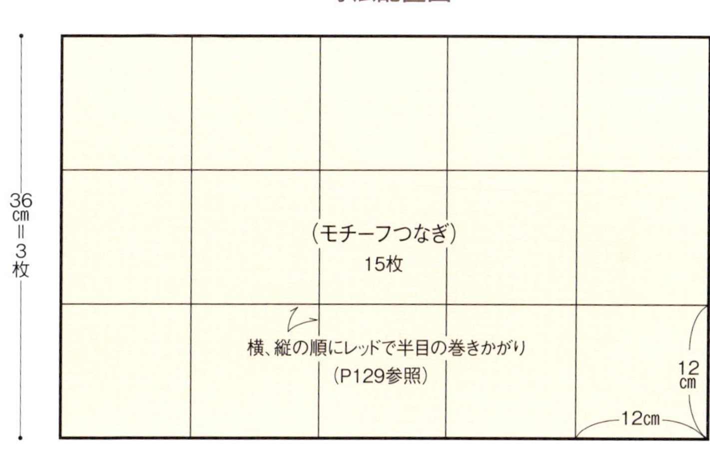

こま編みのすじ編み

1 モチーフの7段めは、前段のこま編みの頭の向こう側の糸をすくい、糸をかけて引き出す。

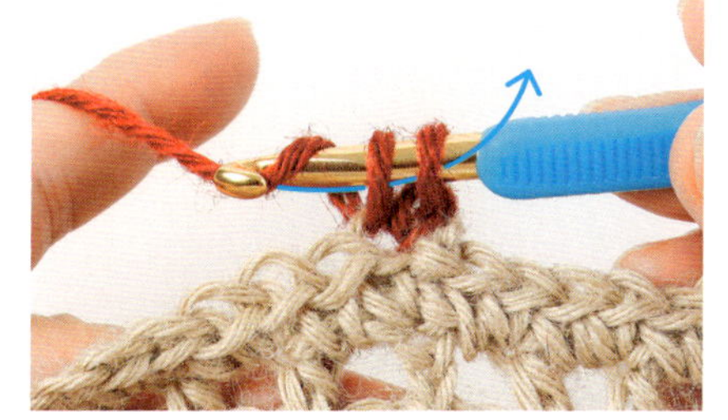

2 立ち上がりのくさり編みを1目編み、同じ目の向こう側の糸を1本すくってこま編みを編む。

3 同様に前段の頭の向こう側の糸をすくってこま編みを編む。

モチーフつなぎのショール

六角形モチーフをつなぎ合わせた、ウール素材のショールです。
少し枚数は多いですが、モチーフ自体はやさしく編めるので、
根気よく編みましょう。

デザイン »» 風工房
糸 »» ハマナカ エクシードウール FL《合太》
編み方 »» P134

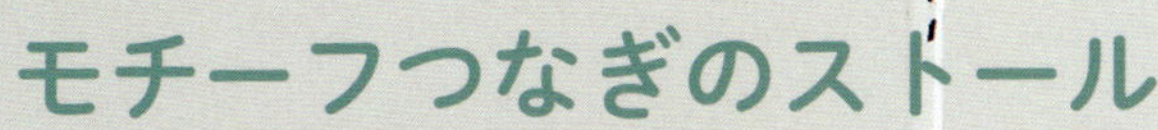

モチーフつなぎのストール

コットン糸で編んだストールは、夏の冷房対策にも一枚あると便利です。
ラベンダー色と透け感のあるモチーフが大人っぽく涼しげな印象です。

デザイン »» 横山純子
糸 »» ハマナカ ウオッシュコットン
編み方 »» P135

モチーフつなぎのショール

P 132

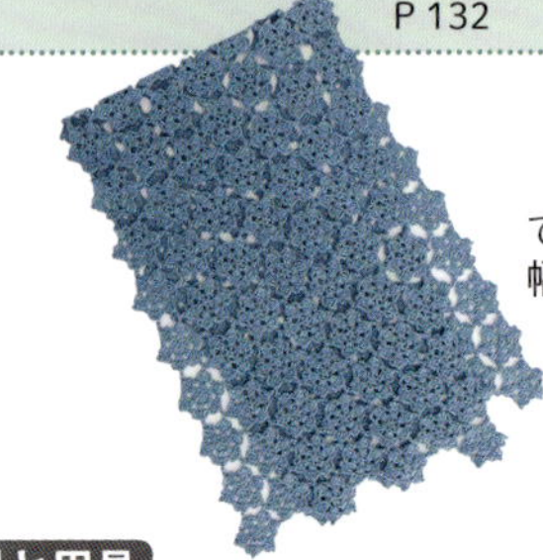

でき上がりサイズ／
幅44cm、長さ133cm

材料と用具

糸 ハマナカ エクシードウールFL《合太》(40g玉巻)
ブルーグレー(244) …………………… 260g

針 ハマナカアミアミ両かぎ針ラクラク……5/0号

モチーフの大きさ 一辺が4cmの六角形

編み方 糸は1本どり

モチーフはくさり編み4目を作り目して輪にし、図のように編む。2枚めからは最終段で先に編んだモチーフに引き抜き編みでつなぎながら編む。

モチーフの編み方

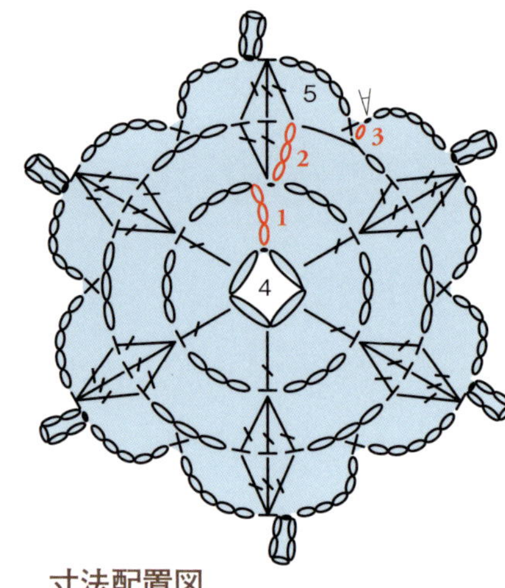

寸法配置図

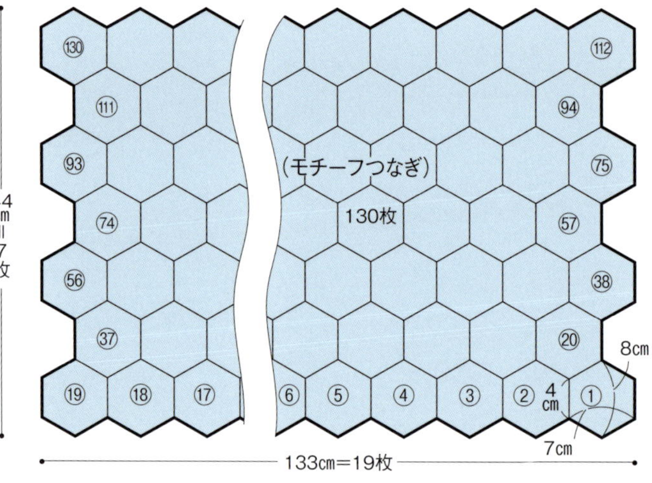

※①～⑬⓪の順に編みつなぐ

モチーフのつなぎ方

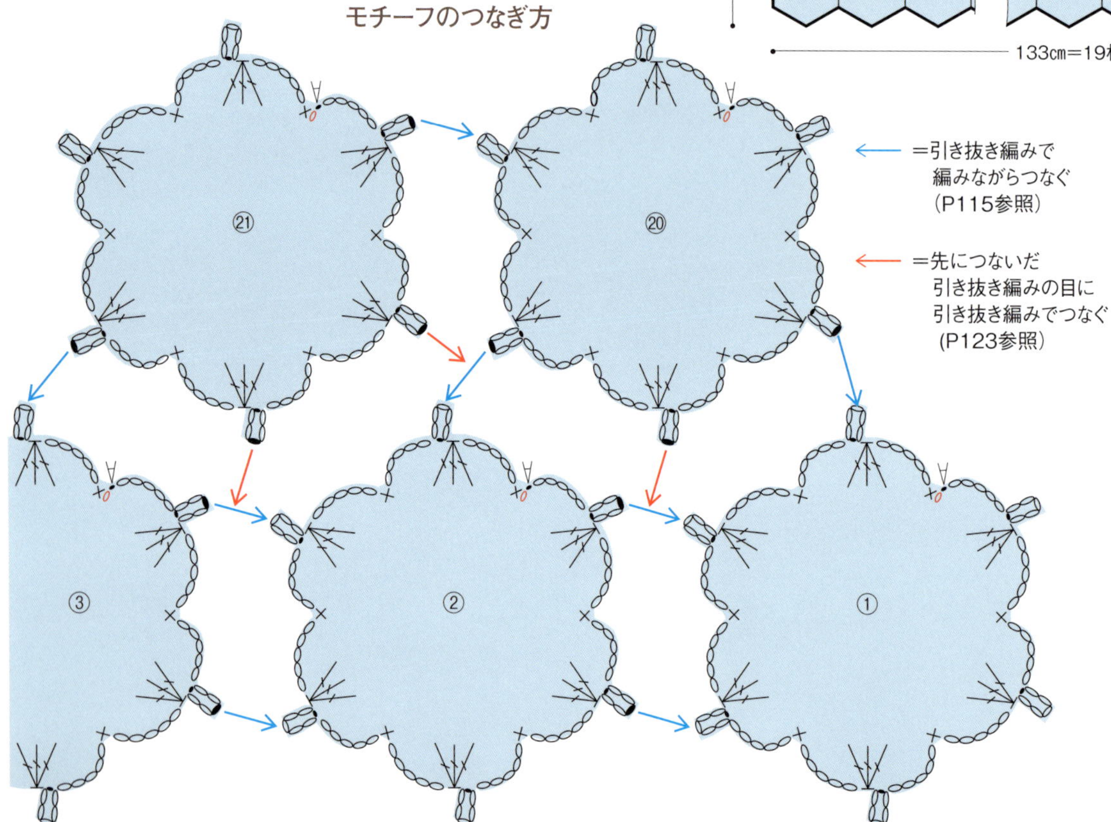

← =引き抜き編みで編みながらつなぐ (P115参照)

← =先につないだ引き抜き編みの目に引き抜き編みでつなぐ (P123参照)

= くさり編み

= こま編み

= 長編み

= 長編み3目編み入れる

= 長編み3目一度

= くさり5目のピコット

= 引き抜き編み

= 糸を切る

モチーフつなぎのストール

P 133

でき上がりサイズ／
幅36cm、長さ132cm

材料と用具

糸 ハマナカ ウオッシュコットン（40g玉巻）
ラベンダー（7）…………………… 260g

針 ハマナカアミアミ両かぎ針ラクラク…4/0号

モチーフの大きさ 12cm角

編み方 糸は1本どり

モチーフはくさり編み6目を作り目して輪にし、図のように編む。2枚めからは最終段で先に編んだモチーフに引き抜き編みでつなぎながら編む。

モチーフの編み方

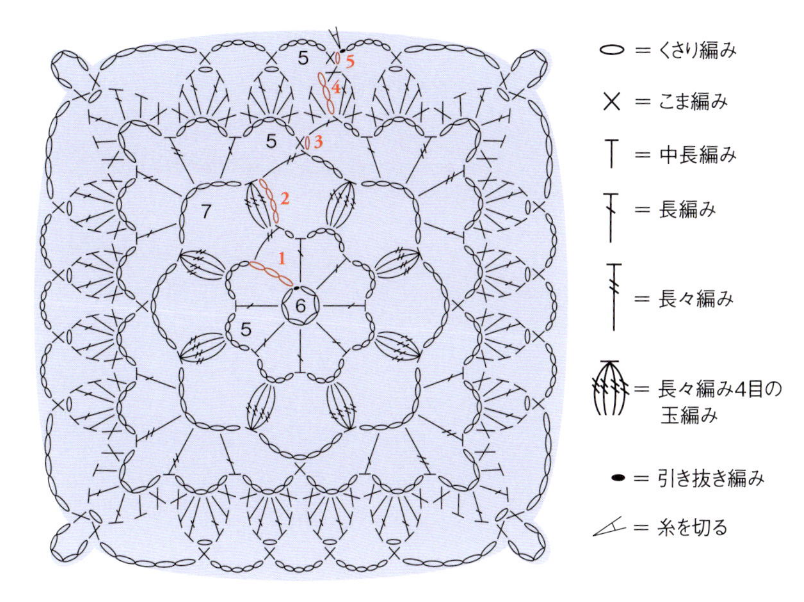

寸法配置図

㉝	㉜	㉛
㉚	㉙	㉘
㉗	㉖	㉕
⑮	⑭	⑬
⑫	（モチーフつなぎ）33枚 ⑪	⑩
⑨	⑧	⑦
⑥	⑤	④
③	②	①

132cm＝11枚

12cm

12cm

36cm＝3枚

※①～㉝の順に編みつなぐ

モチーフのつなぎ方

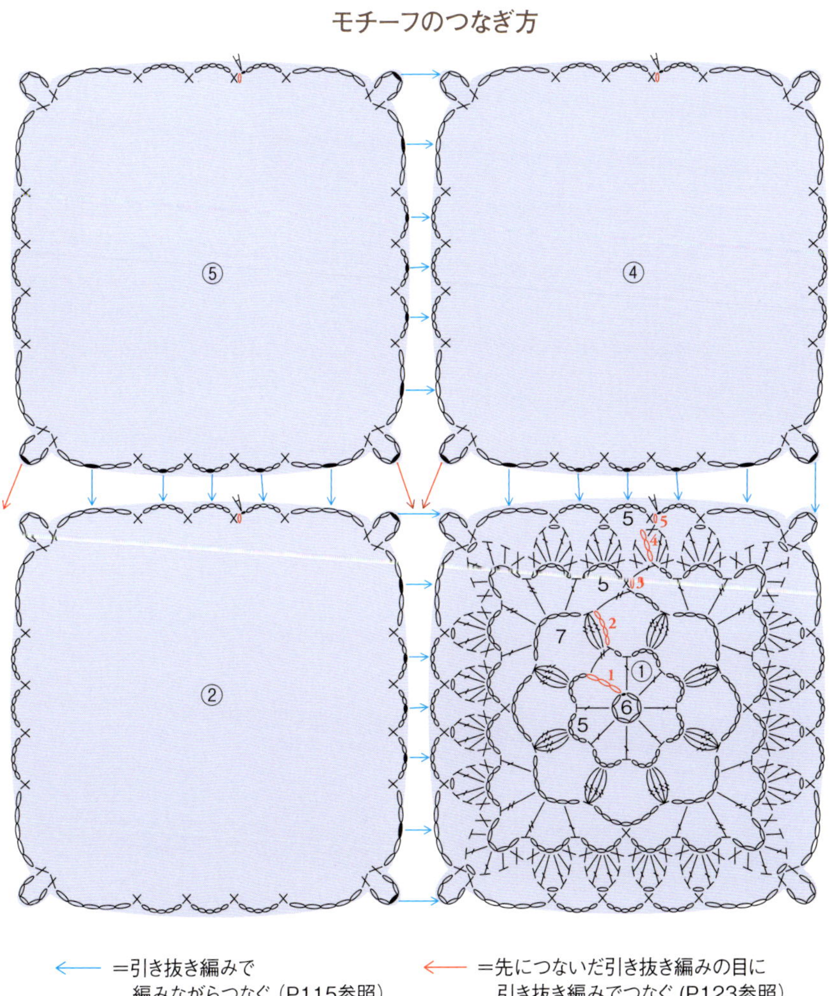

←＝引き抜き編みで編みながらつなぐ（P115参照）

←＝先につないだ引き抜き編みの目に引き抜き編みでつなぐ（P123参照）

Part 5 バッグとかご

流行のクラッチバッグをはじめ、ショルダーバッグやトートバッグなど、
おしゃれで使い勝手のよいバッグをセレクトしました。収納力たっぷりのインテリアバスケットも紹介します。

麻糸トートバッグ

麻糸で編むシンプルなトートバッグは、ナチュラル派の大定番。
持ち手部分はくさりを編んでから続けて編むので、糸を切らずに編めます。

デザイン »» 青木恵理子
糸 »» ハマナカ コマコマ
編み方 »» P137

麻糸トートバッグ

P 136

できあがりサイズ／図参照

材料と用具

糸 ハマナカ コマコマ(40g玉巻)
A 紺(11)……115g
モスグリーン(9)……70g
B ベージュ(2)……180g

針 ハマナカアミアミ両かぎ針ラクラク…8/0号

ゲージ こま編み 14目、14.5段＝10cm角

編み方 糸は1本どり、Aは指定の配色、Bはベージュで編む

底は糸端を輪にする方法で作り目し、こま編み6目を編み入れる。2段めからは図のように増し目をしながら13段編む。続けて側面をこま編みで編み、持ち手は1段めでくさり編み23目を編み、こま編みで編む。

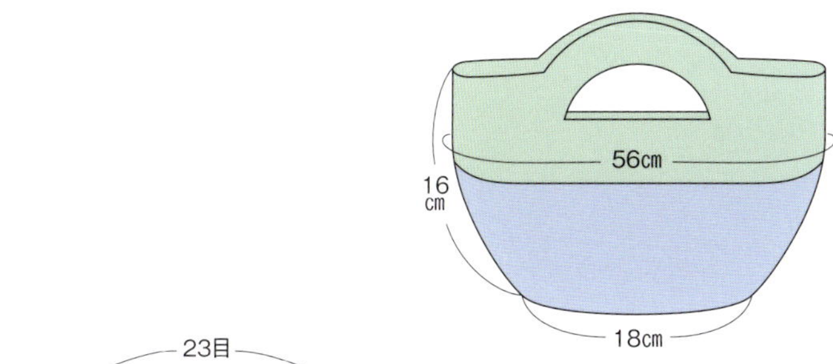

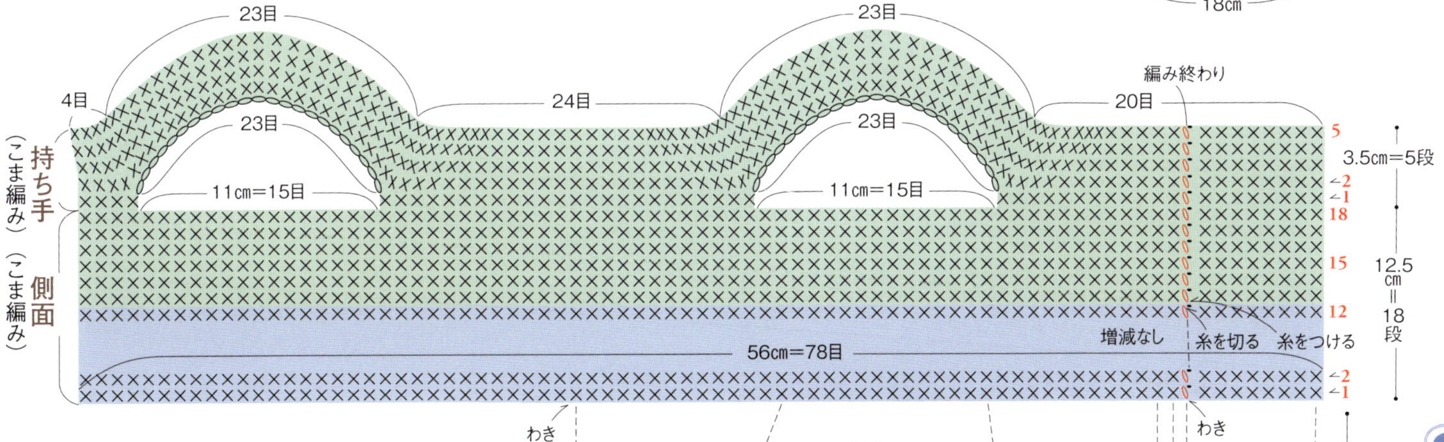

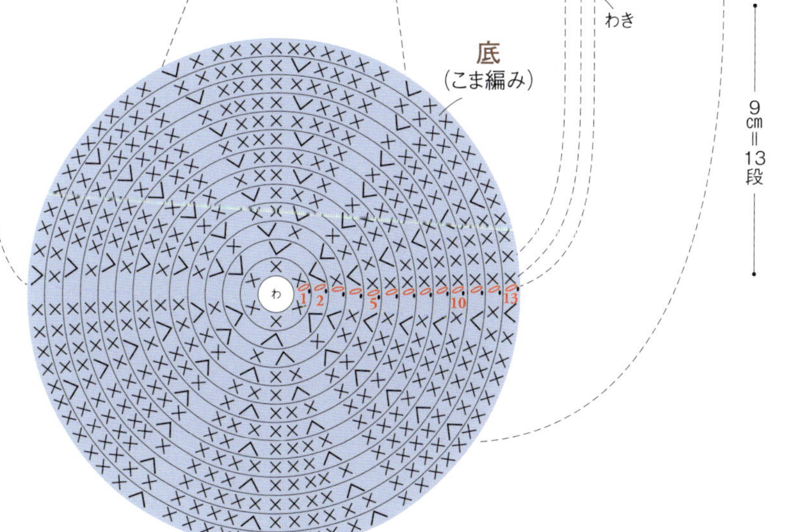

底の目数と増し方

段	目数	増し方
13	78目	毎段6目増す
12	72目	
11	66目	
10	60目	
9	54目	
8	48目	
7	42目	
6	36目	
5	30目	
4	24目	
3	18目	
2	12目	
1	6目編み入れる	

Aの配色

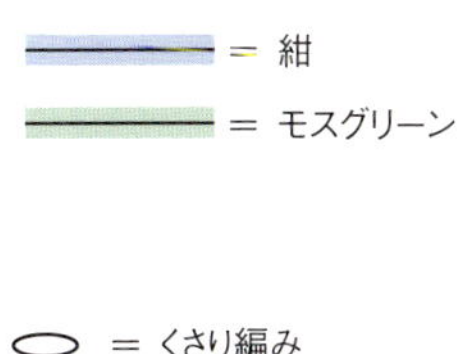

＝くさり編み

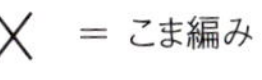
＝こま編み

＝こま編み2目編み入れる

● ＝引き抜き編み

Part 5 バッグとかご

がま口バッグ

モールヤーンをうね編みで編んだ、がま口バッグ。
チェーンの持ち手をつけておしゃれに仕上げました。
パーティーシーンにもおすすめです。

デザイン »» すぎやまとも
糸 »» ハマナカ ルナモール
編み方 »» P139

がまロバッグ

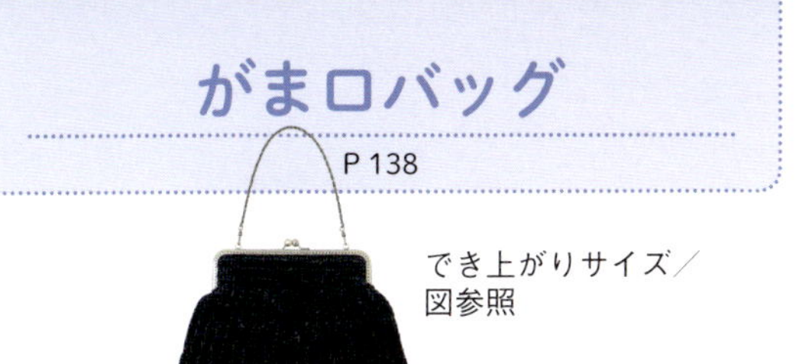

でき上がりサイズ／図参照

材料と用具

糸　ハマナカ ルナモール(50g玉巻)黒(10)…………85g
針　ハマナカアミアミ両かぎ針ラクラク……………7/0号
その他　ハマナカ バッグ用口金アンティーク
(横約21㎝×縦9㎝／H207-010)……… 1個
中袋用木綿地、接着芯………… 各31㎝×38㎝
テグス4号 …………………………………… 少々
長さ38㎝(ナスカンを含む)ナスカンつきチェーン… 1本

ゲージ　うね編み(本体)　14目、14段＝10㎝角

編み方　糸は1本どり

本体はくさり編み38目を作り目し、うね編みで44段編む。入れ口は本体から拾い目し、うね編みで8段両側に編む。本体を底中央から中表に二つ折りにして合印の部分を引き抜き編みではぎ合わせ、糸の始末をする。中袋は図(P140)の寸法に裁ち、裏に接着芯を貼って図のように縫う。本体に中袋を入れ、入れ口に中袋をまつりつける。口金をテグスで縫いつけ、チェーンをつける。

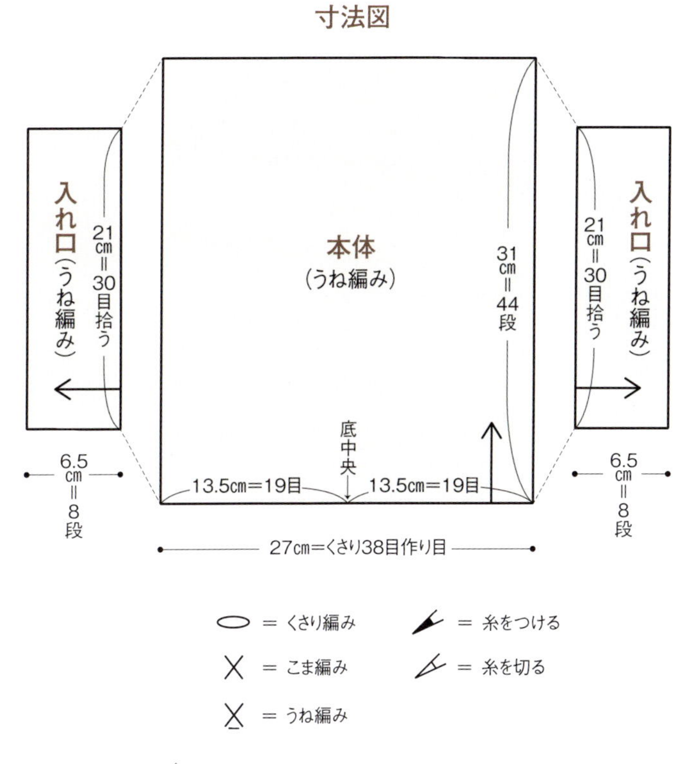

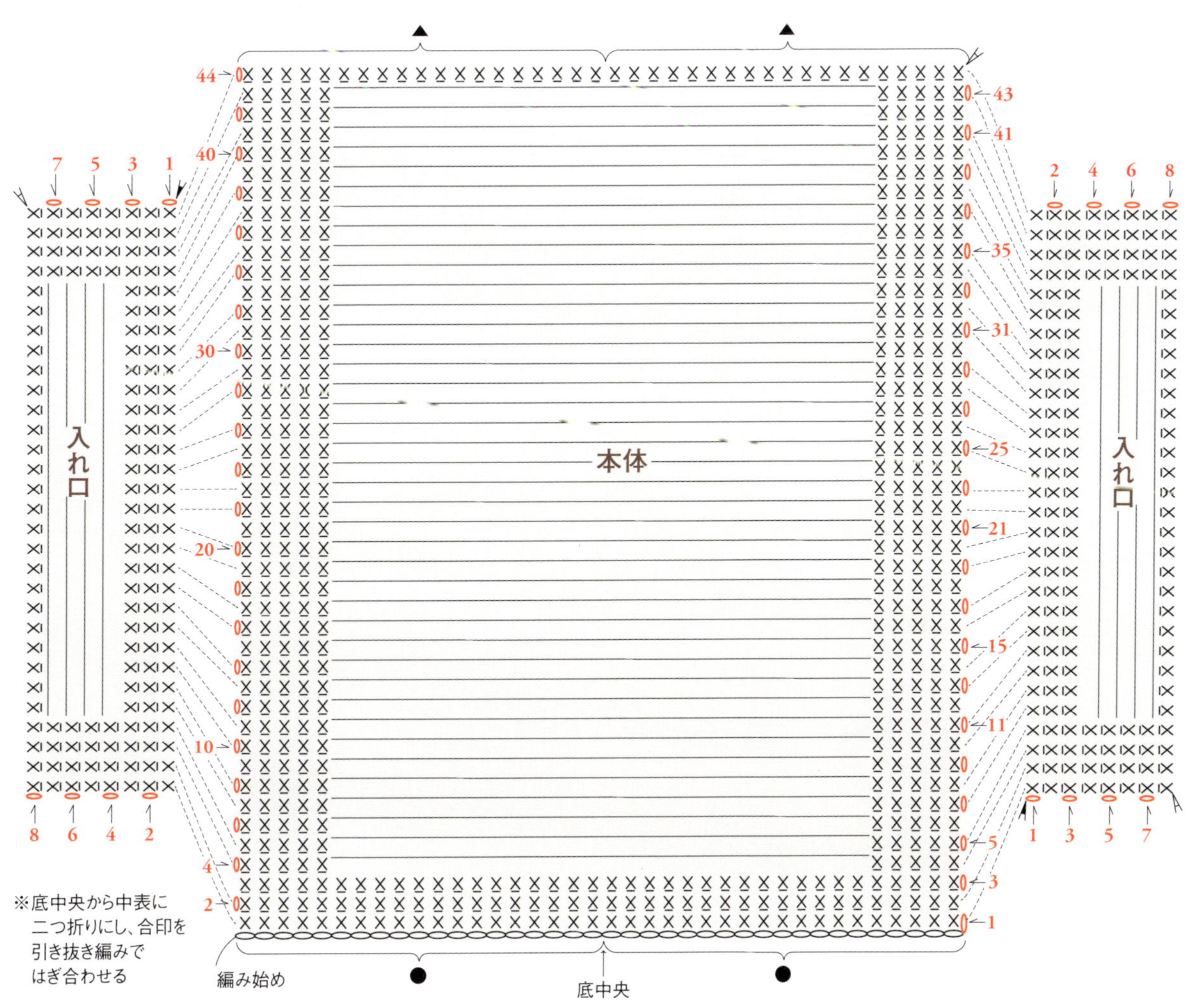

中袋の仕立て方とつけ方

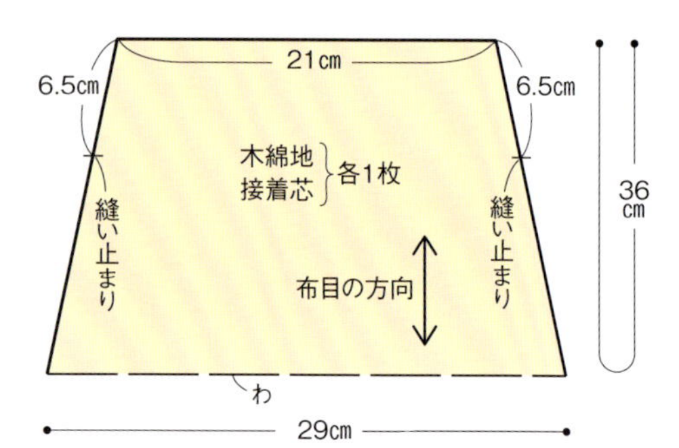

❶ まわりに1cmの縫い代をつけて中袋を裁つ
中袋の裏に接着芯をはっておく

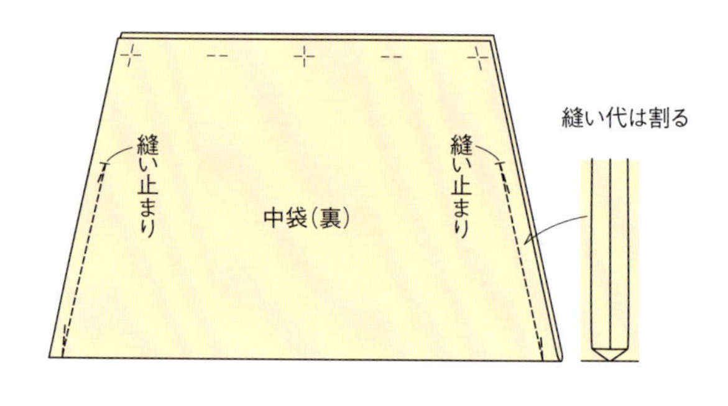

❷ 中表に二つ折りにし、両わきを底から
縫い止まりまで縫う

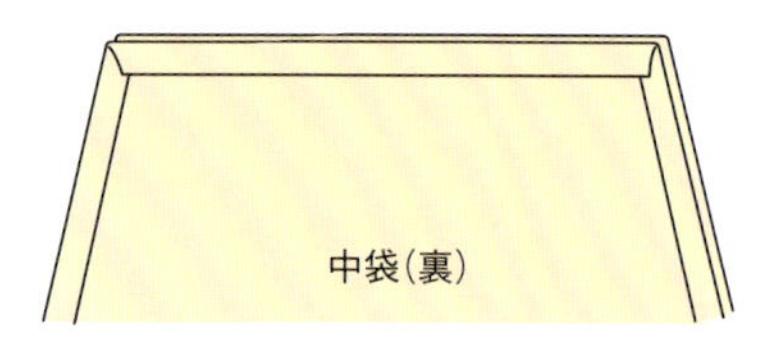

❸ 入れ口の縫い代を裏に折る

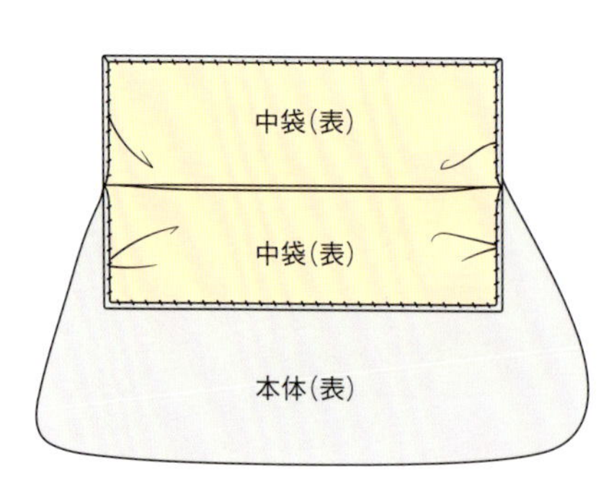

❹ 本体に中袋を入れ、入れ口にまつりつける

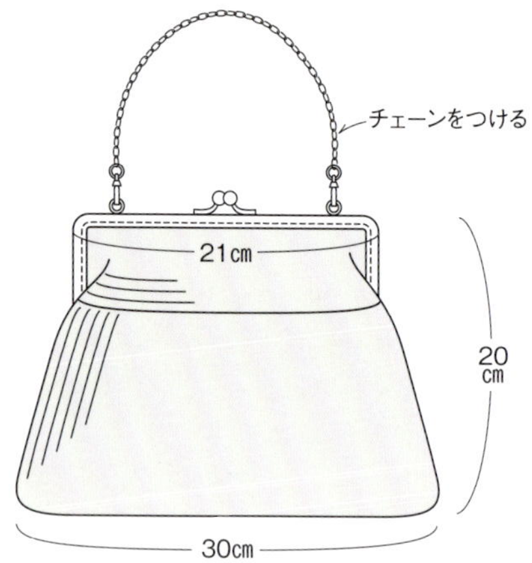

❺ テグスを使い、口金を返し縫いでつける
(写真参照)

口金のつけ方

※わかりやすいように糸とテグスの色をかえています。

1 本体と入れ口を編んでわきをはぎ合わせたら、中袋を作って入れ口にまつりつける。

2 編み地と中袋を口金の溝に入れ込む。

3 テグスをとじ針に通して大きめの結び玉を作り、口金の端の穴の裏側から針を出す。

4 口金の端から2番めの穴に表側から針を入れて裏側に出す。

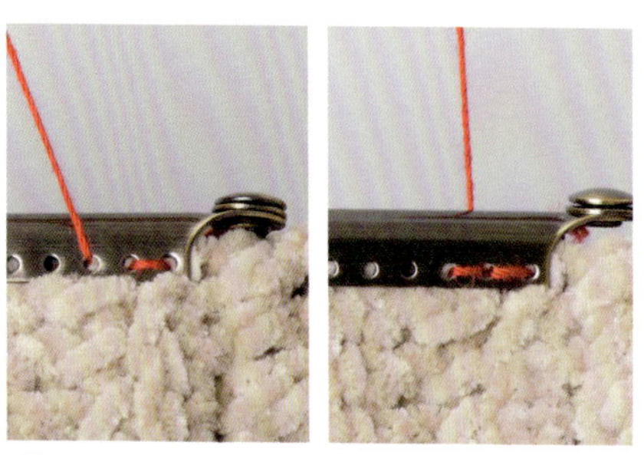

5 3番めの穴に裏側から針を入れて表側に出し、2番めの穴に入れる。

6 同様に返し縫いで口金をつけていく。テグスはゆるみやすいので、そのつど引き締めながら縫いつける。

プレゼントのアイデア

手編みのアイテムをプレゼントするときの、
ラッピングや演出のアイデアを紹介します。

織りタグをつける

手編みのアイテムに既成のタグを縫いつければ、ワンランクアップの仕上がりに。マフラーやストール、バッグなどにおすすめです。

タグをつける

エコたわしのようなアイテムには、アイテム名を書いたタグをつけてプレゼントすると親切です。一言メッセージを添えてもいいですね。

袋に入れる

ちょっとしたギフトは、白い半透明のグラシン紙の袋に入れて渡しましょう。中身が少し透けて見えてステキです。きちんと感もあります。

紙袋＋メッセージカード

紙袋に入れるくらいのカジュアルなラッピングは、もらい手も気をつかわずに受け取れそうです。メッセージカードに気持ちを添えて。

かごに入れてセットに

ベビーグッズはかごに入れて、市販のタオルやリネン類と一緒にラッピングすると喜ばれそう。コースターとグラス、エコたわしと台所洗剤などもおすすめです。

お菓子を添える

ソックスのオーナメントにお菓子を入れて、クリスマスのプチギフトに。お菓子が入った小さなバッグやバスケットもうれしいですね。

かごバッグ

エコアンダリヤで編んだかごバッグは、大小の2サイズを紹介。
小さいバッグは、子ども用にも
ちょっとそこまでのお出かけにもちょうどいいサイズです。

デザイン »» 橋本真由子
糸 »» ハマナカ エコアンダリヤ
編み方 »» P144

巾着バッグ

流行の巾着型のバッグは、
ビビッドな色で編むとリゾートシーンにぴったり。
側面は増減なく編めるので、初心者でも編みやすいです。

デザイン »» 橋本真由子
糸 »» ハマナカ エコアンダリヤ
編み方 »» P146

かごバッグ

P 142

でき上がりサイズ／図参照

小　大

材料と用具

糸　ハマナカ エコアンダリヤ（40g玉巻）

小 レトロブルー（66）…………………… 110g

大 ベージュ（23）………………………… 180g

針　ハマナカアミアミ両かぎ針ラクラク…5/0号

その他　大 ハマナカ レザー底（大／ベージュ）（H204-619）………………… 1枚

ゲージ　こま編み（持ち手を除く）　19目、19段＝10cm角

模様編み　4模様＝8.5cm弱　6.5段＝10cm

編み方　糸は1本どり

小は糸端を輪にする方法で作り目し、底をこま編みで図のように増しながら編む。大はレザー底の60穴にこま編みを120目編み入れる。どちらも続けて側面をこま編みと模様編みで図のように編む。持ち手はくさり編みを指定の目数作り目してこま編みで編み、中央部分を編み始めと編み終わりを突き合わせにして半目の巻きかがりではぎ合わせる。同様にもう1本編み、指定の位置にまつりつける。

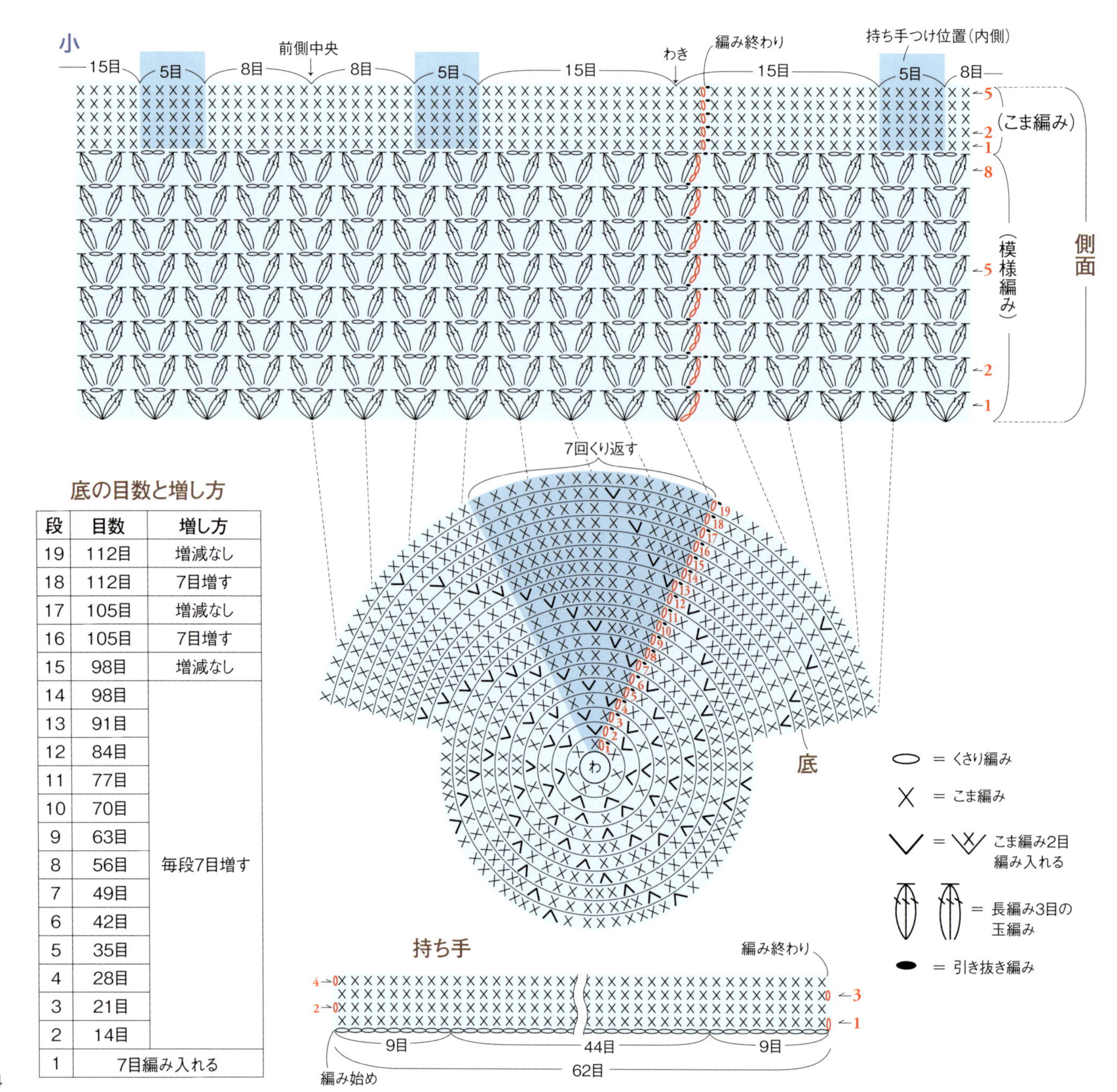

底の目数と増し方

段	目数	増し方
19	112目	増減なし
18	112目	7目増す
17	105目	増減なし
16	105目	7目増す
15	98目	増減なし
14	98目	毎段7目増す
13	91目	
12	84目	
11	77目	
10	70目	
9	63目	
8	56目	
7	49目	
6	42目	
5	35目	
4	28目	
3	21目	
2	14目	
1	7目編み入れる	

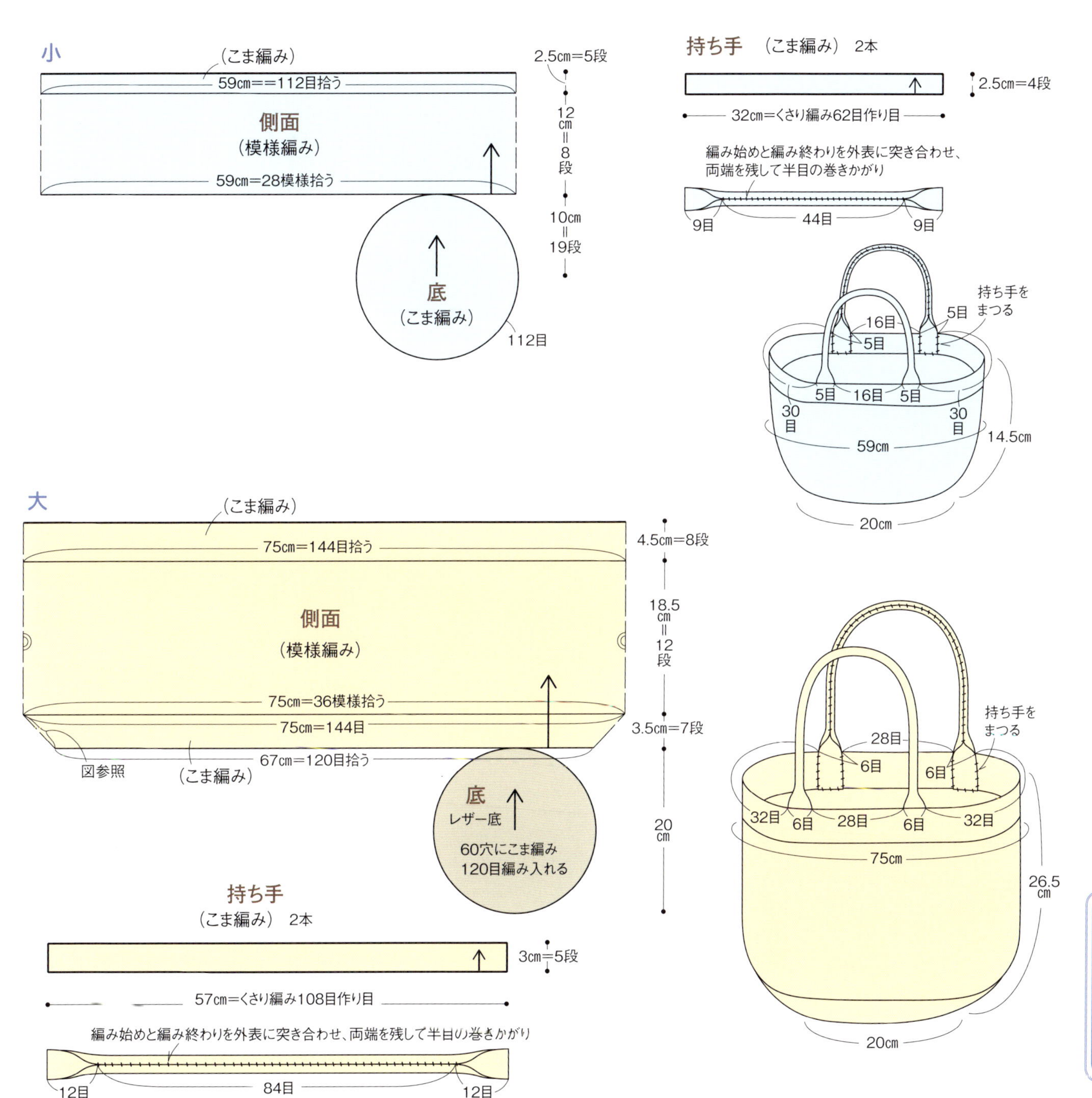

Part 5

バッグとかご

レザー底にこま編みを編み入れる

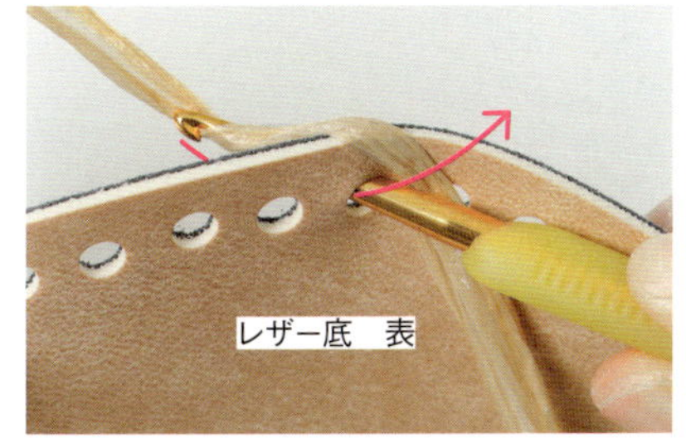

1 レザー底の穴に手前から針を入れ、糸端を10cm残して糸をかけて引き出す。底の穴はどこからスタートしてもよい。

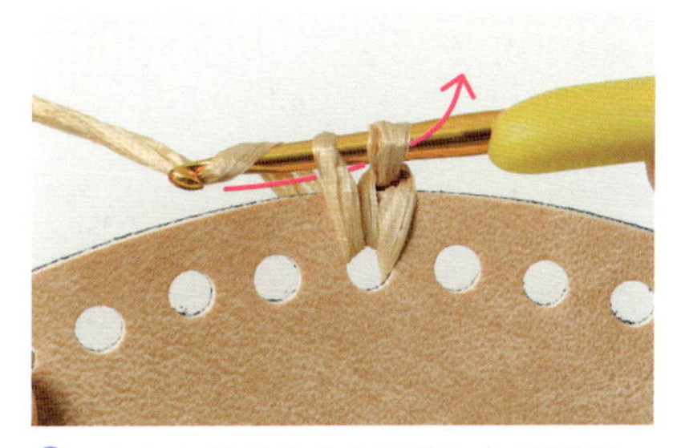

2 立ち上がりのくさり編みを1目編み、こま編みを1目編む。

3 1穴に2目ずつ、こま編みを編み入れる。

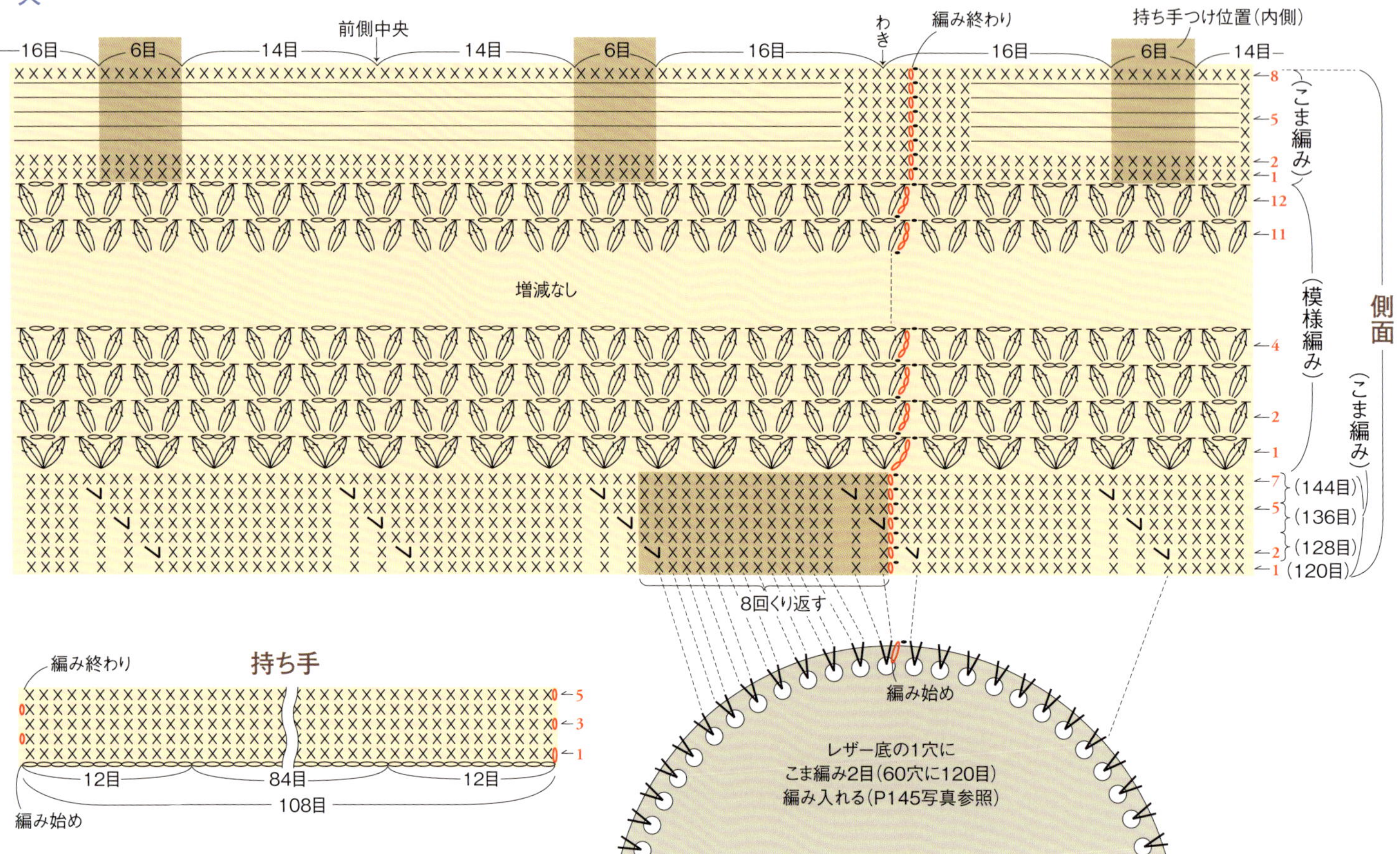

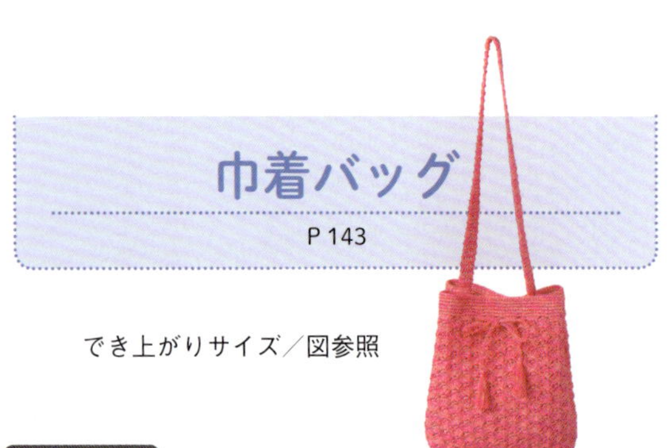

巾着バッグ

P 143

でき上がりサイズ／図参照

材料と用具

糸　ハマナカ エコアンダリヤ(40g玉巻)

ピンク(46)……………………………190g

針　ハマナカアミアミ両かぎ針ラクラク… 6/0号

ゲージ　模様編み

1模様＝4㎝　4模様(8段)＝8.5㎝

編み方　糸は1本どり

底はくさり編み25目を作り目し、こま編みで図のように増しながら編む。続けて側面を模様編みとこま編みで編む。持ち手は側面から続けてこま編みで編み、反対側のわきに全目の巻きかがりではぐ。ひもを編んで模様編みの最終段に通す。

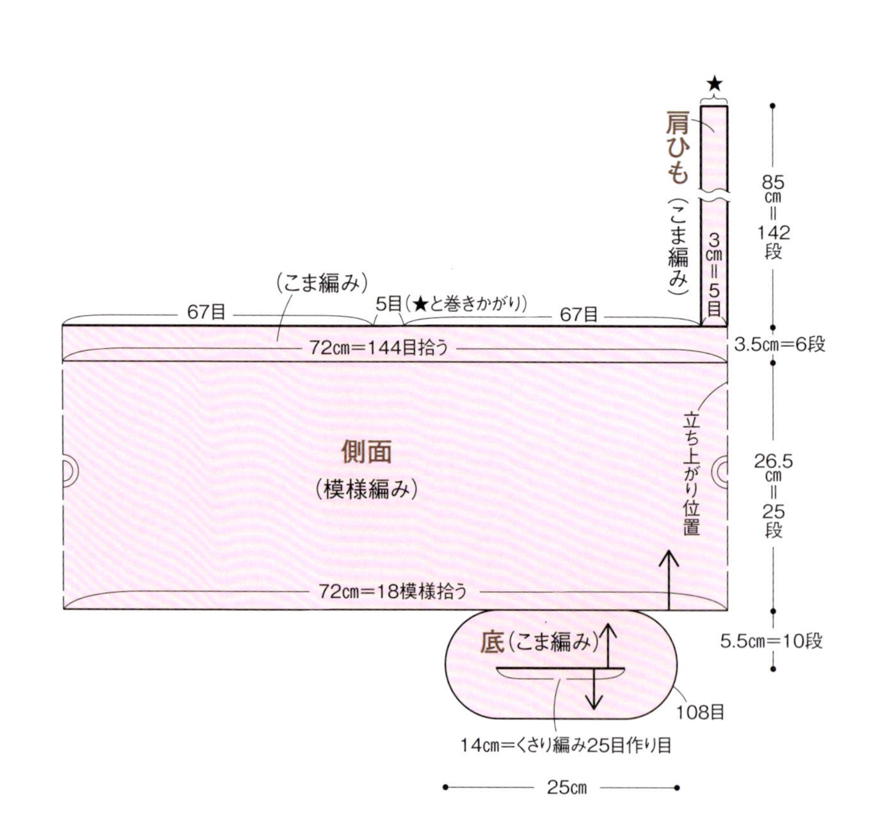

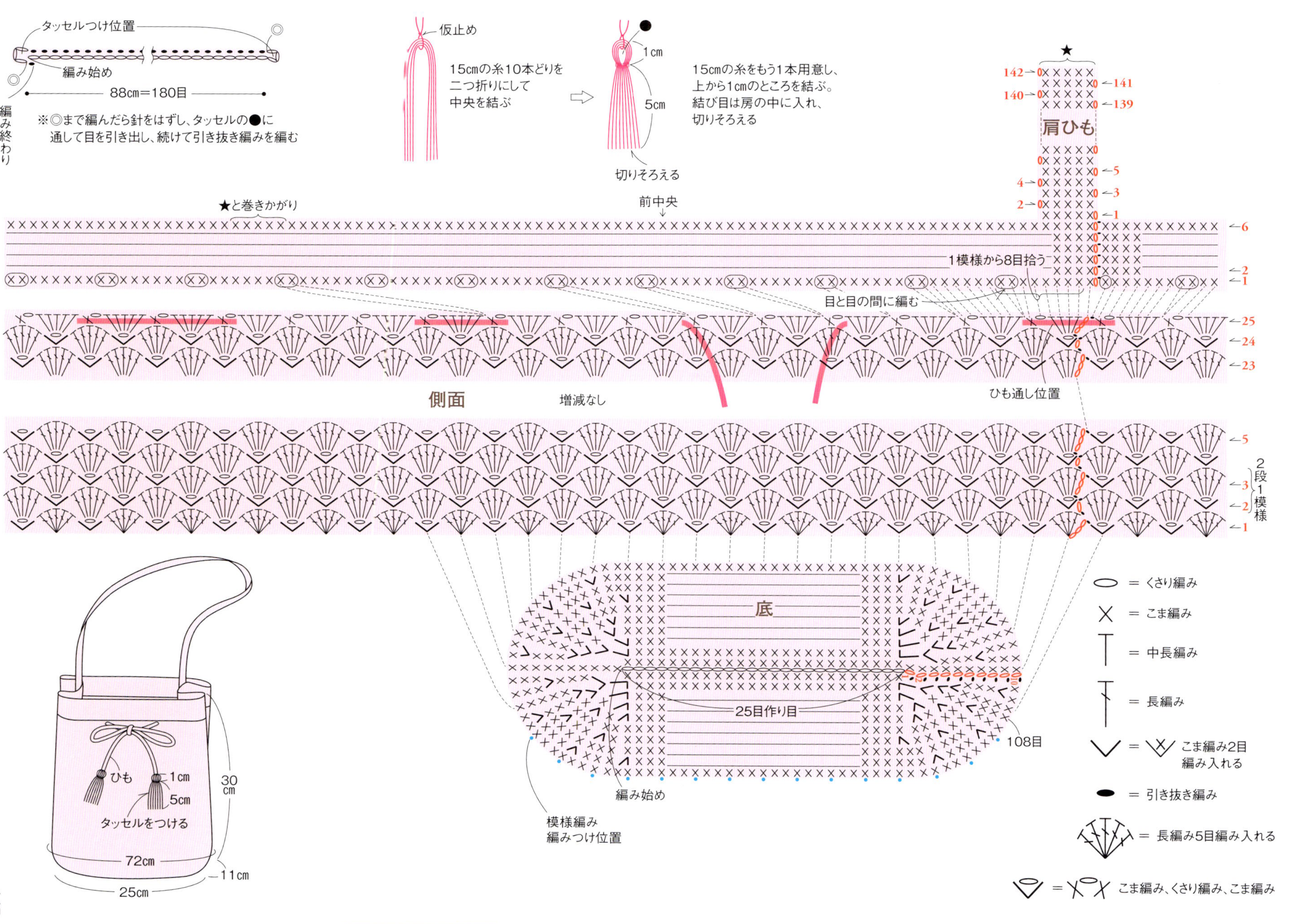

ひも　1本
タッセルつけ位置
編み始め
88cm=180目
編み終わり
※◎まで編んだら針をはずし、タッセルの●に
通して目を引き出し、続けて引き抜き編みを編む
タッセルのつけ方　2個作る
仮止め
15cmの糸10本どりを
二つ折りにして
中央を結ぶ
1cm
5cm
15cmの糸をもう1本用意し、
上から1cmのところを結ぶ。
結び目は房の中に入れ、
切りそろえる
切りそろえる
肩ひも
★と巻きかがり
前中央
1模様から8目拾う
目と目の間に編む
ひも通し位置
側面
増減なし
2段1模様
底
25目作り目
108目
編み始め
模様編み
編みつけ位置
= くさり編み
= こま編み
= 中長編み
= 長編み
= こま編み2目編み入れる
= 引き抜き編み
= 長編み5目編み入れる
= こま編み、くさり編み、こま編み
ひも
1cm
5cm
30cm
タッセルをつける
72cm
11cm
25cm

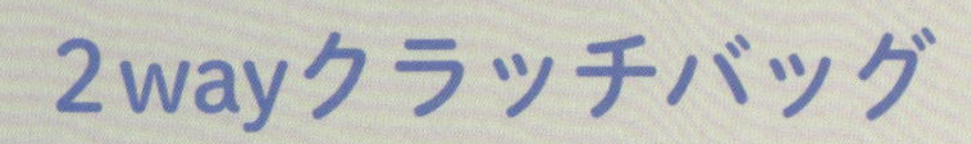

2wayクラッチバッグ

超極太糸で編むクラッチバッグは、
メタルボタンとタッセルをつけて流行のデザインに。
肩ひもは取りはずしができるので、2wayで使えます。

デザイン »» 橋本真由子
糸 »» ハマナカ ドーナツ
編み方 »» P150

バイカラークラッチバッグ

二つ折りタイプのクラッチバッグはバイカラーで。
持ち手穴をあけてあるので、フラットなバッグとしても使えます。

デザイン »» すぎやまとも
糸 »» ハマナカ ドーナツ
編み方 »» P152

2wayクラッチバッグ

P 148

でき上がりサイズ／
幅30cm、深さ 22cm、
まち幅2cm

材料と用具

糸　ハマナカ ドーナツ（200g玉巻）
　ブルーグリーン（5）……………………260g
　グレー（4）……………………………120g

針　ハマナカアミアミ両かぎ針ラクラク… 10/0号

その他　長さ3cmのレバーつきナスカン………2個
　直径2cmのコンチョ風メタルボタン…1個

ゲージ

こま編み　10目、10段＝10cm角

模様編み　1模様＝6cm　3模様（6段）＝9.5cm

編み方　糸は1本どり

底はくさり編み29目を作り目し、作り目の両側にこま編み60目を編み入れる。続けて側面をこま編みで輪に19段編み、前側のみに引き抜き編みを1段編む。色をかえてふたを後ろ側から拾い目し、模様編みで12段編む。ふた中央に糸をつけ、図のようにタッセルを作る。肩ひもは糸にナスカンを通しておき、図のように編む。ボタンをつける。

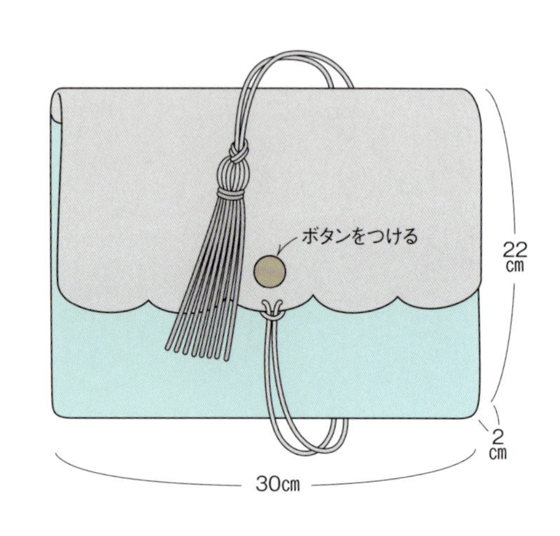

肩ひも

肩ひも　1本

ブルーグリーン

◎
●
編み終わり
100cm＝135目
編み始め

①糸にナスカンを2個通しておき、◎のくさり編みを編んだら、この位置にナスカンを1個移動させ、引き抜き編みを編む

②端まで引き抜き編みを編み、●のくさり編みを編んだら、もう1個のナスカンを移動させ、作り目の1目めに引き抜き編みを編む

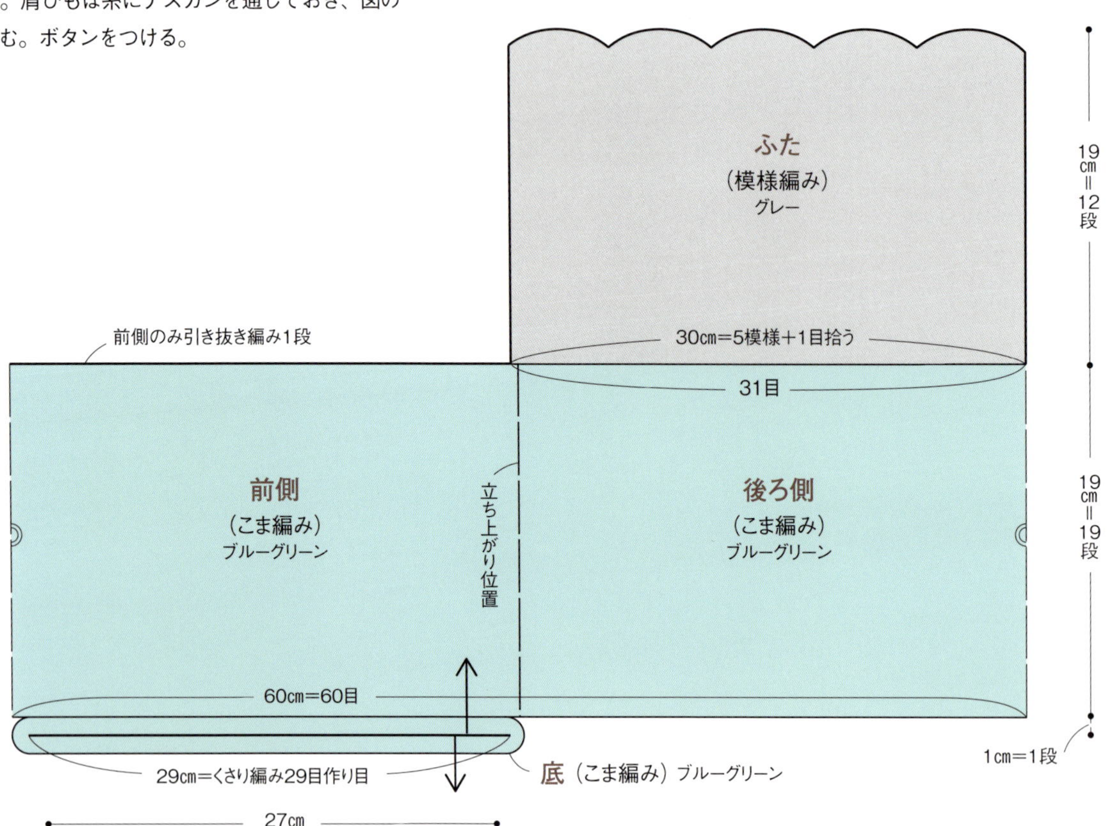

ひものつけ方

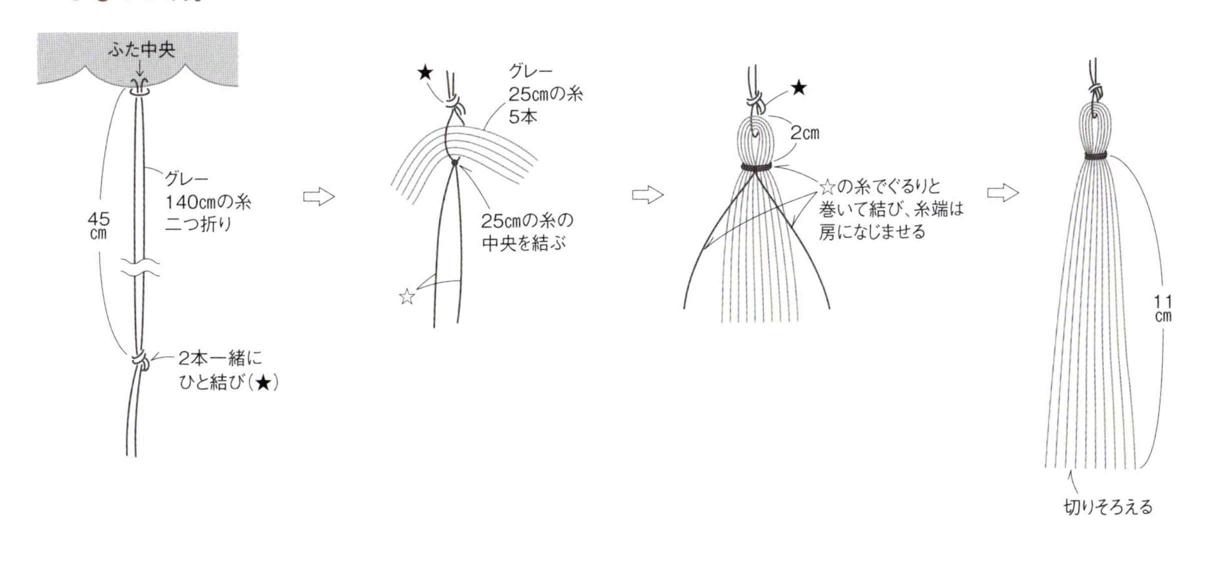

ふた中央
グレー
140cmの糸
二つ折り
45cm
2本一緒に
ひと結び（★）
★
グレー
25cmの糸
5本
25cmの糸の
中央を結ぶ
☆
★
2cm
☆の糸でぐるりと
巻いて結び、糸端は
房になじませる
11cm
切りそろえる

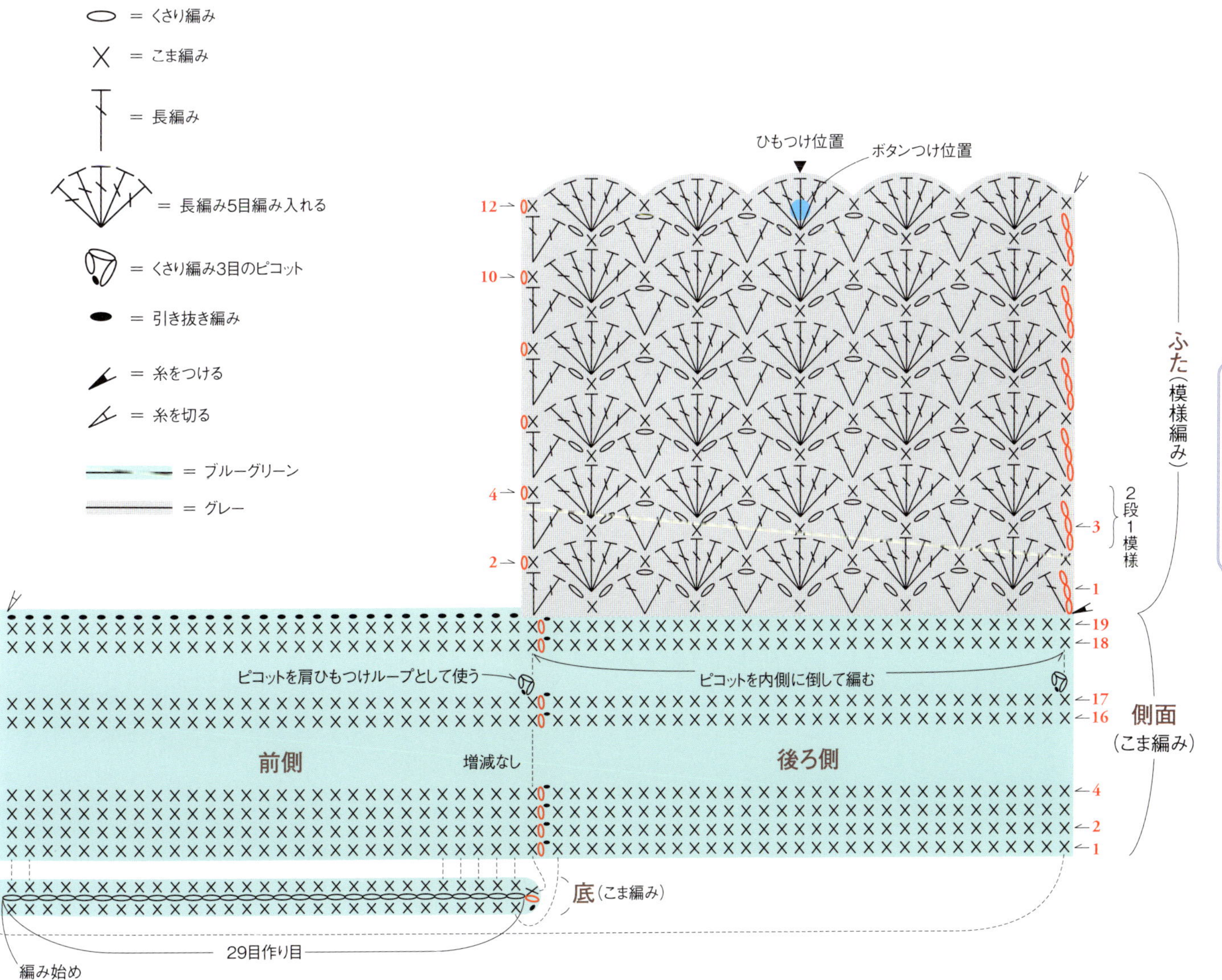

= くさり編み
= こま編み
= 長編み
= 長編み5目編み入れる
= くさり編み3目のピコット
= 引き抜き編み
= 糸をつける
= 糸を切る
= ブルーグリーン
= グレー
ひもつけ位置
ボタンつけ位置
12
10
4
2
3
1
2段1模様
ふた（模様編み）
19
18
17
16
4
2
1
ピコットを肩ひもつけループとして使う
ピコットを内側に倒して編む
前側
増減なし
後ろ側
側面（こま編み）
底（こま編み）
29目作り目
編み始め

バイカラークラッチバッグ

P 149

でき上がりサイズ／
幅31.5cm、
深さ 30cm、
まち幅4cm

材料と用具

糸　ハマナカ ドーナツ（200g玉巻）
　ベージュ（2）……………190g
　黒（8）………………………180g

針　ハマナカアミアミ両かぎ針ラクラク
　……………………………10/0号

その他　直径3.5cmのホック……1組

ゲージ

こま編みのすじ編み　10.5目、9.5段＝10cm角

編み方

糸は1本どり

底はくさり編み29目を作り目し、作り目の両側にこま編みを編み入れ、増し目をしながら2段編む。続けて側面をこま編みのすじ編みで編むが、14段めからは色をかえて11段編む。指定の位置に糸をつけ、持ち手部分を残して2段編んだら、3段めは元の立ち上がりの位置に糸をつけ、持ち手部分にくさり編みで作り目をしながら編む。さらに2段こま編みのすじ編みを編み、持ち手部分に引き抜き編みを編む。

＝くさり編み
＝こま編み
＝こま編みのすじ編み
＝ こま編み2目編み入れる
＝引き抜き編み
＝糸をつける
＝糸を切る

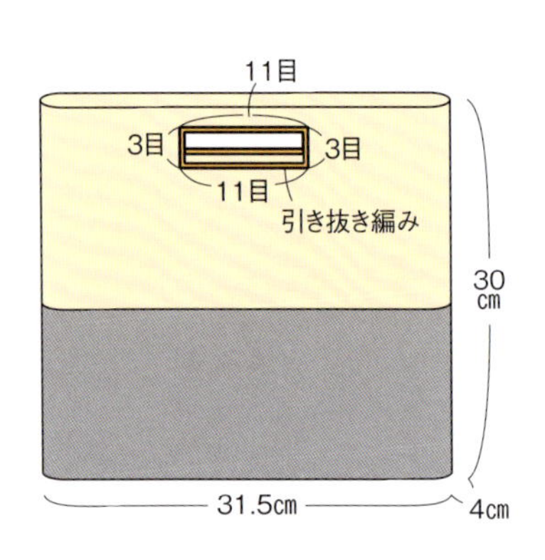

寸法図

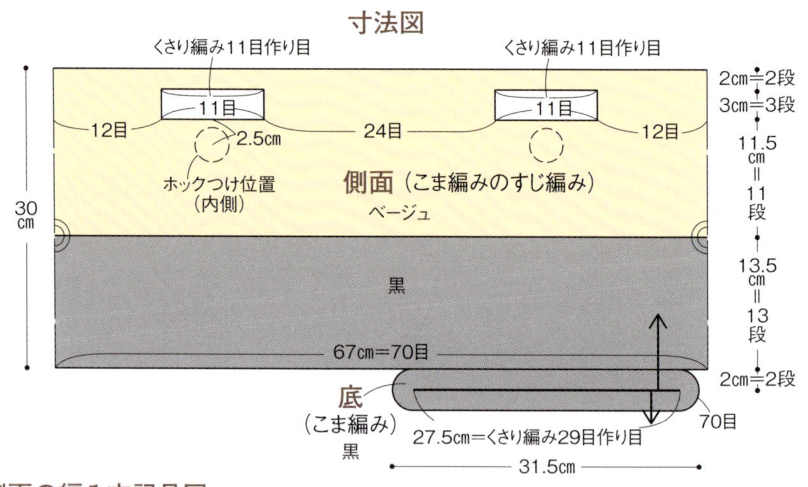

底と側面の編み方記号図

この段のみ編み方向が違うので
この段を編むときは手前側の1本をすくう

持ち手

側面

底

編み始め

←2
←1
←3
→2
←1
←11
←10
←5
←2
←1
←13
←10
←5
←2
←1
1

チャームを作ろう！

あまり糸でボンボンやタッセルが作れます。
バッグにつければ、おしゃれなワンポイントになります。

ボンボン

市販のボンボン作り器「くるくるボンボン」での作り方を紹介します。

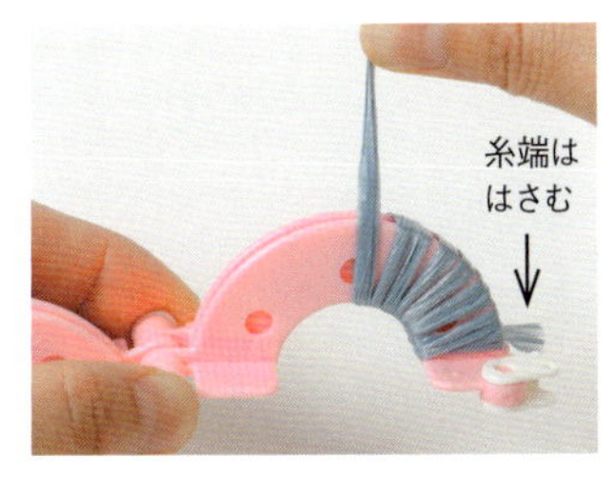

1 くるくるボンボンの凸部分と穴を合わせて重ね、糸を巻く(ここでは直径5.5cmのくるくるボンボンを使用)。

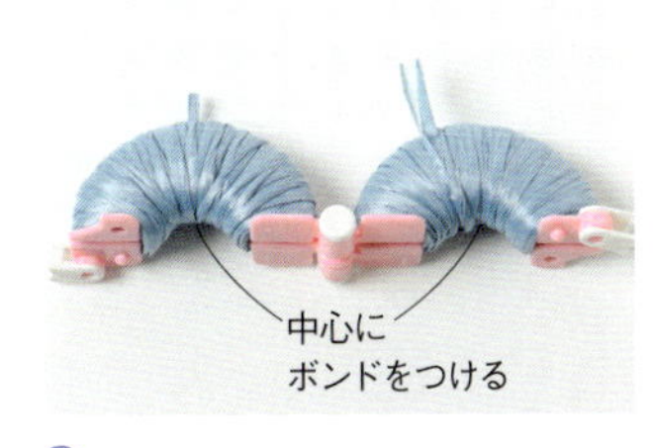

2 全体が均一の半円になるように糸を巻く(ここではエコアンダリヤを片側200回ずつ)。中心にボンドをつける。

3 くるくるボンボンのストッパーをとめて固定し、くるくるボンボンの間にハサミを入れてカットする。

4 長さ30cmの綿糸やワックスコードなどの細い糸をみぞに通し、糸を二重に巻いて結ぶ。さらにもう一度しっかりと結ぶ。

5 くるくるボンボンのストッパーを、片方ずつはずす。

6 くるくるボンボンをはずしたところ。

7 ボンボンの表面にアイロンのスチームを当てて(糸が広がり、すき間が埋まる)、丸くカットする。

8 結び糸をひと結びする。でき上がり。

タッセル

厚紙を使ってかんたんに作る方法を紹介します。

1 厚紙に糸を巻きつける。

2 巻いたところ(ここではドーナツを15cmの厚紙に10回)。

3 長さ30cmの別糸で上側の輪の部分をしっかりと結ぶ。

4 厚紙をはずす。

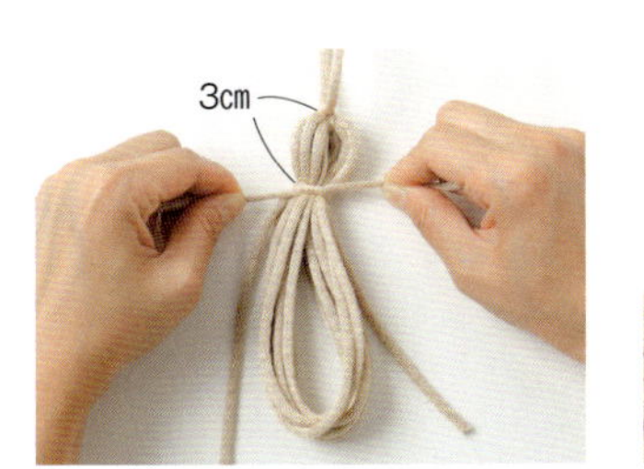

5 さらに長さ35cmの別糸で3cmのところをしっかりと2回結ぶ。

6 5で結んだ糸の残りをとじ針に通し、房の中に入れ込む。

7 下側の輪をカットする。

8 房を切りそろえる。3の別糸をひと結びする。でき上がり。

麻糸のワンハンドルバスケット

こま編みとくさり編みの簡単な編み方ですが、
前々段の編み目にこま編みを編むことで、
しっかりとした編み地に仕上がります。

デザイン »» 橋本真由子
糸 »» ハマナカ コマコマ
編み方 »» P155

麻糸のワンハンドルバスケット

P 154

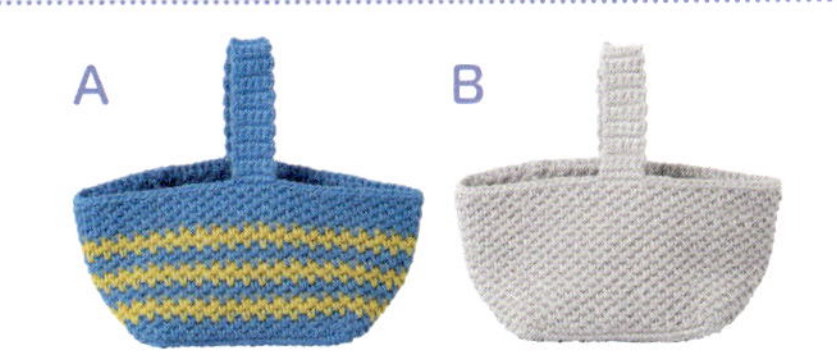

でき上がりサイズ／
幅20cm、深さ14cm、まち幅14.5cm

材料と用具

糸 ハマナカ コマコマ（40g玉巻）
- A ライトブルー（5）……160g
- イエロー（3）……60g
- B グレー（13）……220g

針 ハマナカアミアミ両かぎ針ラクラク … 8/0号

ゲージ 模様編み 13目、18.5段＝10cm角
こま編み 13目、15段＝10cm角

編み方 糸は1本どり

底はくさり編み23目を作り目し、こま編みで19段編んだらまわりにこま編みを1段編む。続けて側面を模様編みで編むが、Aは指定の配色でしま模様に編む。このとき糸は切らずに裏側に渡す。指定の位置に糸をつけ、持ち手をこま編みで32段編み、後ろ側中央に全目の巻きかがりではぎ合わせる。

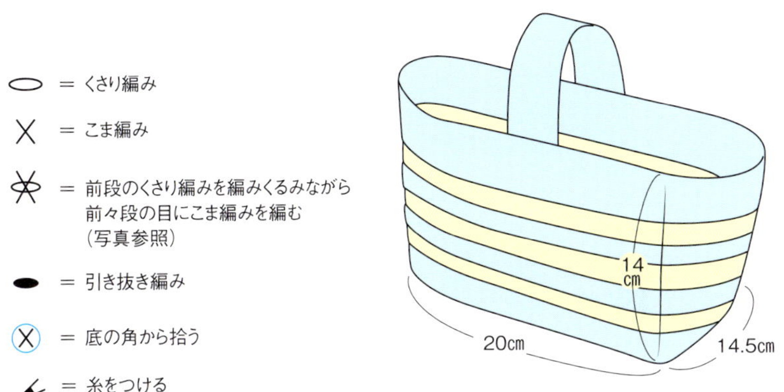

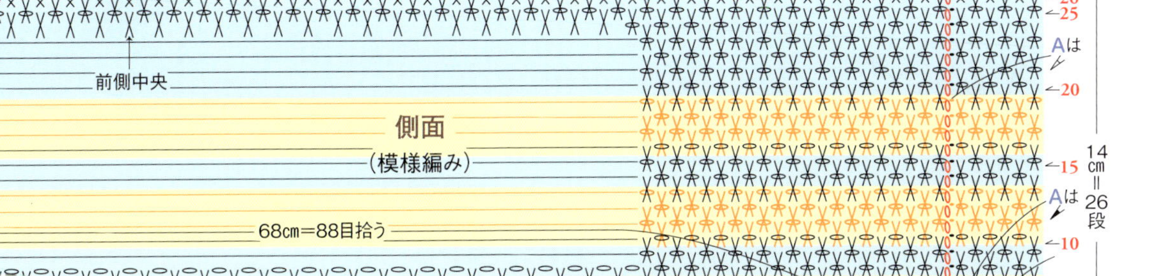

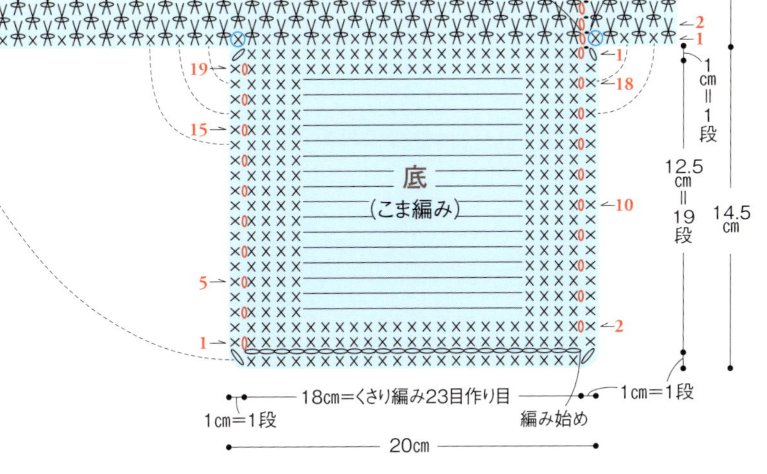

の編み方

前段のくさり編みを編みくるみながら、前々段のこま編みの頭にこま編みを編む。

インテリアバスケット

衣類や雑誌などを入れるのに重宝する、
収納力たっぷりの丸底バスケット。
小・中・大の3サイズは、それぞれ1玉、2玉、3玉で編めます。

デザイン »» 青木恵理子
糸 »» ハマナカ ドーナツ
編み方 »» P157

インテリアバスケット

P 156

でき上がりサイズ／図参照

材料と用具

糸　ハマナカ ドーナツ（200g玉巻）

- 大 からし色（3）……………………360g
- 　オフホワイト（1）……………200g
- 中 赤（7）…………………………370g
- 小 紺（6）…………………………200g

針　ハマナカアミアミ竹製かぎ針 …7mm

ゲージ　こま編み　8.5目、9.5段＝10㎝角

編み方　糸は1本どり、大は指定の配色、中は赤、小は紺で編む

底は糸端を輪にする方法で作り目し、こま編みを6目編み入れる。2段めからは増し目をしながら指定の段数を編む。続けて側面をこま編みで編む。持ち手は指定の位置に糸をつけ、くさり編みで指定の目数を作り目してこま編みで編む。

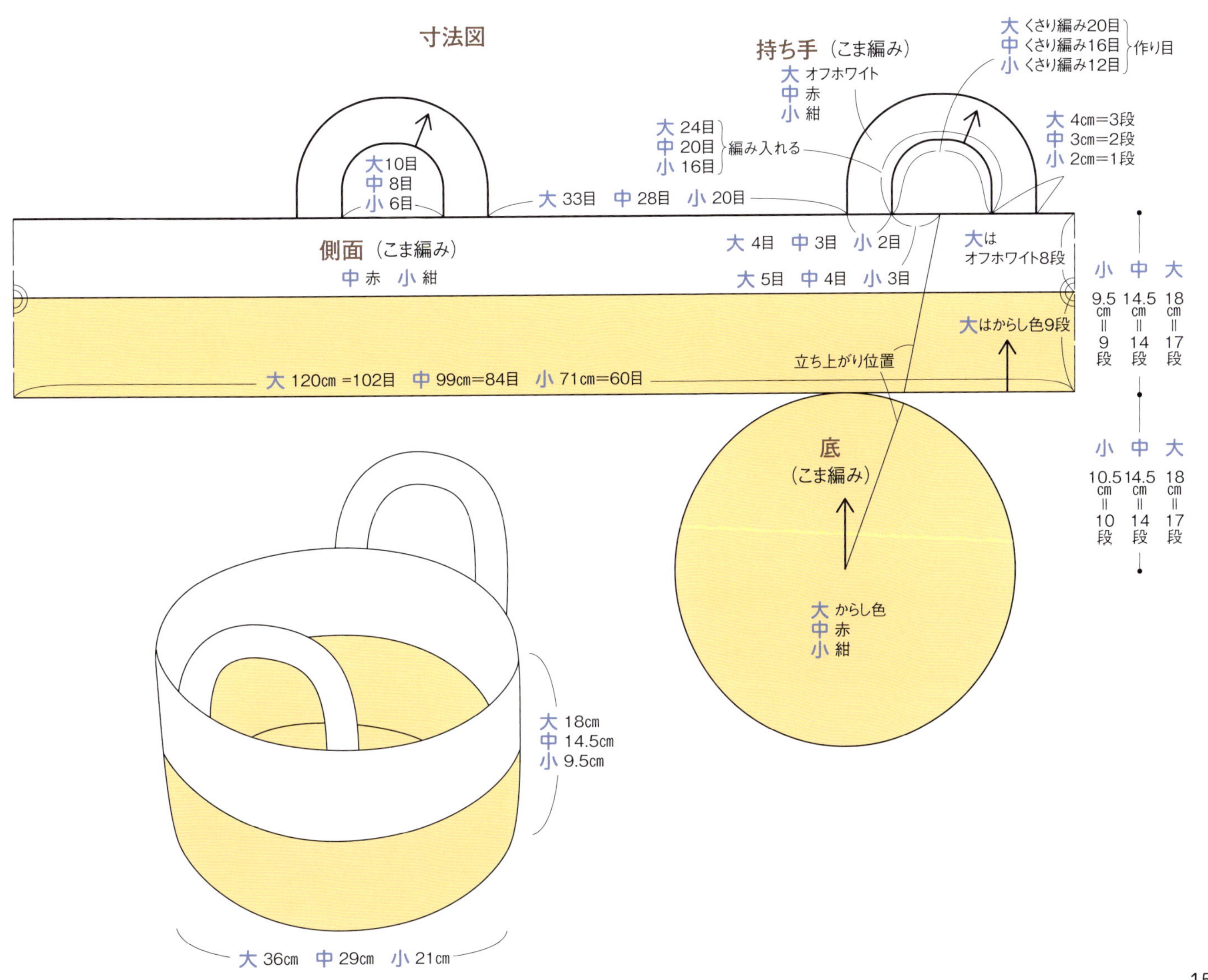

大 底の増し方と側面、持ち手の編み方記号図

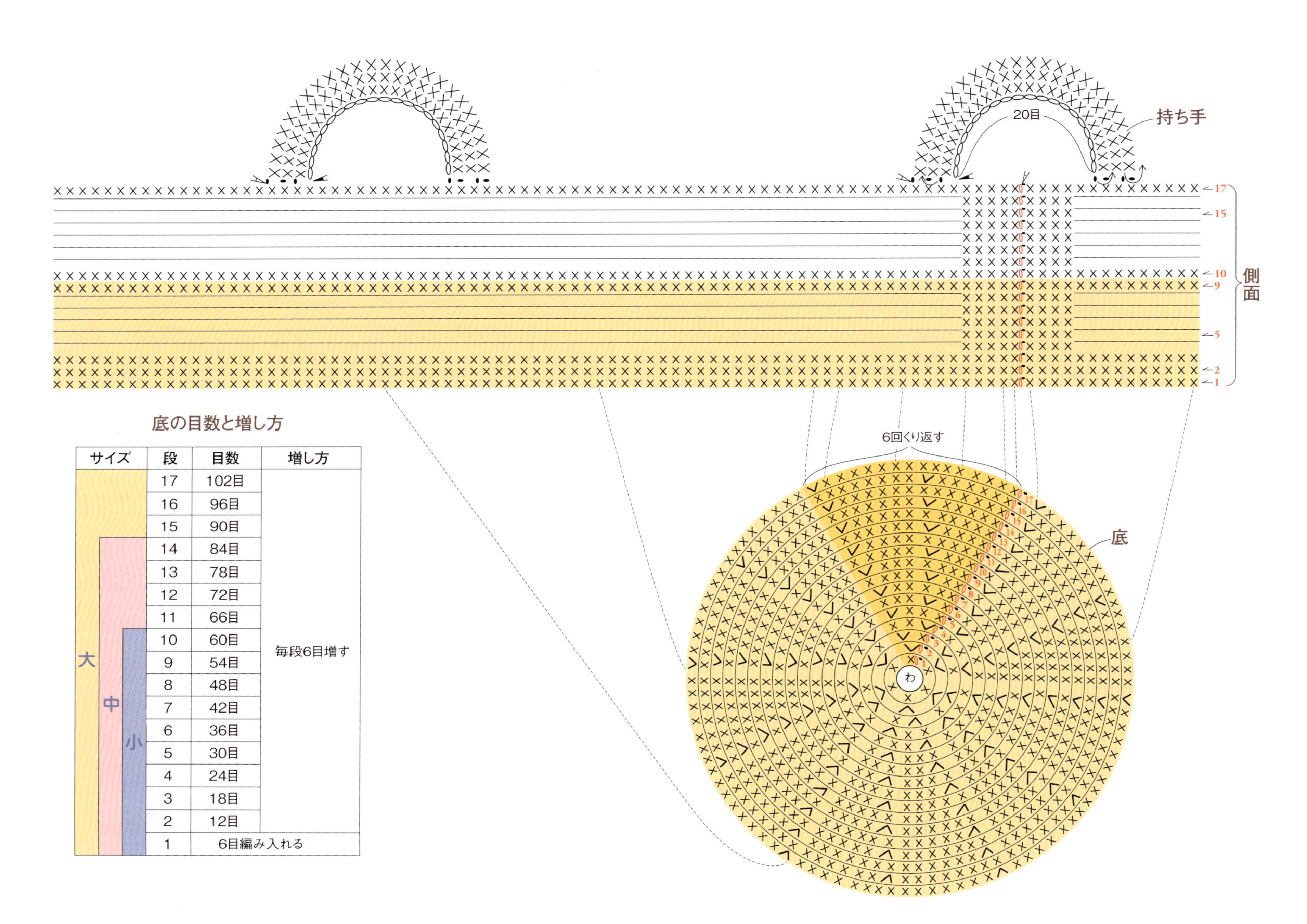

底の目数と増し方

サイズ	段	目数	増し方
大	17	102目	毎段6目増す
大	16	96目	毎段6目増す
大	15	90目	毎段6目増す
大・中	14	84目	毎段6目増す
大・中	13	78目	毎段6目増す
大・中	12	72目	毎段6目増す
大・中	11	66目	毎段6目増す
大・中・小	10	60目	毎段6目増す
大・中・小	9	54目	毎段6目増す
大・中・小	8	48目	毎段6目増す
大・中・小	7	42目	毎段6目増す
大・中・小	6	36目	毎段6目増す
大・中・小	5	30目	毎段6目増す
大・中・小	4	24目	毎段6目増す
大・中・小	3	18目	毎段6目増す
大・中・小	2	12目	毎段6目増す
大・中・小	1	6目編み入れる	